基金支持：2022年湖北省社科基金一般项目"信息哲学视域下智能传播发展的逻辑演进研究"（立项号：HBSK2022YB482）

智能传播发展的
逻辑演进研究

赵静宜　著

RESEARCH ON THE EVOLUTION
LOGIC OF INTELLIGENT
COMMUNICATION DEVELOPMENT

中国社会科学出版社

图书在版编目(CIP)数据

智能传播发展的逻辑演进研究/赵静宜著. —北京:中国社会科学
出版社,2023.7

ISBN 978-7-5227-2390-7

Ⅰ.①智… Ⅱ.①赵… Ⅲ.①传播媒介—研究 Ⅳ.①G206.2

中国国家版本馆 CIP 数据核字(2023)第 143878 号

出 版 人 赵剑英
责任编辑 张 玥
责任校对 王佳玉
责任印制 戴 宽

出 版 中国社会科学出版社
社 址 北京鼓楼西大街甲 158 号
邮 编 100720
网 址 http://www.csspw.cn
发 行 部 010-84083685
门 市 部 010-84029450
经 销 新华书店及其他书店

印刷装订 三河市华骏印务包装有限公司
版 次 2023 年 7 月第 1 版
印 次 2023 年 7 月第 1 次印刷

开 本 710×1000 1/16
印 张 15.75
插 页 2
字 数 215 千字
定 价 86.00 元

前　言

　　本书由笔者 2020 年在武汉大学完成的博士论文改写而成。于我而言，这些文字既是三年求学、求职、生育日子的阶段性总结，亦是三年不平凡岁月中一名普通青年学者的学术生活缩影。

　　本书的选题缘起于笔者作为博士生有幸参与导师武汉大学新闻与传播学院程明教授的教育部人文社会科学重点研究基地重大项目与国家社会科学基金后期资助项目。在笔者入学的 2017 年，有关智能传播议题的探讨在中国学界如日方升，程明教授能够将如此鲜活且价值深远的选题交予我，诚惶诚恐，亦与有荣焉。对于涉足学术未深的博士生而言，未曾想该选题在毕业后的岁月里如星星之火，大有燎原之势。程明教授给予我一口学术深井，源源不断的活水成为我学术生涯发轫之始的重要养分与不竭动力。

　　当深入思考智能传播议题时，笔者发现其极具学术张力且意义重大。在新的技术热词与媒介传播现象如雾里看花、水中望月，令人眼花缭乱、应接不暇之时，从"大众媒介传播——社交媒体传播——智能媒体传播"的演变过程，系统思考人类媒介信息传播实践的创新活动与进化规律尤为重要。面对不断原子化与复杂化的当今人类社会，我们需要更为宏观的视角与确定的知识，构建所谓的"大历史"观，避免"一个接一个了无生趣的事实"，归纳总结可能存在的演化规律，瞥见点点星光的未来图景，并希冀绕开或许可以避免的弯路与挫折。

本书以智能传播发展的逻辑演进为主要问题，首先，试图回答从大众媒介传播到社交媒体传播、智能媒体传播的典型三阶式发展过程中，人类信息传播活动产生怎样的变革现象，并遵循何种演进规律的现实问题。其次，在此基础之上，本书将尝试对智能传播的未来图景进行较为全面且科学的勾画和预判。整体而言，全书分为三个部分，以总分总的论述思路，具体从七个章节展开研究。其中，第一部分是全书的研究基础，起到构建整体研究框架、提纲挈领的作用。该部分具体分为两个章节，第一章为绪论，是对本书的基本情况介绍，以及系统梳理相关文献。第二章论述媒介信息传播的本质特征，并从信息哲学的相关理论对传播学基本研究模式的补充视角，提炼本书的具体分析框架。第二部分围绕上文提出的具体研究框架，采用理论演绎与案例分析相结合的研究方法，具体分为信息传播流程再造、信息传播控制变革、信息传播效应演进三个具体章节展开论述。同时，每章均将以人类媒介信息传播的三阶段作为底层变革逻辑与基础论述主线。本书的第三部分包括第六章和第七章，是对全书主体部分的归纳和总结，以及对研究局限性、未来性的阐释与展望。其中第六章是本书的重要研究结论，同时也是最终研究目标。在章节架构上，本章将以智能传播的未来发展图景为核心问题，既归纳总结了第三至五章的主要论述内容，同时也从横向视角系统阐述并描绘智能传播的整体发展。

本书将智能传播视为继大众媒介传播、社交媒体传播之后，合乎既有传播规律的人类媒介信息传播实践的全新阶段，是人类传播活动演进的重要环节与理想结果。同时，也将智能传播中的机器主体传播、跨人际传播、无限制信息传播现象视为必须重视和控制的关键问题。书中有些内容曾以单篇文章形式发表于《编辑之友》《新闻与传播评论》等刊物，当然，对于青年学者而言，学术观点仍在不断完善过程中，虽核心观点相同，但本书的论述结构更为完整，论证逻辑更为完备。其中从信息哲学的视角对智能传播研究理论框架的补足与思考，是笔者现阶段所有关于智能传播研究的思想基础。

我愿将此书作为生日礼物，送给即将年满三岁的稚子张大宝，他无意识抑或命中注定地参与了整本书的创作全过程。

目　录

第一章 绪论

本章将在阐明本书的选题背景和研究意义的基础上,重点从信息学理论与框架研究、信息传播演进研究以及智能传播的未来发展研究三个维度对已有的、与本书密切相关的文献资料进行梳理,并尝试界定相关核心概念及其内涵表现,以此作为后续研究的重要基础。此外,本章同时也将对本书的研究路线、内容、思路、方法和创新点进行说明。

第一节 选题依据

一 研究的缘起

(一)人类社会全面步入信息社会

1980 年,美国未来学家阿尔文·托夫勒(Alvin Toffler)曾预言,随着计算机等数字技术的发展,人类社会将步入以生产知识和信息为主的信息革命时代。[①] 1982 年,约翰·奈斯比特(John Naisbitt)进一步论述了信息社会的特征,即信息知识是信息社会的主要

① 参见〔美〕阿尔文·托夫勒《第三次浪潮》,黄明坚译,中信出版集团 2018 年版,第 160—169 页。

生产力和价值增长力，而非传统的资本与劳动力驱动。① 未来学家们的论断常常面临着科学性不足与极简化历史的诸多批判，然而其敏锐的洞察力，却又闪烁着"预知"的光芒。随着数字技术的迅猛发展，有关信息社会的判断几乎业已成为现实。2017 年 12 月 26 日，中国信息化和产业研究发布《2017 全球、中国信息社会发展报告》，指出 2017 年全球信息社会指数（ISI）为 0.5748，较 2016 年提升 2.96%。其中，发达国家全部进入信息社会，绝大多数发展中国家正在加速向信息社会转型。② 虽然仍有少数欠发达国家尚未进入信息社会或处于信息社会起步阶段，但全球国家的信息化进程已经不可避免。

从中国社会的信息化水平来看，2017 年中国信息社会指数为 0.4749，在全球 126 个测评国家中排名第 81 位，比上年前进两位，比 2011 年前进 20 位。③ 虽然中国的信息化水平较之发达国家存在不小差距，但是其增长速度与势头不容小觑。特别是随着互联网技术在中国如雨后春笋般迅速腾飞，中国的信息经济增速明显高于全球信息行业的平均水平。2019 年 8 月 30 日，中国互联网络信息中心（CNNIC）发布第 44 次《中国互联网络发展状况统计报告》。报告显示，截至 2019 年 6 月，我国网民规模达 8.54 亿，较 2018 年底增长 2598 万，互联网普及率达 61.2%，较 2018 年底提升 1.6 个百分点。④ 而面对全新的智能信息技术，我国也已将其发展提升到国家发展战略高度。自 2015 年起，我国从国家层面陆续出台《中国制造 2025》《机器人产业发展规划（2016—2020 年）》《"互联网＋"人工智能

---

① 参见［美］约翰·奈斯比特《大趋势：改变我们生活的十个新方向》，梅艳译，中国社会科学出版社 1984 年版，第 15 页。

② 参见中国信息化和产业研究《2017 全球、中国信息社会发展报告》，http：//www. sic. gov. cn/News/566/8728. htm，2017 年 12 月 26 日。

③ 参见中国信息化和产业研究《2017 全球、中国信息社会发展报告》，http：//www. sic. gov. cn/News/566/8728. htm，2017 年 12 月 26 日。

④ 参见中国互联网络信息中心《中国互联网络发展状况统计报告》，http：//www. cnnic. net. cn/gywm/xwzx/rdxw/20172017_ 7056/201908/t20190830_ 70803. htm，2019 年 8 月 30 日。

三年行动实施方案》。此外，业界也积极开展落地的通用人工智能实践研究。2012 年华为成立诺亚方舟实验室，2013 年百度成立深度学习研究院，以科大讯飞为代表的新兴公司也已成为国内乃至全球领先的智能领域领头羊。截至 2018 年，中国人工智能论文总量和高被引论文位居世界第一；中国成为全球人工智能专利布局最多的国家，数量略微领先于美国和日本；中国的人工智能企业数量位居全球第二，北京是全球人工智能企业最集中的城市。[①] 以上数据表明，中国社会正在加大马力，迎接新一轮的信息发展浪潮。

（二）人工智能技术使信息传播实践经历前所未有之变局

信息技术的飞速发展带来信息存在方式与传播形态的巨大变革。从传统以纸媒、广播、电视为代表的大众媒介传播形式到 PC 互联网、移动互联网带来的社交化媒体传播，人类信息传播的效率、广度随着技术的突破达到无时不有、无处不在的泛在状态。而以大数据、云计算、人工智能、区块链为代表的智能技术将迫使人类信息传播开启新一轮的智能变革。

自 1956 年达特茅斯会议（Dartmouth Conference）上正式开启对"人工智能"技术的研究，历经 60 年发展，其已逐渐由计算机专业的边缘领域转变为一个多学科共同参与研究的跨学科知识点。由于人工智能的研究对象是以模仿人类行为和思维为目标的机器，以及为实现该目标而开展的相关技术，所以探究人工智能技术的过程本质上也是人类以建造机器主体为契机反思人类自身的过程。随着人工智能研究的不断深入，社会科学与人文研究领域被不可避免地卷入这场"智能化"进程。2016 年至今，智能技术被广泛应用于社会生产与实践，人文与社科学者也开始密切关注新型技术带来的经济、教育、文化、传播乃至哲学问题。就新闻传播学科而言，信息传播实践呈现出前所未有的智能传播景观。

---

① 参见清华大学《2018 中国人工智能 AI 发展报告》，http://www.199it.com/archives/748996.html，2018 年 7 月 16 日。

1. 泛化的智能媒体。清华大学彭兰教授指出，万物皆媒是智媒化的重要特征，过去的媒体是以人为主导的媒体，而未来，机器及各种智能物体都有媒体化的可能。[①] 媒体的主要功能是连接并传递信息。大众媒介连接优质信息与人，社交媒体时代在人与人之间建立紧密联系，而智能媒体更是将物与物、物与人纳入人与人的互联网络，从而建立人类历史上最为广泛的关系网。从媒体形态来看，固有的传媒业态在智能时代被重新打破。从原始社会的甲骨、竹简、石头等天然媒介，到传统社会的纸张、书籍等印刷媒介，再到现代社会的广播、电视等电子媒介，人类社会的传播介质一直作为看得清摸得着的实体物质而存在。而自数字媒体出现以后，媒体的物质性被逐渐解构，移动终端装载的 App、数字符号构建的虚拟平台都可以被视为信息传播媒体。值得提出的是，新兴媒体不仅日渐非物质化，而且展现出生物性特征。如智能音箱媒体通过语音系统与人自由交流，智能机器人可以了解人的日常习性与起居生活，甚至人类自身也可以成为最大的媒体传播终端。从媒体承载、传播的内容来看，智能媒体不再以新闻、广告、知识等为唯一有效的传播内容，任何分散化的信息都可能被智能媒体传播。传播内容信息化、建立隐性联系是智能媒体泛化的重要特征。

2. 机器生产信息。传统传播活动的传播主体主要是人类智能。人是信息传者与受者的统一体，是传播内容、传播媒介的选择者，更是整个信息传播流程的控制者。人工智能技术具备突出的信息搜集与处理能力，促使信息的生产与传播模式得到创新与发展，机器成为传播活动中新的内容创作主体。传统传播内容生产主要依托于人为主体的信息搜集与自主创意，而智能传播中的创意生产将由机器智能协助生产或独立生产。机器人写作、机器分发内容、算法新闻、智能广告等都是前所未有的信息生产与传播方式。随着智能技

---

① 参见彭兰《智媒化：未来媒体浪潮——新媒体发展趋势报告（2016）》，《国际新闻界》2016 年第 11 期。

术的不断发展，赋予机器"智能化"的传感器也将突破人类身体与智能局限，其不仅作为人类感觉器官的延伸，更能体验、觉察人类知觉，乃至动物知觉之外的微小信息。由于智能机器可以直接通过传感器感受人类智能实时的心理状态与生理数据，未来智能营销传播活动可能完全脱离媒介载体和人类意愿，将由商品、物体直接显示相关信息，并能与人类进行沟通交流。由机器、物体直接生产信息内容，是未来智能传播的趋势。

3. 沉浸式传播、立体传播。智能技术包含虚拟现实技术（Virtual Reality）、增强现实技术（Augmented Reality）、混合现实技术（Mix Reality）以及可穿戴设备技术。美国学者格里高里·布尔代亚和法国学者菲利普·柯伊菲特（Philippe Coiffet）认为，虚拟现实技术具有 3I 特性：交互性（interactivity）、沉浸感（Illusion of Immersion）和构想性（imagination）。[①] 其中沉浸感是以虚拟现实、增强现实技术等为代表的智能技术最主要的技术特征，它是指使用者借助虚拟现实设备，对虚拟环境完全投入，甚至不能分辨虚拟世界与现实世界的区别。传统传播形态基于单向度的大众传播技术或简单交互式的互联网技术，而依托于虚拟现实技术智能传播形态更具沉浸感，是区别于原有平面传播的立体传播活动。

（三）信息及其运动规律是人类信息传播活动变革与发展的逻辑起点

E. M. 罗杰斯曾指出，在传播学中，信息是一个中心概念，而香农的信息论成为传播学的根本范式。但他同时也指出，香农的信息概念被传播学学者做了不完善的构建，在传播学领域中，就信息论而言，未来还有大量的工作要做。[②] 具体来说，传播学学者认识到了

---

① 参见［美］Grigore C. Burdea、［法］Philippe Coiffet《虚拟现实技术》，魏迎梅等译，电子工业出版社 2005 年版，第 10 页。

② 参见［美］E. M. 罗杰斯《传播学史：一种传记式的方法》，殷晓蓉译，上海译文出版社 2012 年版，第 424 页。

信息理论对构建传播学理论的重要作用，但是却机械化地照搬了信息传播的线性模式，并未意识到信息论的重要启示。虽然后来的传播学者曾批判传播学对信息论的运用，认为信息论使得传播学的学术和理论严谨性消失了。① 但是，随着技术对人类传播活动的不断介入，原本"去信息化""技术非主流化"的传播学研究将不得不重新思考由技术带来的信息传播本质问题。

第一，信息是传播的重要内容。从某种程度而言，人类传播活动的诞生正是因为信息传递的需要。从人类结绳记事开始到人类使用语言、报纸、广播、计算机等各种媒介交流与传播，获取信息是我们开展传播活动的原动力。信息无处不在，著名的物理学家惠勒曾说过，所有物理性的东西从起源上看都是信息性的，万物皆为信息。② 美国控制论创始人诺伯特·维纳（Norbert Wiener）提出信息就是我们应对外部世界进行的自身调节，进而是与外部世界互相交换的内容。③ 换言之，信息是万事万物自我存在以及维持自我生存状态、与外界交流协调的重要方式。任何事物——任何粒子、任何力场，甚至时空连续统本身都源于信息。④ 谈论信息，不仅回到了人类传播活动的源头，更是回到了人类自身及社会存在与发展的本质。

第二，从传播哲学的角度来看，传播是信息运动的现象。⑤ 虽然传播学者从不同的研究视角诠释人类复杂的传播活动，并延展出许多传播面向，譬如在不断演进的传播研究中加入了政治、社会、文化等意义维度，但是传播信息是人类传播活动的本质特征，信息运

---

① 参见［美］约翰·杜翰姆·彼得斯《传播的观念史——对空言说》，邓建国译，上海译文出版社 2016 年版，第 46 页。

② 参见［美］约翰·惠勒、肯尼斯·福勒《约翰·惠勒自传——物理历史与未来的见证者》，蔡承志译，汕头大学出版社 2004 年版，第 84 页。

③ 参见［美］维纳《人有人的用处：控制论与社会》，陈步译，北京大学出版社 2010 年版，第 9 页。

④ 参见［美］詹姆斯·格雷克《信息简史》，高博译，人民邮电出版社 2013 年版，第 7 页。

⑤ 参见黄星民《从传播哲学角度谈"传播"的定义——传播哲学初探》，《新闻与传播研究》2006 年第 1 期。

动贯穿于传播活动始终。具体而言，传播学中的受众研究聚焦信息的接受者，媒介研究的对象是信息传播的渠道，传播权力研究探讨信息生产者与接受者的权力表现及其差异问题，而传播效果研究则主要聚焦信息在信宿端与信源端的复现程度等。所以，研究传播活动的演进规律，离不开对信息在人类社会生活中的传递路径与其形塑的社会互动环境的探讨。

第三，信息是传播活动演进的重要驱动力。首先，信息自身遵循一定的变化规律，这促使传播活动不断向高阶层面演进。信息哲学认为信息可以分为自在信息、自为信息与再生信息。自在信息是还未被主体把握和认识的信息的原始形态；自为信息是自在信息的主体直接把握的形态；而再生信息是信息的主体创造性的形态，它的基本形式是概象信息与符号信息。[①] 从该逻辑看来，随着人类主体创造性的参与信息生产，信息的功用将不断深入，并朝着自我生产与自我组织的方向不断演进，而这也将倒逼信息传播活动不断向高阶层次变化与发展。换言之，信息传播的演进活动中隐含着人类需求与自我选择的逻辑。其次，人类对信息的挖掘与使用采用技术内化的手段，从而对技术的进一步发展也提出了更高的要求。自天才数学家克劳德·艾尔伍德·香农（Claude Elwood Shannon）第一次提出信息的概念，认为信息是用来消除随机不确定性的东西，信息便与技术中介捆绑在一起。作为除物质和能量之外的社会发展第三大动力来源，信息看不见摸不着，其必须通过技术中介进行生产与传播活动。有鉴于此，技术逻辑也是人类传播活动演进的另外一条逻辑主线。总之，人类的信息需求与技术内化信息的能力将合力驱动人类传播活动不断演进。

所以，信息的生产、传播与反馈活动与传播学研究密不可分。本研究以信息为切入点研究其生产与传播规律，是回到了传播的信

---

① 参见邬焜《信息哲学——理论、体系、方法》，商务印书馆 2005 年版。

息源头与逻辑起点，试图从头探寻人类信息传播活动的演进规律与内在逻辑。本书试图回答以下几个逻辑递进问题：信息学视域下信息传播的内涵与分析框架是什么？信息传播系统的演进规律如何？系统中不同层面的演进规律是怎样的？未来的智能传播将遵循何种变化逻辑？通过研究这些问题，可以帮助我们更好地厘清当前人类信息传播剧烈变革的内在本质。同时，通过完善信息传播理论，也能更好地预测与指导智能传播的未来创新发展。

二　研究的意义

（一）研究的理论意义

第一，对现有传播学理论进行补充与完善。美国传播学者罗伯特·克雷格（Robert T. Craig）认为西方传播学理论拥有修辞学、符号学、现象学、控制论、社会心理、社会文化以及批判式的七大研究传统。[①] 所以，作为一门高度分散、多元交叉的社会学科，传播学理论的构建与创新一直是该领域研究学者的历史使命。现有关于传播学的理论探索往往从既有理论出发，反思其在新技术传播环境与复杂社会生产环境下的颠覆与发展。较少涉及新的理论挖掘与构建研究。虽然"传播学奠基人"施拉姆一生致力于推广香农的信息论，且认为信息论给予传播学以科学合法性，有关传播学的学科命名也一直存在"信息传播学"的争议[②]；但是作为传播学的重要源头——信息学视角却长期处在被忽视地位，未曾充分汲取其理论养分。本文回到传播学的信息源头，以信息学的理论视角为切入点，旨在尝试梳理一条新的理论演进路径，补充现有传播学研究的理论

---

① Robert T. Craig, "Communication Theory as a Field", *Journal of Communication Thoery*, Vol. 2, 1999, pp. 119 – 161.

② 参见方晓恬《走向现代化："信息"在中国新闻界的转型与传播学的兴起（1978—1992）》，《国际新闻界》2019 年第 7 期。

盲点。

第二，整合信息传播研究的理论成果。信息传播技术的发展促使信息传播活动对人类社会的重要作用日益凸显，同时也将信息传播的研究范畴逐渐扩大到与人类自身存在、生产流通、文化传播密切相关的方方面面。目前，相关研究成果散落在信息学、传播学、社会学、计算机、心理学、人类学等不同学科的前沿议题中，鲜有研究能将各类既有研究结论整合起来，梳理出当代信息传播研究的独特脉络。事实上，信息是人文学科、社会科学乃至自然科学的共通点。本选题强调传播系统中的信息元素，意在规避不同学科中信息传播与技术研究的学科壁垒，将存在分歧的学术观点置于信息传播研究的大框架中，从而试图使研究结果更具理论普适性与价值性。

（二）研究的现实意义

第一，从任何信息传播技术自身存在的不确定属性，破除目前信息传播领域对传播技术特别是智能技术甚嚣尘上的绝对崇拜。具体而言，本研究从信息技术发展的角度将信息传播活动划分为三个阶段：大众媒体传播阶段、社交媒体传播阶段以及智能媒体传播阶段。虽然相较于传统大众传播中的单向度技术与社交媒体传播中的交互技术，智能传播的技术基础——智能技术的复杂程度不可同日而语，但是，这并不意味着该技术是完美无缺的终极技术。任何技术都拥有自身的不足与缺陷，这也是技术不断发展变化的根本动力。

第二，从信息学中有关信息传播的组成要素及其发展变化，重新梳理信息传播系统的独特演变逻辑。信息是传播的重要内容，传播是信息的运动方式。某种程度而言，信息的存在方式与流动需求变化直接导致人类传播模式与传播系统的持续变化。现有研究往往关注当下的传播表象，忽略传播的信息源头与内在根本动因。如果不能从源头厘清信息传播的演进规律，将无法看清其不断发展的未来变化趋势。

第三，明晰未来智能传播发展可能面临的诸多挑战，并未雨绸缪，针对性地指出防范方向。通过对源头性与实然性的传播规律仔细爬梳，本研究的落脚点放在对未来智能传播的应然性预测研究。且通过对比业已发生的智能传播现象，提出可能存在的预警机制。现阶段，可预见的技术偏见问题初显端倪，难以预估的多元主体冲突也得引起传播学者的重视。未来智能传播不仅需要面对传播系统更为复杂的多重不确定性问题，还需进一步思索人与机器之间主客体关系、跨人际主体关系并存的复杂现象，以及面对日趋强大的机器主体，人类传播主导权日渐减弱的失控风险。本研究希望能够在总结传播规律的基础之上，对未来的智能传播发展提出科学的意见与建议。

第二节　相关研究梳理

信息学是现代社会，特别是技术革命以来的产物。狭义信息学研究信息本体、信息特性、信息容量、信息技术等，是比较"硬核"的信息科学；而随着信息对人类社会的重要性日益凸显，广义信息学的概念被提出，其认为一切与信息生产、传播、流通环节相关的问题都可以纳入信息学的研究范畴，信息学逐步跨界至"软性"的社会学科研究乃至哲学研究领域。

信息传播学研究与信息学研究有交叉之处，其均以"信息"为重要研究对象。长期以来，信息学研究中包含不少传播学研究成果，而早期传播学科的建立与发展借鉴了大量信息学的理论知识。20世纪中期，在天才数学家克劳德·艾尔伍德·香农第一次从科学角度提出信息论不久，美国学者威尔伯·施拉姆受其理论启发，将工程学领域的信息研究方法化运用到人类信息传播研究中，并正式创建传播学科。总体而言，传播学从诞生之初起，就与信息学科紧密相连，两大学科水乳交融，不可分割。

然而，有鉴于信息学倾向于信息本体与技术研究的本质属性，以及传播学在发展过程中逐渐"去技术化"，并转向探寻信源与接收对象之间的中介过程，形成以研究信息接收者的偏人文社科类的学科特色，信息学与传播学的发展日渐疏远。随着信息技术日渐模糊人和信息的绝对界限，其重新串联起信息学与传播学的研究对象。发展中的传播学科必须重视信息技术，尤其是信息学的最新研究成果。本研究尝试回到传播学的"信息"源头，探寻信息学视域下信息传播的演进逻辑与未来发展趋势。本书的理论切入点是信息学的研究框架，而研究主体则是人类信息传播活动的具体变革。因此，在文献梳理部分，笔者将从信息学的相关理论成果与信息传播学的既有研究视角两个维度，详细爬梳与本研究主题相关的具体文献资料。其中，有关信息传播学的研究具体划分为传播演进研究与未来研究两个方面。

一 信息学理论的不同分支与基本研究框架

（一）信息学的不同研究分支

20 世纪 40 年代，信息被正式作为独立的研究对象开展系统科学研究。美国数学家克劳德·艾尔伍德·香农的代表作《通信的数学理论》和美国控制论创始人诺伯特·维纳（Norbert Wiener）的著作《控制论》是信息学研究大幕开启的重要标志。其中，前者将信息视为与物质类似的介质，可以从数学的角度对其进行识别、测量和认知；而后者更是突破信息研究的工程学视角，认为社会学和人类学基本上也是通信的科学，任何组织之所以能够保持自身的内稳定性，正是由于它具有取得、使用、保持和传递信息的方法。[①] 如此，信息学研究从建制之初，便拥有狭义的工程学视角与广义的通用信息理

---

① 参见［美］维纳《控制论（或关于在动物和机器中控制和通信的科学）》，郝季仁译，北京大学出版社 2007 年版。

论两个传统研究分支。

有关信息学科的发展进程，现有研究中存在美国模式与苏联（俄罗斯）模式两种不同的说法。马玉珍等认为信息学研究历经三个阶段：以认识信息和信息化运动、发展规律为主要研究对象的系统科学方法论的诞生阶段；以文献标引、数据库为主体的文献、图书数字化技术阶段；以及把许多基础学科、边缘学科及横断学科以新的角度进行再次交融和再次横断的信息理性研究与探索阶段。① 而以尤里·乔尔内为代表的俄罗斯学者则认为，苏联（俄罗斯）的信息学研究历经学术信息活动理论研究（文献学）；计算机学及其运用研究（计算机科学）；关于自然、社会和技术体系中的基础学科研究三个发展阶段。② 20 世纪 90 年代初，自苏联信息问题研究专家 K. K. 科林正式提出信息革命与基础信息学的重大命题以来，其整合工程学与社会学中的信息研究传统，认为信息现象体现在技术环境、社会环境、生物学环境以及非生物界环境等不同信息环境中，而这些表现规律和特点都是技术信息学的重要研究内容。③ 概而言之，美国模式与俄罗斯模式可以代表信息学初始理论建设中的工程学与人文学研究的两大传统，且随着信息技术不断扩展信息学研究的重要性，二者正逐渐互相吸收、借鉴，试图创建能够指导普适性实践活动的统一信息理论，进而迈向整合各类分散性研究成果的广义信息学研究目标。

我国的信息学研究既有与国际信息学研究接轨的美国模式与俄罗斯模式，同时也试图在二者研究成果的基础之上，试图发展出一条适合我国自身特殊国情的发展信息学、信息哲学之路。学者钟义

---

① 参见马玉珍、刘琪《信息学研究的理论构架与探索路径》，《情报资料工作》2005年第 2 期。

② 参见［俄］尤里·乔尔内《信息学：如何定名？——学术中的一词多义现象》，李俊升译，《国外社会科学》2012 年第 4 期。

③ 参见［俄］K. K. 科林《信息革命和基础信息学》，文华译，《国外社会科学》2002 年第2 期。

信沿袭系统科学方法论的视角，从信息技术的视角认为信息科学是研究信息现象及其运动规律的科学。① 其顺应香农信息论、信息技术、人工智能技术的研究传统，主张研究全信息理论，特别是信息向知识、智能转化的信息理解路径。而以闫学杉为代表的学者借鉴俄罗斯学者提出的基础信息学研究命题，认为除去对不加任何限定词的一般信息进行研究外，还应存在一门人类信息学，对人类社会成员或组织的信息流通、交流或传播行为进行研究。② 其后将人类信息学名称改为社会信息科学，明确提出信息科学体系是在一般信息科学理论的基础之上，发展出并行的工程信息科学、自然信息科学以及社会信息科学三大研究分支。③ 与美国模式和俄罗斯模式不同，中国的学者们建议在以中国为代表的发展中国家，设计一门与发展经济学、发展社会学、发展管理学类似的，研究信息技术理论与发展问题的学科。④ 换言之，中国的信息学发展道路不能照搬发达国家的既有模式，而应一方面借鉴其发展经验与理论成果，另一方面结合自身发展中国家的特殊国情，解决在地化的实际问题。譬如，中国的社会信息学是由"社会认识论""理论信息学""广义信息论"三种研究思潮共同构建而成。⑤ 基于广义信息学的信息哲学研究，是中国信息学研究的重大突破与研究特色。以邬焜为代表的学者们，将信息引入哲学领域，开创性地提出信息哲学研究。认为信息哲学是区别于其他哲学的一种元哲学，它把信息作为一种普遍化的存在形式、认识方式、价值尺度、进化原则来讨论，并重新构建出全新的信息本体论、信息认识论、信息生产论、信息社会论、信息价值

---

① 参见钟义信《信息科学原理》，北京邮电大学出版社 1996 年版。
② 参见闫学杉《人类信息学的基本问题》，《国外社会科学》1997 年第 6 期。
③ 参见闫学杉、武健《信息科学的历史、现状与未来》，《中国信息技术教育》2015 年第 18 期。
④ 参见［美］哈利·M. 克比里奇《发展信息学的理论基础》，杨建华、李金荣译，《图书与情报》1994 年第 4 期。
⑤ 参见李宗荣、韩高军等《美日俄中社会信息科学比较研究》，《医学信息》2009 年第 7 期。

论等。①

　　虽然美国、俄罗斯乃至中国的信息学研究均各有侧重点，但是其遵循从狭义信息学到广义信息学研究的基本发展规律。随着信息学研究对象的范围不断扩大，学者们面临对信息学科的具体分类研究问题。最早提出基础信息学研究的俄罗斯学者 K. K. 科林提出，基础信息学的对象领域可以分为理论信息学、技术信息学、社会信息学、生物信息学、无生物界信息学和能量信息学六个层面。② 闫学杉认为信息科学学科群体可以分为电讯信息学、计算机信息学、光信息学、生物信息学（细胞信息学）、动物信息学和人类信息学六大分支。③ 邬焜认为现代信息科学体系，包含信息哲学、一般信息理论、领域信息学、门类信息学、分支信息学和工程技术信息学。④ 同时，其也认为，信息学包含自然信息学、社会信息学、智能信息学的三大并列学科，其中，智能信息学是以智能（包括生命智能、人工智能）信息为其研究对象，揭示智能信息运行之一般规律和机制的信息科学学科⑤（见表 1 - 1）。

表 1 - 1　　　　　　　　　信息学的不同研究分支

研究分支	主要思想	代表学者
工程学传统 （美国模式）	信息是与物质类似的介质，可以从数学的角度进行识别、测量和认知	香农、维纳
人文研究传统 （苏联模式）	文献学；计算机科学；关于自然、社会和技术体系中的基础学科研究	尤里·乔尔内 K. K. 科林
发展信息学 （中国模式）	社会认识论、理论信息学、广义信息学	钟义信、闫学杉、邬焜

　　① 参见邬焜《信息哲学的基本理论及其对哲学的全新突破》，《西安交通大学学报》（社会科学版）2006 年第 3 期。
　　② 参见李宗荣、韩高军等《美日俄中社会信息科学比较研究》，《医学信息》2009 年第 7 期。
　　③ 参见闫学杉《人类信息学的基本问题》，《国外社会科学》1997 年第 6 期。
　　④ 参见邬焜《社会信息学的学科体系初探》，《西安交通大学学报》（社会科学版）2009 年第 5 期。
　　⑤ 参见邬焜《科学的信息科学化》，《青海社会科学》1997 年第 2 期。

本书的重要研究背景之一是新兴的智能技术促使人类与其他非生物之间的信息交流与智能界限日渐模糊，工程学层面的信息与人文社科层面的信息开始交流合作、共同解决全球化、物联网化的复杂性问题。所以，本研究将不再明确区分工程信息学、生物信息学，乃至人类信息学之间的具体界限，而是借鉴信息哲学、智能信息学的理论，认为信息学研究的是广义的、包含所有生物或非生物智能生产、传播信息规律的现代性基础学科（见图1-1）。在此之上，人类信息传播活动中的信息也是不断动态发展的，且呈现由低级向高级、复杂状态变化的态势，一方面其既已跨越传播技术与传播文化，而另一方面未来信息也将具有跨主体传播、再造信息的创造可能性。

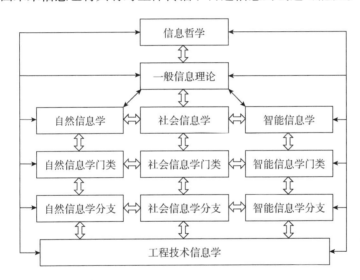

图1-1　信息学的研究等级分层与相互作用模式

（二）信息学的基本研究框架

美国学者诺伯特·维纳（Norbert Wiener）曾提出："信息就是信息，不是物质也不是能量。"① 信息学以信息为主要研究对象，在

---

① ［美］维纳：《控制论（或关于在动物和机器中控制和通信的科学）》，陈步译，北京大学出版社2007年版，第109页。

近半个多世纪的发展进程中，演化出令人眼花缭乱的信息理论与学科分支。尽管信息学科的发展有狭义与广义之分，信息学研究也分散在不同的专门学科领域，然而信息学以信息为主要对象，研究其本质、进化、功用等共性却始终未曾改变。笔者基于邬焜学者的信息哲学研究框架，试图梳理信息学的主要研究问题与研究范式（见表1-2）。

表1-2 现有文献中信息学的基本框架研究

研究范式	主要思想	代表观点
本体论	属性说	信息就是事物的存在或运动方式
	功能说	信息通过传递的运动形式展现事物差异
	关系说	信息是其与外界交流协调、维持自我存在状态的方式
	进化说	存在关于事物历史、现状和未来的三重信息
认识论	人如何理解信息	信息是间接的物质存在、信息具有中介属性 人类的信息认知具有层次性、交互性、复杂性
	人如何通过信息认识世界	"主体—信息—客体"的认知模式 信息改变人类原有的认知尺度
价值论	微观层面	经济价值、社会价值、文化价值
	宏观层面	突破传统人类中心主义价值论
伦理论	技术发展层面	计算机的设计、生产和应用过程应符合社会道德
	社会发展层面	信息隐私权、信息产权、信息存取权

1. 信息本体论研究

将信息作为独立对象进行研究，首先面临的是信息是什么的本体论问题。无论是国外还是国内早期关于信息学的研究成果中，均出现不少关于信息本源性问题的探讨。通过整理相关文献，大概可以得出以下几类代表性观点。

一是属性说。对事物属性直接揭示是本体论研究的原始方法，传统信息本体论研究同样采用还原论的研究方法进行信息的本源性研究。美国著名物理学家约翰·惠勒（John A. Wheeler）等曾说过，所有物理性的东西从起源上看都是信息性的，万物皆为信息。① 该观点指出信息与事物之间存在密切的联系。我国著名学者钟义信认为，信息就是事物的存在方式或运动的状态，以及这种方式/状态的直接或间接的表述。② 随着对信息本体研究的不断深入，后期钟义信强调信息概念的复杂性，需要从本体论和认识论两个角度对其定义进行充分理解。本体论意义上的信息定义是纯"客观"的，与观察者的因素无关；而认识论意义上的信息定义则必须有观察者，而且必须从观察者的角度来看问题。③ 从信息客观性的角度，我们不仅能够认识信息，而且能够从数学的角度对信息进行测量与刻画。不论是事物本源性的定性释义方法，还是数据计算式的测量研究方式，都是为了从信息属性的视角全面理解其内涵复杂性。

二是功能说。功能说认为事物的本体属性很难直接呈现出来，反而是通过其在另外事物身上的反映或影响展现。美国数学家克劳德·艾尔伍德·香农提出了信息的经典概念，他认为信息是用来消除随机不确定性的东西，对信息的度量等同于信息从一个地方传递至另一个地方的过程中产生的不确定性的多少。④ 英国学者 W. R. 阿希贝从香农信息概率论的研究视角出发，通过简化相关运算，认为信息是组合论的一种表现形式，其本质基本上是一种数数（一种数学行为）。⑤ 阿希贝进一步认为信息与事物本身存在的变异度有关，信息通过传递的运动形式展现事物的变异程度。从该类观点可以看出，信息并不是一成不变的，在其运动过程中可能产生信息量增加或减少的不确定性现象。而通过系统中信息量的多少，可以预测信

---

① 参见［美］约翰·惠勒、肯尼斯·福勒《约翰·惠勒自传——物理历史与未来的见证者》，蔡承志译，汕头大学出版社 2004 年版。

② 参见钟义信《信息科学》，《自然杂志》1979 年第 3 期。

③ 参见钟义信《论信息：它的定义和测度》，《自然辩证法研究》1986 年第 5 期。

④ Claude E. Shannon & Warren Weaver, *The Mathematical Theory of Communication*, Urbana: The University of Illinois Press, 1964.

⑤ 参见［英］W. R. 阿希贝《系统和信息》，沈致远译，《自然辩证法研究通讯》1964 年第 4 期。

息接收端的状态和行为及其与信息生产端的关联变化。

三是关系说。20 世纪初，自然科学界逐渐推翻原有对确定性、唯一性、永恒性客观事实的追求，开始认识到事物的不确定性、多样性以及变化性。在哲学领域，先验式的上帝决定论与人类主宰论也日渐瓦解，有限性、主体间性、关系论成为新的认知方式。由此，对事物的本体论研究也展现出"关系"转向，事物本性体现在其与万事万物的关联方式中，具有相互作用性，而非某种绝对属性。诺伯特·维纳（Norbert Wiener）提出信息就是我们对外界进行调节并使我们的调节为外界所了解时而与外界交换来的东西。① 换言之，维纳认为信息不仅是万事万物自我存在的展现渠道，更是其与外界交流协调、维持自我生存状态的重要方式。中国学者也从关系说的角度生发出不少关于信息本体论的认知。一部分学者认为信息与物质、能量要素相互影响、相互作用。如梁桂全（1984）认为，信息是物质世界中物质之间相互联系、相互作用的内容。② 沈骊天（1994）将信息视为物质世界三要素中最活跃的一员，认为信息之所以能够使系统从无序变为有序，决定于信息的性质以及信息、物质、能量有序性三者之间的关系。③ 还有一部分学者从信息的中介作用，阐释信息与物质、意识之间的关系。其中，沈致远将信息连通客观与主观、物质与精神之间的作用称作"媒介作用"。④ 高银秀认为，信息借助于一定的物质载体传输和储存，是沟通物质和意识的中介形式。⑤ 中国学者不仅从关系说的视角思考信息的本体论，更详细研究信息与物质、能量要素之间的关系表现形式，为后续进一步探寻信息对世界存在与进化的重要作用奠定了理论基础。

---

① 参见［美］维纳《人有人的用处：控制论与社会》，陈步译，北京大学出版社 2010 年版。
② 参见梁桂全《信息的哲学探讨》，《华南师范大学学报》（社会科学版）1984 年第 3 期。
③ 参见沈骊天《热寂与发展——跨世纪的论战》，《自然辩证法研究》1994 年第 11 期。
④ 参见沈致远《什么叫信息科学》，《人民教育》1980 年第 11 期。
⑤ 参见高银秀《论信息的认识论意义》，《晋阳学刊》1985 年第 1 期。

四是进化说。俄罗斯学者 B. M. 格鲁什科夫院士认为，最一般意义的信息，是物质和能量在时空分配中的非均匀性尺度，是世界上发生的一切过程所引起的变化的尺度。[①] 不同于前面几种本体论研究路径，该学者不仅承认信息与物质、能量的紧密关系，更将其视为周遭世界与文明社会进化演变的深刻原因与内在机制。不仅信息自身处在一刻不停地传输和接受，编码与解码过程中，客观世界与人类社会的进化本身正是基于生物体与环境之间持续不断的信息交换。[②] 中国学者邬焜更是超越生物信息、技术信息、人类信息的界限，从信息自身发展的视角将其分为自在信息、自为信息、再生信息和文化信息[③]；并从信息与历史空间共存性的视角认为在任何物的结构中，都同时凝结着关于事物历史、现状和未来的三重信息。[④] 从该类观点来看，信息不仅决定了事物存在的形态，是其运动状态的表现形式，更是可能预测信息的未来演化方式与发展趋势。在事物进化意义层面，信息被赋予至高的研究地位与研究重要性。

总体而言，信息本体并不是一成不变的，从属性说到功能说、关系说乃至进化说，展现了信息本身的复杂性与多样性。我们并不能因为持有某类观点，而对其他观点一票否决。所有新的观点都是在原有论断的基础上发展而来，具有其合理性与时代特征。本研究采用综合性较强的进化派观点，认为信息不仅具有自在、自为、再生和文化信息之分，而且无时无刻不展现出事物的属性、关系与功能特征。同时，信息对事物演化的特殊作用，也是本研究采用该观点的重要原因之一。

2. 信息认识论研究

在充分探寻信息本体属性的基础之上，信息学进一步从认识论

---

① 参见李宗荣、田景爱《社会信息学导论》，人民出版社 2010 年版，第 153 页。

② 参见［美］詹姆斯·格雷克《信息简史》，高博译，人民邮电出版社 2013 年版。

③ 参见邬焜《信息哲学的基本理论及其对哲学的全新突破》，《西安交通大学学报》（社会科学版）2006 年第 3 期。

④ 参见邬焜《信息哲学——理论、体系、方法》，商务印书馆 2005 年版。

的层面研究信息与人的信息行为。具体而言，信息认识论研究可以分为两个层面，其一是人如何理解信息的复杂属性，其二是人如何通过作为"认知中介"的信息来认识世界。

第一，人类如何理解信息。邬焜认为，一方面，信息并不是一个直接、具体的物质存在形式；另一方面，信息又不能脱离直接、具体的物质存在形式而存在。① 换言之，信息既作为事物的直接属性独立存在，同时又不得不依托于一定的载体间接传播。对于其直接属性已由本体论学者详细探讨，而面对信息的中介属性，需要从认识论层面深入研究。雷玉翠认为，信息认识具有层次性、交互性和复杂性。② 从层次性来看，不仅信息本身可以分为自在信息、自为信息、再生信息和社会信息，信息系统也应由信息创生系统、信息实现系统和信息接收系统组成。③ 从交互性来看，只有不同层次间的信息相互交流、及时反馈、互通有无，才能促进人类对客观信息的了解，并形成主观信息认知。具体而言，从信息视角来看，人类认知活动分为明显的三道鸿沟：从物质到自在信息，从自在信息到主体接受信息以及由主体接受信息到主体构建信息。④ 若不能架构起跨越三道认知鸿沟的桥梁，人类对信息的认知将很难形成整体性并产生连贯作用。从复杂性来看，信息认识各层面之间并不是一一对应的进化关系，而是展现出复杂的相互作用状态。不仅不同层次的信息之间具有基本的递进关系，高层次信息能够对低层次信息产生"制导"作用；而且，不同层次信息的"综合参与"与"相互转化"，共同作用于人类的认识实践互动。⑤

① 参见邬焜《哲学信息论导论》，陕西人民出版社1987年版。
② 参见雷玉翠《信息认识及其层次性、交互性和复杂性——从邬焜先生的"信息认识论"出发》，《理论导刊》2009年第10期。
③ 参见邬焜《信息哲学的基本理论及其对哲学的全新突破》，《西安交通大学学报》（社会科学版）2006年第3期。
④ 参见王哲《现象的三阶构成与认识的三道鸿沟》，《新疆社会科学》2007年第5期。
⑤ 参见雷玉翠《信息认识及其层次性、交互性和复杂性——从邬焜先生的"信息认识论"出发》，《理论导刊》2009年第10期。

第二，人类如何利用信息认识世界。信息自身的复杂属性需要人类认知活动持续地思考与探索，而复杂的信息作为原本以物质、能量划分的二维世界中的第三种作用力，也反过来成为人类认识微观世界、复杂社会的重要力量。首先，信息要素改变了原有"主体—客体"的二分认知模式，形成了新的以信息为中介的"主体—信息—客体"的全新理解途径。传统认识论以人类的认识本身为研究对象，研究认识的本质、认识的可能性和可靠性，及其根据基础、认识形式和认识的发生过程等。① 信息认识论认为，所谓认识的过程，就是客体在和主体发生相互作用的过程中，将客体自身的某些属性、特征的信息输入主体，并在主体中被识辨、加工和改造。② 新的信息认知途径不仅重新塑造了人类的认知流程，更能通过信息要素重新理解传统认知中的主体、客体特征，以及主客体关系。进而重塑与构建人类认知的个性化特质。③

其次，信息要素改变了原有人类认知的衡量尺度，不仅促使人类理解更加微观、细小的客观世界，更能通过信息元素阐释事物演化规律，并对未来进行信息预测。沈骊天认为，"尺"是农牧时代人类把握客体的尺度，"毫米"是工业时代的认知客体尺度，"微米"是信息时代的尺度，而"纳米"是纳米时代的认知尺度。④ 从农牧时代到纳米时代，随着信息要素的加入，人类的信息量密度不断增加，对自然世界和人类社会的认知与改变能力也在逐渐增强。除此之外，有鉴于信息对人类认识对象和认识过程的逐步深入剖析，随着信息科学等现代科学技术引进对认识规律的研究，信息不仅能够具体展开、深化人类认识规律的丰富内

---

① 参见夏甄陶《中国认识论思想史稿（上卷）》，中国人民大学出版社 1996 年版。
② 参见邬焜《信息哲学——理论、体系、方法》，商务印书馆 2005 年版。
③ 参见李娟《认识发生的一般模式及其个性化特质——从信息认识论的视角出发》，《内蒙古大学学报》（人文社会科学版）2007 年第 6 期。
④ 参见沈骊天《系统哲学：21 世纪的先进世界观》，《系统科学学报》2018 年第 2 期。

容，揭示、显化认识规律的若干机制，而且可能从很多方面发现新的认识规律。① 从认识层面上来看，信息具有传统物质、能量元素不曾具备的多维度阐释与预测作用。

3. 信息价值论研究

现有研究从不同维度展开对信息价值的全面探讨。从微观层面来看，作为不同于物质和能量的独立要素，信息自身具有极高的经济价值、社会价值乃至文化价值。而基于宏观视角，信息对传统哲学价值论路径进行整合与创新。

第一，信息具有经济价值、社会价值和文化价值等。价值最开始是经济学的专用术语，我们说一个事物具有价值时，往往指其可以作为商品在市场上自由交易，具有使用价值和交换价值。相比一般商品，信息具有自然与社会的双重价值特殊性。一方面，信息能够从客观上满足人类的物质和精神需要，具有自然属性价值；另一方面，信息可通过其自身之外的其他价值来体现和标度自己社会属性价值。② 信息价值的实现不仅与其系统内部的信源、信道、信宿因素密切相关，更与系统外部的人类需求、社会需求紧密相连。

信息具有社会价值是指信息具有提供信息服务、增加社会活动、维持社会系统秩序的作用。维纳曾用"负熵"形容信息，认为信息量的多寡与一个系统或组织的稳定性密切相关。故而，为了维持社会系统的稳定发展，必须促进不同层级的信息有效流通。当人类步入以信息经济为主要支柱产业的信息社会时，信息对人类生产进步与社会发展产生巨大价值早已不言而喻。

信息的文化价值主要体现在其舆论导向功能以及满足人们精神文化需求层面。具体而言，新闻作为有价值的特殊信息传播活动③可

---

① 参见冯国瑞《关于信息科学的认识论思考》，《北京大学学报》（哲学社会科学版）1993 年第 4 期。

② 参见郑昕玲《信息价值论》，《图书与情报》1993 年第 3 期。

③ 参见方延明《从"人、信息、价值整合"看新闻文化》，《社会科学战线》1993 年第 4 期。

以引导社会舆论;广告的本质特征是信息传播特别是经济信息传播[①],其可以有效刺激社会生产与消费;而知识作为信息的高阶形式也将促进社会信息量的互通有无与广泛活力。

第二,信息价值论突破传统人类中心主义价值论,并整合二分式的割裂价值观。主流哲学认为价值是客体以其属性满足主体需要或主体需要被客体满足的效益关系。[②] 由此可见,传统价值哲学具有明显的人类主体倾向主义,以及主客体的二分价值观。信息哲学认为价值是事物(物质、信息,包括信息的主观形态——精神)通过内部或外部相互作用所实现的效应。[③] 仅仅产生相互作用并不是价值,只有通过相互作用所引起的体系自身或作用双方改变效应才是价值。[④] 信息价值论提倡跳出人类中心主义的狭隘价值观,建立一种普适的价值哲学,使价值理论可以被应用到自然、社会和精神的每个层面。[⑤] 有鉴于信息价值具有自然与社会、个体与整体的双重特征,信息价值同时体现在将有机界与无机界、物质世界与人类社会"连为一体"[⑥],重新整合而形成的新信息整体价值观。

4. 信息伦理研究

在充分发挥信息价值的同时,还应注意信息的使用与信息伦理问题。信息伦理学的形成有两个重要源头,一是信息技术的迅猛发展,二是社会伦理的强烈需求。[⑦] 学界公认西方伦理学研究兴起于 20 世纪

---

① 参见丁俊杰《广告学概论》,高等教育出版社 2018 年版。

② 参见李秀林、王于等主编《辩证唯物主义和历史唯物主义原理》(第 5 版),中国人民大学出版社 2004 年版。

③ 参见邬焜《信息哲学——理论、体系、方法》,商务印书馆 2005 年版。

④ 参见邬焜《信息价值论纲要》,《西安交通大学学报》(社会科学版)2005 年第 6 期。

⑤ 参见邬天启《信息价值论中若干问题的讨论》,《系统科学学报》2015 年第 2 期。

⑥ 参见张辑哲《新论信息价值》,《档案学通讯》2008 年第 4 期。

⑦ 参见中国社会科学院哲学研究所伦理学研究室《现代世界伦理学》,贵州人民出版社 1981 年版。

70 年代中期的美国，学者 W. 曼纳首次提出并使用"计算机伦理学"术语，认为应该将伦理学研究拓展到计算机技术领域，[①] 研究计算机设计、生产、应用过程中的个人使用与社会道德问题。而中国的信息伦理研究起步较晚，是在 20 世纪随着互联网技术引入我国而同步开始的。[②] 西方的信息伦理研究更偏技术传统，而我国的信息伦理学研究着眼的是网络社会的隐私侵犯、信息安全和网络犯罪等问题。

关于信息伦理的定义，学界也有不同的提法。基于技术研究传统的学者认为，信息伦理是指涉及信息开发、信息传播、信息管理和利用等方面的伦理要求、伦理准则、伦理规约，以及在此基础上形成的新型的伦理关系。[③] 1986 年，美国管理信息科学专家 R. O. 梅森进一步论述信息时代的伦理议题有信息隐私权、信息准确权、信息产权和信息资源存取权。[④] 基于社会道德视角的学者则认为信息伦理又称信息道德，它是调整人们之间以及个人和社会之间信息关系的行为规范和综合。信息伦理进一步可以划分为个人信息道德和社会信息道德。[⑤] 随着计算机、互联网技术对社会影响力日趋深化，计算机伦理学研究逐渐向狭义的信息伦理研究，乃至广义的互联网信息伦理研究发展[⑥]，信息伦理学研究中的技术与社会两大传统正逐渐走向融合。

信息伦理研究必须不断发展以适应新的技术发展与社会进程。新的以大数据、云计算、区块链、人工智能为代表的智能技术使得智能时代的信息伦理问题成为新的研究话题。研究表明，智能时代的算法伦理问题与其他技术引起的伦理问题具有明显不同，需要从

---

① 参见梁俊兰《信息伦理学：新兴的交叉科学》，《国外社会科学》2002 年第 1 期。

② 参见孟令权《我国信息伦理理论研究现状述评》，《图书馆学研究》2010 年第 5 期。

③ 参见郑丽航、杜懋杞《信息伦理述评》，《图书情报工作》2002 年第 4 期。

④ Richard O. Mason, "Four Ethical Issues of the Information Age", *Journal of MIS Quarterly*, Vol. 10, No. 1, 1986, pp. 5 – 12.

⑤ 参见沙勇忠、王怀诗《信息伦理论纲》，《情报科学》1998 年第 11 期。

⑥ 参见陈爱华《信息伦理何以可能?》，《东南大学学报》(哲学社会科学版) 2010 年第 3 期。

算法的自主性特征、应用性场景和归责性困境对算法时代的信息伦理问题深入探讨。[①] 人工智能技术带来的伦理主体问题乃至人的主体性问题[②]、新兴的机器主体与机器人伦理研究[③]，都是智能技术背景下，信息伦理研究面临的全新议题。除此之外，不止一位学者指出，对信息伦理问题的研究不应只局限于本土，而应结合不同的文化背景来解读或者谋划全球信息伦理。[④] 全球信息伦理被称为信息伦理的2.0版。美国学者特雷尔·拜纳姆（Terrell Ward Bynum）和英国学者西蒙·罗杰森（Simon Rogerson）指出，计算机伦理过去二十年来的发展将许多必要的伦理和社会视角带入信息技术。但是随着我们迈向一个被全球化和无处不在的计算所标记的时代，第二代计算机伦理一定是一个全球化信息伦理的时代。[⑤]

综上所述，信息学科发展经历了从自然信息学向社会信息学、统一信息学的扩张进程。在半个多世纪的发展变迁中，信息学以信息为主要研究对象，遵循信息本体论、信息认识论、信息价值论以及信息伦理学的研究框架，对信息展开了全面而深入的学理性研究。随着新的信息技术与社会发展机制不断涌现，信息学科也以其极强的学科活力紧密地展开了一系列诸如智能信息、信息伦理的前沿性话题研究。因此，以信息学的视角对既有技术发展、社会现象、学科研究重新探视，将会得到不同于固有研究范式的全新规律和理论启示。本论题的研究出发点即是借助信息学的相关理论和研究框架，试图对与信息学科密切相关的人类信息传播领域展开逻辑梳理与规律探寻研究。

---

① 参见潘宇翔《大数据时代的信息伦理与人工智能伦理——第四届全国赛博伦理学暨人工智能伦理学研讨会综述》，《伦理学研究》2018年第2期。

② 参见张正清、张成岗《第四次革命：现代性的终结抑或重构——信息伦理对人工智能伦理的启示》，《武汉大学学报》（哲学社会科学版）2018年第5期。

③ 参见杜严勇《机器人伦理研究论纲》，《科学技术哲学研究》2018年第8期。

④ 参见王亮《全球信息伦理何以可能？——基于查尔斯跨文化视野的伦理多元主义》，《自然辩证法研究》2018年第4期。

⑤ Bynum, T. W., Rogerson, S., "Introduction and Overview: Global Information Ethics", *Journal of Science and engineering ethics*, Vol. 2, 1996, pp. 131-136.

二　信息传播演进的相关研究

自 1949 年美国学者威尔伯·施拉姆撰写《大众传播学》一书至今，西方传播学发展业已 70 年。而若将 1978 年郑北渭先生译介华伦·K. 艾吉的两篇论文《公众传播工具概论》和《美国资产阶级新闻学：公众传播》视为传播学正式进入我国学界视野的标志，中国传播学研究也经历了 40 年的风雨历程。[①] 面对西方半个多世纪的丰硕研究成果以及国内近半个世纪的迅速崛起，不少研究者在精耕于某一具体研究领域，不断拓宽传播学研究边界之余，尝试从宏观整体的视角关注传播（或信息传播）变化与演进的逻辑，并对传播学的发展进行经验式总结与批判性反思。通过爬梳现有研究资料，笔者将从传播学理论研究、传播媒介形态演进研究、不同传播内容的形态研究以及传播功能与价值演进规律四个方面，论述现有的研究范式及其可能存在的不足之处。

（一）传播学理论的整体演进研究

传播学在中国学制化以来，几乎每隔十年，传播学科就会有一次比较大范围的学科反思，集中梳理现有研究成果，并对存在的相关问题详细探讨。胡翼青通过仔细爬梳中国传播学研究第一个十年（1979—1989 年）时期的四份代表性学术期刊——《新闻学刊》《国际新闻界》《新闻广播电视研究》《新闻大学》上的传播学论文，发现早期的传播学研究存在观点具有创建性但学术水平不够专业；学者纷纷进入该领域研究但常常浅尝辄止；推崇西方理论但缺乏深入理解；对策性研究多而理论性研究少等特点。[②] 在论及传播学发展

[①] 参见胡翼青、张婧妍《中国传播学 40 年：基于学科化进程的反思》，《国际新闻界》2018 年第 1 期。

[②] 参见胡翼青《播种与孕育：重述中国传播学的第一个 10 年》，《河北大学学报》（哲学社会科学版）2009 年第 1 期。

20 年的成就时，寥若晨星的零散译介、日益规范的各届研讨会、影响深远的受众调查、不断擢升的学科地位等，都是传播学者共同努力的结果。① 当传播学跨入第 30 个发展年头时，学者们开始尝试从批判与反思的视角，重新以一种问题意识考察 30 年的历史发展，并尝试重构研究假设、建立多元内容分析框架。② 在中国传播学 40 年之际，反思与重建传播学③、从知识社会学的视角梳理传播学历史④、开辟新的媒介社会学领域⑤等，都成为传播学者突破以往研究思路、构建新的传播学想象力的全新尝试。

还有部分研究成果尝试从不同的具体化理论视角，对既有较为零散的研究理论进行系统、明晰的逻辑梳理。如星亮的博士学位论文以哲学诠释学的相关理论为研究方法，梳理了营销传播学理论的发展和演变历程，总结出一条由营销传播理论到整合营销传播理论，再到整合平台传播理论和整合品牌促销理论为代表的品牌理论，最后到以在线营销传播理论为代表的数字营销传播理论等四种理论联结而成的营销传播学理论的演进之路。⑥ 公克迪、涂光晋从文化心理距离理论的独特视角出发，详细梳理了品牌跨文化传播的理论渊源、框架模式、演进发展历史、现状与问题。⑦ 卢嘉、史安斌通过梳理国际传播的相关理论，认为其经历了国际化、全球化和跨国化的三个历史阶段。其中技术、国际关系、传

---

① 参见龙耘《传播学在中国 20 年》，《现代传播》（北京广播学院学报）2000 年第 3 期。

② 参见王怡红《传播学发展 30 年历史阶段考察》，《新闻与传播研究》2009 年第 10 期。

③ 参见邓建国《传播学的反思与重建：再读 J. D. 彼得斯的〈对空言说：传播的观念史〉》，《国际新闻界》2017 年第 2 期。

④ 参见王金礼《传播的理论与理论的传播：传播学史研究及其知识社会学方法》，《南京社会科学》2017 年第 2 期。

⑤ 参见胡翼青、杨馨《媒介化社会理论的缘起：传播学视野中的"第二个芝加哥学派"》，《新闻大学》2017 年第 6 期。

⑥ 参见星亮《营销传播理论演进研究》，博士学位论文，暨南大学，2013 年。

⑦ 参见公克迪、涂光晋《品牌跨文化传播理论的演进：基于文化心理距离的视角》，《当代传播》2017 年第 9 期。

播主体、组织结构是推动理论发展的主要因素。① 而程士安、沈恩绍更是从科技进步与传播规律的角度，梳理数字时代组织传播理论的演变逻辑，并提出新的基于数字技术的理论重构思路。② 总体而言，这类研究集中在传播学发展的后二十年阶段，是学者们反思西方传播学理论，试图创建中国特色理论的重要尝试。

（二）传播媒介形态的演进研究

在面对传播媒介形态的演进问题时，中西方学界有着不同的研究传统和研究范式。北美环境学派是西方媒介形态研究的理论集大成者，主要代表学者有英尼斯、麦克卢汉、保罗·莱文森等。哈罗德·伊尼斯（Harold Adams Innis）认为，传播媒介的性质往往在文明中产生一种偏向，这种偏向或者有利于时间观念，或者有利于空间观念。③ 从历史时空观的视角对传播媒介演进进行区分与研究。马歇尔·麦克卢汉强调技术对媒介形态演变的重要作用，从技术与人的关系视角提出著名的媒介三论断："媒介即讯息""媒介是人的延伸""新兴媒介是旧媒介的延伸"。④ 后有学者将麦克卢汉视为绝对的技术决定论者，事实上，人、人的身体才是麦氏理论的出发点和切入点，身体和媒介之间的关系构成了麦克卢汉最具洞见和启发的思想。⑤ 沿袭其"人的延伸"逻辑，被誉为数字麦克卢汉的美国学者保罗·莱文森（Paul Levinson）提出补救性媒介理论（remedial media）

---

① 参见卢嘉、史安斌《国际化·全球化·跨国化：国际传播理论演进的三个阶段》，《新闻记者》2013 年第 9 期。

② 参见程士安、沈恩绍《数字化时代组织传播理论的解释与重构——以科技进步与传播规律的演进为视角》，《新闻大学》2009 年第 6 期。

③ 参见［加］哈罗德·伊尼斯《帝国与传播》，何道宽译，中国人民大学出版社 2005 年版，第 4 页。

④ ［加］马歇尔·麦克卢汉：《理解媒介——论人的延伸》，何道宽译，商务印书馆 2000 年版，第 33、290 页。

⑤ 刘婷、张卓：《身体—媒介/技术：麦克卢汉思想被忽视的维度》，《新闻与传播研究》2018 年第 5 期。

和人性化趋势理论（anthropotropic evolution of media），认为"媒介是发展的，是按照人的需要而不断进化的"。[①] 从伊尼斯到麦克卢汉、莱文森，展现的是西方媒介形态研究学者从技术到人，以及技术与人之间关系的研究路径变化。

中国学者重视媒介形态的宏观演进规律，相较于西方的既有研究，彰显了自己的研究特色与研究变化。早期的媒介研究是去技术化的，传播学者们通过制度变迁或社会环境演变论述中国的媒介演化进程。[②] 随着技术对中国社会发展的作用日益凸显，技术要素开始回归中国的媒介研究。鲍立泉指出，传播技术发展是媒介形态演进的重要推动力，不同历史时期的主流技术体系与媒介形态发展呈现对应关系。[③] 2005 年以后，在国内产生具有中国特色的"媒介融合"概念，技术学派的"媒介形态理论"范式被"媒介融合"范式取代。[④] 所谓融媒体，是指数字移动时代所呈现的新旧媒介共存而产生的一个张力模式，其完全不同于大众媒介时代各种媒介以各自特长获取生存空间的规律。[⑤] 国内前沿研究开始关注新兴媒介的形态演进规律。新兴媒介表现出互联互通与网状节点化扩张，回归人的感知功能以及全能化、立体化特点。[⑥] 总体而言，未来媒介必将是人与媒介融合在一起的智能媒介，媒介将回归到人体自身和实物物体。[⑦] 与西方媒介形态研究类似，中国研究也逐渐从去技术化研究，转向技术的回归，乃至技术与人文的融合发展。

---

① 参见［美］保罗·莱文森《人类历程回放：媒介进化论》，邬建中译，西南师范大学出版社 2017 年版。

② 参见潘祥辉《媒介演化论：历史制度主义视野下的中国媒介制度变迁研究》，中国传媒大学出版社 2009 年版，第 5 页。

③ 参见鲍立泉《数字传播技术发展与媒介融合演进》，博士学位论文，华中科技大学，2010 年。

④ 参见张秀丽、韩立新、俱鹤飞《我国媒介形态研究 30 年：演进脉络与范式转换——基于知识图谱的文献计量学分析》，《传媒》2018 年第 10 期。

⑤ 参见黄旦《试说"融媒体"：历史的视角》，《新闻记者》2019 年第 3 期。

⑥ 参见杨保军、张成良《论新兴媒介形态演进规律》，《编辑之友》2016 年第 8 期。

⑦ 参见谢伍瑛《媒介形态演进研究》，博士学位论文，武汉大学，2016 年。

（三）不同传播内容的演进研究

从微观视角来看，信息传播过程依据不同的传播内容呈现出不同的传播特点。现有文献一方面关注传统信息内容在新环境下的传播变化，另一方面不断探寻尚未关注的新传播内容的发展特点。

首先，传统诸如新闻、广告、社会舆论信息的传播演进研究。张昆认为新闻传播史是一部螺旋进化式的发展史。通过仔细分析新闻信息的传播历史，发现具有在共性与个性、纵向演进和横向发展中呈现辩证统一的特点。① 广告作为重要的商业信息，其传播形态也引起学者的广泛关注。谭辉煌指出广告形态演进的规律包括创造和保持两个方面：一方面，广告形态必须在以传播环境和市场环境为主导环境的背景下，根据其发展变化进行积极调整，以便与之相适应；另一方面，已经适应了生存环境的广告形态总是倾向于保持现有的结合和逻辑，维持现有的生存状况，这是所有广告形态趋于稳定性的共同倾向。② 南长森提出，我国的舆情传播遵循以正面报道为主的导向规律；治国理政、定国安邦的演进规律；党性与人民性统一的同步发展规律。③ 截至 2023 年，传统的信息传播内容在新技术环境下均有全新的发展特征。

其次，对全新信息传播内容的梳理与研究。有鉴于新的传播现象日益增多，以及技术带来的信息泛滥、信息失信等现实问题，传播学者开始关注以前尚未关注的家庭传播、城市传播、科学传播、谣言传播等领域，并探寻新的传播策略以尝试弥合既有的传播问题。朱秀凌认为，传播不仅仅是家庭的一个方面，而是作为家庭的核心过程，即家庭是如何在话语中共同构建、协商和合法化。家庭传播可以研究其传授双方、传播内容与形式、传播媒介与效果、传播社会情境等。④

---

① 参见张昆《新闻传播史演进的三大规律》，《新闻大学》2008 年第 2 期。
② 参见谭辉煌《广告形态演进的逻辑与轨迹》，博士学位论文，武汉大学，2014 年。
③ 参见南长森《社会舆情传播的运行机制及其演进规律》，《现代传播》2017 年第 6 期。
④ 参见朱秀凌《家庭传播研究的逻辑起点、历史演进和发展路径》，《国际新闻界》2018 年第 9 期。

刘小晔等指出，城市传播在经历基于营销和狭义传播视角的品牌化传播路径，作为社会互动和意义交流过程的社会学传播路径，正在媒介技术的驱动下逐渐走向融合。① 而由新技术带来的科学传播②、谣言传播③等现象，也成为前所未有的全新传播议题，值得更多的传播学者关注与耕耘。

（四）传播功能与价值的演进研究

学者针对不同传播内容的演进规律，从价值论的角度研究其演化想象背后的价值规律。如黎明认为，媒介技术之于广告演进，只是直接驱动力，而非唯一规定性。广告演进必须遵循价值规律。④ 魏正聪从传播价值观的视角，认为中国报纸传播价值观的变迁受报纸、政府和公众的三角结构关系影响。报纸发展在追求政府利益和自身经济利益的同时，必须坚持公众取向，实现公共性和公益性的回归。⑤ 该类研究基于本体论和认识论，在价值论和方法论的视角研究传播演进的规律以及规律背后的逻辑。研究视角更为深入，是对历史演进规律、技术演进规律的哲学层面思考。

总体而言，现有关于传播演进的研究是反思人类传播学发展的重要研究方法。已有的文献已经对传播的本体、传播的媒介、传播的价值进行了不同维度的深入解读，学界也开始对学科既有的理论和方法进行梳理研究。但是，现有研究仍以人文或哲学的理论资源为主，较少探讨其信息源头的生产传播规律与科学演进逻辑。换言之，技术在现有研究中一直被视作传播现象演进的外在规律、研究缘起或研究背

① 参见刘小晔、文春英、吴莹莹《技术驱动视角下城市传播的发生、演进与进路》，《传媒》2019 年第 6 期。
② 参见田松《科学传播——一个新兴的学术领域》，《新闻与传播研究》2007 年第 2 期。
③ 参见刘咏梅、彭琳、赵振军《基于小世界网络的微博谣言传播演进研究》，《复杂系统与复杂性科学》2014 年第 12 期。
④ 参见黎明《广告演进的价值规律——基于广告工具性价值的分析》，博士学位论文，武汉大学，2012 年。
⑤ 参见魏正聪《中国报纸媒体传播价值观演进研究（1978—2011）》，博士学位论文，武汉大学，2012 年。

景，较少将其纳入传播系统之内，作为传播演进的重要内因来研究。本研究首先将传播演进研究视为分析新传播现象的重要研究方法，其次试图将技术逻辑纳入传播演进内部要素范畴，重点分析其独特的技术演进逻辑，并探讨其与现有人文逻辑之间的融合与冲突。

三　智能传播未来发展的相关研究

突飞猛进的技术发展带来信息传播领域的重大变革。不仅新的信息传播现象层出不穷，前所未有的传播环境也催生人与技术、人与人之间全新的传播关系。传播学者对未来传播现象展开研究，一方面是受飞速变革的传播技术驱使，另一方面是试图对未知的传播形态与传播环境进行科学预测，以期未雨绸缪，防患于未然。现有关于智能传播未来发展的研究表现在宏观传播的趋势预测、传播形态的具体分析、方法论的研究与创新三个方面。

（一）宏观传播的趋势预测

关于未来传播趋势的整体性预测，现有研究从技术视角和人文视角作出多样化阐释。首先，从技术视角来看，智能化、泛化、沉浸化是未来传播的总体趋势。彭兰教授提出，智媒化是未来媒体的发展趋势，具体表现在万物皆媒、人机共生与自我进化三个方面。[①] 在智能技术的构建中，传媒业原有的边界将进一步消解，一个极大扩张的传媒业新版图将在新的角逐中形成。[②] 吕尚彬、黄荣则认为，智能传播呈现明显的媒体泛化趋势，不仅信息传播领域泛化，而且其传播形态、传播内容以及传播的虚实都表现出泛化的特点。[③] 未来智能技术域定的智能传播媒体将呈现人机交互的"在线域定"、人机

---

① 参见彭兰《智媒化：未来媒体浪潮——新媒体发展趋势报告》，《国际新闻界》2016年第11期。

② 参见彭兰《未来传媒生态：消失的边界与重构的版图》，《现代传播》2017年第1期。

③ 参见吕尚彬、黄荣《智能时代的媒体泛化：概念、特点及态势》，《西安交通大学学报》（社会科学版）2019年第5期。

融合的"隐线域定"与人机合一的"超线域定"三重境界。① 李沁、熊澄宇指出，经过了单向和大众传播为主的"第一媒介时代"、双向和互动传播的"第二媒介"，21世纪人类正在经历一种全新的传播形态——沉浸传播。② 总体而言，未来传播趋势与新兴的传播技术紧密相关，技术特征与传播现象正在相互塑造、共同发展，且技术逻辑很大程度上决定了人类的信息传播逻辑。

其次，从人文视角来看，人性化、人机融合是未来智能传播的全新走向。贾文山认为未来传播形态具有两种模式：一种是以美国硅谷为代表的虚拟技术决定论模式；另一种则是互联互通、以技术模式为辅、以实现人类命运共同体为目的的新北京模式，或称人文模式。③ 保罗·莱文森曾在继承麦克卢汉媒介延伸理论的基础之上，提出极具创建性的人性化趋势理论。随着智能技术对人类生活习惯、人类主体性、人类思维习惯的进一步科学"解剖"，未来的传播形态将更加突出"人"的因素，互联网将发展成物联网，乃至人联网。④ 面对机器日益凸显的人性化、主体性趋势，人机融合、人机共生是未来传播的必然表现。未来传播需要建立起人的情、境、意、识，加上机器的态、势、感、知的协同机制。⑤

（二）传播形态的具体分析

除却对未来传播趋势宏观把控以外，传播学者还从微观视角具体分析并预测未来可能出现的人类智能传播形态。首先，游戏化、场景化、虚拟化是未来技术的主要特征，同时也是未来传播可能存在的具体形式。喻国明等认为，在万物互联的智能时代，未来线上

---

① 参见吕尚彬、黄荣《智能技术体"域定"传媒的三重境界：未来世界传播图景展望》，《现代传播》2018年第11期。

② 参见李沁、熊澄宇《沉浸传播与"第三媒介时代"》，《新闻与传播研究》2013年第2期。

③ 参见贾文山《未来的传播形态：思考与前瞻》，《人民论坛·学术前沿》2018年第3期。

④ 参见陈昌凤《未来的智能传播：从"互联网"到"人联网"》，《人民论坛》2017年第12期下。

⑤ 参见刘伟《智能传播时代的人机融合思考》，《人民论坛·学术前沿》2018年第12期下。

空间对受众的赋能赋权使传播模式日渐趋同于游戏模式，线上传播的媒介景观中类游戏的表征愈发明显，游戏范式正成为未来传播的主导性实践范式。① 随着人工智能与传媒产业的深入结合，声音将成为未来传播的主要介质与传播入口。② 彭兰则首次将原本用于戏剧表演的专用术语引入传播学研究，认为场景化是未来传播中与内容、形式、社交并列的第四种核心要素。③ 在此基础上，程明等学者认为，未来的智能媒体技术将人们带入全新的场景时代，人工智能技术呈现的虚拟场景将形成从时空分离到时空延伸再到时空一体的观念转变。④ AR、VR 技术不仅是新型传播技术的代表，同时其落地产生了智能眼镜、智能腕带的可穿戴设备。胡泳则指出将可穿戴设备应用于媒体传播时，该装置所切割的微小信息将会为未来的信息传播带来更多的可能性，从而带来革命性的社交方式。⑤ 从整体上来看，游戏传播、场景传播和虚拟传播等都是未来可能存在的具体传播形式。

此外，学者们还关注微观智能媒体平台的构建研究、智能写作与机器分发研究，以及社交机器人研究等。一方面，新的技术迫使传统媒体进行智能化改造，需要具体探析智能终端对知识共享的影响⑥，以及具体研究学术期刊平台⑦的智能化建设等。另一方面，学者也将研究兴趣置于新的智能媒体建设，如探讨以今日头条为代表的智能

---

① 参见喻国明、耿晓梦《从游戏玩家的类型研究到未来线上用户的特质模型——兼论游戏范式对于未来传播研究的价值》，《当代传播》2019 年第 3 期。

② 参见喻国明、王文轩、冯菲《"声音"作为传播主流介质的洞察范式——以用户对语音新闻感知效果与测量为例》，《社会科学战线》2019 年第 7 期。

③ 参见彭兰《场景：移动时代媒体的新要素》，《新闻记者》2015 年第 3 期。

④ 参见程明、战令琦《论智媒时代场景对数字生存和艺术感知的影响》，《现代传播》2018 年第 5 期。

⑤ 参见胡泳《未来的传播媒介：物联网与可穿戴设备》，《新闻与写作》2016 年第 11 期。

⑥ 参见徐修德、李静霞《移动智能终端对知识共享的影响——以知识传播平台为例》，《青年记者》2018 年第 12 期。

⑦ 参见唐冰寒、肖茹予《基于智能算法的学术期刊传播平台构建》，《当代传播》2018 年第 4 期。

平台的具体建设①等。在广告学科，业已出现了有关计算广告甚至智能广告的探讨。研究认为，计算广告颠覆了传统广告从用户洞察到效果衡量的方式，计算广告是以数据为基础、以算法为手段、以用户为中心的智能营销方式。② 此外，国内外学者广泛关注机器人作为一种新的传播媒介的人机交互现象。如 Zhao Shanyang 认为人型社交机器人是用于与人类交流和互动的特殊机器人技术，社交机器人具有自动、互动和类人化的特点，是传播学界的机器化革命。③ Lee、Kwan Min 等通过经验研究的方法，关注机器人在人机互动交流过程中的个性表现、社交反应与社交呈现等问题。④ 国内也有学者关注大量社交机器人出现的传播环境下，"人 + 社交机器人"的传播学研究新领域的系列问题，⑤ 以及以智能语音音响作为传播平台的创新与实践活动。⑥ 未来传播形态百花齐放、百舸争流，需要传播学者打破既有的研究局限，不断拓宽研究边界。

（三）方法论的研究与创新

西方传播学的传统主流研究方法是量化研究，而批判学派以及媒介环境学派的质性研究方法处于较为边缘的位置。早期中国学者主要采用逻辑推演、文献梳理、思想实验等研究方法来进行新闻学与传播学科领域研究探索，随着西方传播学研究范式的持续引入，质性研究、量化研究以及混合研究方法也逐渐成为国内学界的研究

---

① 参见熊敏《内容智能分发平台对新闻传播的价值创新分析——以"今日头条"为例》，《编辑学刊》2017 年第 3 期。

② 参见段淳林、杨恒《数据、模型与决策：计算广告的发展与流变》，《新闻大学》2018 年第 1 期。

③ Zhao Shanyang, "Humanoid Social Robots as a Medium of Communication", *Journal of New Media & Society*, Vol. 8, 2006, pp. 401 – 419.

④ Lee, Kwan Min, Peng Wei, Jin, Seung-A, "Can Robots Manifest Personality? An Empirical Test of Personality Recognition, Social Responses, and Social Presence in Human-Robot Interaction", *Journal of Communication*, Vol. 56, 2006, pp. 54 – 772.

⑤ 参见张洪忠、段泽宁、韩秀《异类还是共生：社交媒体中的社交机器人研究路径探讨》，《新闻界》2019 年第 2 期。

⑥ 参见张建中《声音作为下一个平台：智能语音新闻报道的创新与实践》，《现代传播》（中国传媒大学学报）2018 年第 1 期。

规范。当新的传播技术与传播现象层出不穷时，传播学的研究版图不断扩大，传播学的研究问题也日益复杂，智能传播未来发展研究需要方法论上的创新与突破。

首先，以人工智能、大数据、区块链、云计算等智能技术的出现，将认知科学、生物学科等学科的研究方法引入新闻学与传播学科，出现了脑电波、眼动仪等新的实验研究方法，推进了新闻学与传播学的研究方法创新。学者们认为，认知神经科学与传播学的研究路径有交叉之处，认知神经科学领域的功能性磁共振成像（fM-RI）、脑电（EEG/ERP）研究等都可以用来研究当代传播学现象中复杂的情感、认知和效果问题。[①] 已有学者通过认知神经科学的试验方法分析广告领域、视觉领域、网站新闻、电影和电视中传播效果，认为认知神经科学将会给新闻传播领域带来重大的范式转向。[②] 还有学者运用眼动仪等设备探索中英文同款广告中微妙的细节调整折射出的中西方读者对媒介内容叙述方式的不同偏好。[③] 也有研究通过实验的方法，考察不同视觉媒介的可视化方式对受众风险感知的影响。[④] 新的研究方法的运用将会带来传播学研究方法与研究范式的革命。

其次，对人类身体、人类认知、人类主体性的重新关注，使得人文主义特别是哲学思想实验、思辨式的研究方法再次回到传播学的学科视野。刘海龙认为身体问题理应得到传播学界的兴趣，其借助通俗文化中的后人类主义的具体叙事，试图从未来的视角论述传播研究中身体问题的重要性。身体议题对于传播研究来说，既是挑

---

① 参见何苗《认知神经科学对传播研究的影响路径：回顾与展望》，《新闻与传播研究》2019 年第 1 期。

② ZhengXiaomei，"Researh on Digitial News Distribution Based on Cognitive Neuroscience"，*Journal of Translatinal Neuroscience*，Vol. 10，2019，pp. 50 – 56.

③ 参见林升栋等《貌合神离：中英文同款广告的符号和眼动分析》，《新闻与传播研究》2017 年第 11 期。

④ 参见周敏、侯颗、王荟萃等《谁才是风险的"放大镜"？——一项关于不同视觉媒介可视化方式对受众风险感知影响的实验研究》，《新闻与传播研究》2018 年第 2 期。

战也是机遇。① 此外，未来新闻传播研究将不得不面对人的主体性和技术自主性问题。② 越来越多的哲学领域研究学者从现象学、技术哲学、主体性哲学的视角对人类存在、人的本质、人机关系问题进行论述与探讨，为智能传播的未来发展研究提供了新的视角与哲学理论依据。

总体而言，现有关于智能传播未来发展研究的成果非常丰富，既有关于未来宏观趋势的预测研究，也有关于具体传播形态的微观研究，同时还涉及传播学研究方法的突破与创新。但值得提出的是，由于新兴的传播现象正如雨后春笋般兴起，目前的研究文献虽涉猎广泛但缺乏连贯的研究体系，而这也将是本书尝试突破的重点与难点。

四 对已有研究的整体评价

由上述翔实的文献梳理可知，国内外学者们关于信息学研究、信息传播演进研究、智能传播的发展研究已经有较为充分的理论基础，这为本选题的开展提供了丰富的研究资源。一方面，信息学研究从一开始就与传播学研究水乳交融，佐证了从信息学视角研究传播学问题的合理性与可能性；另一方面，传播学者对传播演进研究的重视程度以及对未来智能传播现象的研究热度，也印证了本选题的可行性与重要性。

然而，现有研究仍然存在不可避免的研究不足。第一，虽然早期信息学研究中包含不少传播学领域的理论探讨，但是随着信息学日益依托于信息技术、工程科学的研究成果发展，其越来越少触及偏人文社科性质的传播学研究，二者在各自的发展过程中

---

① 参见刘海龙《传播中的身体问题与传播研究的未来》，《国际新闻界》2018 年第 2 期。
② 参见吴飞《新闻传播研究的未来面向：人的主体性与技术的自主性》，《社会科学战线》2017 年第 1 期。

渐行渐远。所以，信息学虽然从本源上是以信息为主要研究对象的学科，但是其日渐演变成为以信息技术、信息工程为主的硬科学研究，从而忽视了对信息人文属性与传播效果层面的规律探寻。

第二，信息传播的演进研究是梳理传播现象、总结传播规律、构建传播理论的重要研究方法，但是其在研究范式上仍囿于主流传播学或稍显落后的大众传播学既有研究框架。虽然不少学者尝试从社会学、哲学、心理学等视角寻求突破，但仍然难以逾越人文社科的研究范式与路径依赖。

第三，对智能传播的未来发展研究多是从既有发生的实践现象着手，进行未来式的想象式勾勒与预测性探讨，较少从两个及以上的人类传播发展阶段进行连贯性思考与系统性研究。在现有文献中，既有研究是片段式与断裂式的；以整体性的发展思路，提出有关智能传播未来发展的科学合理结果的研究思路是缺乏甚至空白的。面对日新月异、前所未有的人类信息传播现象，我们应该回到原点，从最基础性的理论出发重新探寻传播发展规律。[①] 而在本研究中，这个理论原点与研究起点就是"信息"。

综上，以上研究的缺陷与不足既是本选题的研究出发点，也是本研究需要弥合和解决的重点与难点。本书将在既有信息学研究理论与分析框架的基础之上，回到人类传播学的信息源头，重新梳理信息传播的发展逻辑与演进规律。同时，对智能传播未来发展的合理预测是本研究的主要难点，但也将是本研究的重大创新点。本研究将试图在人类信息传播活动的整体演进规律基础之上，科学推导未来的智能传播图景。除此之外，以立足于源头理论的研究定位，尝试划定信息传播的发展界限，为迅速扩张的人类传播活动及其可能出现的潜在危机提出相关意见和建议。

---

① 参见喻国明《未来传播学科的发展范式：基于技术"微革命"的思考》，《新闻界》2019 年第 6 期。

第三节　研究思路与问题

一　研究思路

本书围绕信息传播的演进逻辑，以总分总式的论述思路展开，分为研究框架、具体分析、总结与展望三个部分。

第一部分：构建整体研究框架。以信息学的相关研究为基础理论资源，同时综合运用传播学理论、技术哲学、主体哲学、信息论、系统论、控制论、协同论等多种理论知识，通过厘清信息学与传播学的复杂关系，得出现阶段运用信息学分析信息传播现象的科学性与合理性，梳理信息传播研究的全新框架：信息传播流程、信息传播控制与信息传播效应。

第二部分：围绕研究框架展开具体分析。依据第一部分得出的研究结论，该部分将分为信息传播流程再造、信息传播控制变革、信息传播效应演进三章详细展开论述。同时，每章将以"大众媒体传播—社交媒体传播—智能媒体传播"的技术演进路线，作为研究的底层逻辑与论述主线。

第三部分：总结与展望。基于以上分述，在文章的最后一部分将从研究局限和未来发展两个部分对所有内容进行总结。该部分将重点结合前文有关智能媒体传播的论述，展望未来智能传播的演进规律与传播图景。

二　研究问题

本书的论题是"信息传播的逻辑演进及智能传播的未来发展"，所以，核心研究问题是人类信息传播遵循怎样的逻辑演进规律？最终的落脚问题是，智能传播的未来发展图景是怎样的？

基于信息学的基本研究框架，结合传播学自身的研究规律，本研究将人类的信息传播活动视为复杂的多层级互动系统，且从信息传播流程、信息传播控制、信息传播效应三个方面具体论述信息传播的演进规律，而有关信息传播主体的讨论虽未单独成章，却一直贯穿在文章主要章节的论述过程中，并成为每章殊途同归的落脚点以及智能传播图景中的核心关键词。基于本选题的核心研究议题和基本的研究思路，可以分列出四个具体的研究问题。第一，作为整体的人类信息传播演进范式是怎样的？第二，信息传播流程作为传播系统的第一层级，其是怎样变化与再造的？第三，从大众媒介传播到社交媒体传播、智能媒体传播，第二层级的信息传播控制手段有何变化？第四，作为第三层级的传播效应在不同信息传播阶段的具体表现又是如何？至于智能传播的未来发展图景问题，将在三个主要章节的详细论述后得出结论。换言之，有关人类智能传播未来发展的论述，可以从未来信息传播流程、未来信息传播控制、未来信息传播效应三个方面逐一勾画，并将专拟一章，以传播主体变革为核心，从重要基础、关键问题以及发展目标的视角——对应、整体论述，以此作为本研究的重要结论。

第四节　研究内容与研究方法

一　研究内容

本书的切入视角是信息学的研究理论与研究框架，研究对象是人类的信息传播活动，研究问题是信息传播的演进逻辑，而研究落脚点是科学推导信息传播的未来发展方向（或曰智能传播的未来发展）。笔者希望通过详细论述信息传播的流程、控制、效应三个方面的变革逻辑，从源头勾勒出信息传播的整体演进路径。全文将分为七章阐述研究主题、研究问题与研究结论，主要章节内容如下。

第一章为绪论部分，主要对与本选题有关的文献进行系统梳理。具体论述逻辑从三个方面展开：一是信息学的理论发展与基本研究框架。通过分析信息学理论的不同分支，梳理现有信息学研究的基本框架，指明本研究借助的理论资源范围。二是人类信息传播活动的演进研究。现有文献分别从传播学整体理论、媒介形态、传播内容以及传播功能四个方面展开有关信息传播演进的历时性宏观梳理。三是智能传播的未来发展研究。关于智能传播的未来性研究是现阶段炙手可热，但尚未深入发展的前沿性命题，宏观传播趋势预测、具体传播形态分析、方法论研究与创新是目前研究涉猎的主要方向。

第二章论述信息学与传播学的融合关系，从而提炼本研究的分析框架。具体而言，该部分的论述可以分为三个层次。其一，界定本研究中信息的内涵与特征；其二，阐释信息传播流程、信息传播控制、信息传播效应三个论述结构的重要性与提炼依据；其三，人类信息传播三阶段的划分依据以及信息传播演进的基本动力范式。该章节既是上文的延展论述，同时也是后续分论章节的叙述基础，在文章整体架构上起到了承上启下的重要作用。

第三章到第五章以"技术—需求"的演进范式和人类信息传播发展的传统大众媒介传播、社交媒体传播、智能媒体传播三阶段为主要论述线索，分别从信息传播流程、信息传播控制、信息传播效应三个方面，借助理论逻辑思辨与典型案例分析相结合的研究方法，对人类信息传播的演进变化展开具体论述。其中，第三章围绕信息传播的流程再造展开研究。从信息学本体论的视角出发，结合信息论的相关知识，分析从传统大众媒介传播、社交媒体传播、智能媒体传播的演进过程中，信息本体从自在信息到自为信息、再生信息的本质变化，以及信息传播流程从内部流程完善到整体流程再造与突破的变革趋势。该章节论述的是信息传播演进的基础性问题，也是复杂传播系统的第一个层级。

第四章从控制论与系统论的视角研究信息传播权力的转移与系统控制问题。不论在何种信息技术背景下，信息传播始终面临传播的不稳定性与技术的不确定性问题。通过厘清不同阶段传播系统中的主要矛盾、人为控制力量的重要着眼点及其可能存在的相关问题，借助典型案例分析信息传播系统的失控表现与控制策略。本章探讨的是本研究的第二个演进层级，也是核心层级。

第五章研究信息传播的效应问题。传统传播学研究框架认为，信息传播的效果即信息从生产源头，经由传播渠道，在信息接收方的复现程度。而从信息学的视角来看，不同发展阶段的信息传播效应与传播主体、渠道，乃至传播环境密切相关。从大众媒介传播到社交媒体传播、智能媒体传播，人类信息传播主要历经组织效应、平台效应与协同效应等不同表现形式。本章探讨的是本研究的第三个价值层级。

第六章是本选题的最终研究目标，同时也将作为本研究的重要结论。在章节架构上，本章将以智能传播的未来发展图景为核心问题，以传播主体变革为主线，从其重要基础、关键问题以及发展目标三个方面，既归纳总结第三章至第五章的主要论述内容，同时也从横向视角系统阐述并描绘人类智能传播的整体发展。其中，重要基础对应第三章的研究，关键问题从第四章中提炼，而发展目标则是第五章论述的主要问题。以此，该章节内容与文章的主体部分章节逐一对应，且将纵向探讨模式与横向归纳结论相结合。

第七章将从研究局限和未来展望两个方面对以上所有章节研究进行回顾与总结。

本研究的整体研究框架与技术路线如图1-2所示。

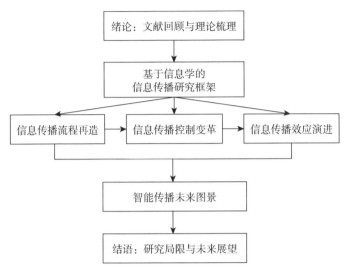

图 1 - 2 研究框架技术路线

二 研究方法

（一）归纳演绎法

本书整体上属于思辨性较强的归纳演绎研究，一方面借助信息学理论、传播学理论、技术哲学、信息论、系统论、控制论、协同论等理论资源，拓展信息传播的研究视野，探索新的演绎逻辑；另一方面，通过全新的理论架构，结合既有关于信息传播从大众媒介传播到社交媒体传播、智能媒体传播的技术演进论断，探索人类信息传播活动的整体规律，并勾画智能传播未来图景。

（二）案例分析法

为佐证相关理论推断与逻辑推理，在具体论述信息传播流程、控制、效应三个不同发展阶段的变革与演进过程时，将主要采用案例分析的方法，借助经典案例的剖析研究，为文章的理论分析提供较为科学的论证依据。

（三）比较分析法

比较分析法是依据拟定的标准对考察的对象进行辨析异同的研究方法，一般分为纵向比较和横向比较。在本研究中，既有从历时性的角度分析传统大众媒介传播、社交媒体传播、智能媒体传播的纵深演进过程；同时也将从横向比较的视角，分析不同发展阶段传播系统内部的演进规律并归纳总结智能传播未来发展的主要表现。

第二章 信息传播的本质、层级及系统演进基本范式

信息传播实践贯穿人类社会生活始终，是人类赖以生存的必需品。从远古时期非洲大陆响起的鼓点声到中世纪诞生的文字技术，乃至近代工业社会大规模出现的现代传播技术，人类尝试创造不同的人造技术，且借助工具传递信息、扩大信息传播的时空范围。马克思主义哲学认为，人类社会是运动、变化、发展的，其基本、总体趋势是前进的、上升的、由低级到高级发展的历史过程。有鉴于信息传播活动与人类社会发展密不可分的关系，故而，信息传播活动也必须不断变化和发展，以适应人类社会的演化进程。

然而，正如人类社会受经济基础与上层建筑等因素的制约，信息传播活动同样遵循自身的发展逻辑与演进规律。这些规律中一部分已为人类所知，但很大部分仍亟待人类持续探索。面对日益扩张与变革的人类社会，芝加哥学派的学者们认为现代社会与信息传播之间存在复杂的连接关系：社会不仅是由于传递与传播而得以继续存在，而且还可以说是在传递与传播中存在着。[①] 我们可以看到，现代社会中大众的需求与诉求通过信息传播得以彰显，借助信息交流沟通协商解决，并以信息反馈、信息产品的形式反哺社会发展。某种程度而言，信息传播是包含了自然世界、技术发展、人类需求、

---

① 参见［美］E. M. 罗杰斯《传播学史：一种传记式的方法》，殷晓蓉译，上海译文出版社 2012 年版。

社会关系等方方面面的万花筒与折射镜，任何单一的发展逻辑与演化规律都很难概括现阶段复杂的信息传播活动。特别是当人类迈向数字技术主导的 21 世纪，信息传播现象日新月异、沧海桑田，与其一味地追赶新的变革步伐，迷茫于"乱花渐欲迷人眼"的新兴表象，传播学者们不如回归信息传播的起点与原点，厘清信息传播中的变与不变，以探知人类信息传播活动的深层规律。

本章将重点从信息传播的本质与特征、基本构成要素以及信息传播演进的影响因素三个维度，考察本课题的主要研究对象——信息传播的本体概况。通过梳理信息与传播知识等相似概念的异同点，抓住信息传播的本质和核心特征；尝试从信息学的相关理论中提炼信息传播系统的层级结构，建构本研究的基本研究框架；并基于技术发展与传播演进的历史规律，提出传播系统变革的重要范式。本章内容是全文的逻辑出发点与行文基础，将从横轴和纵轴两个方面勾勒本命题的研究坐标系。

第一节　信息传播的本质与基本特征

一　信息的多维度解读

信息（information）无处不在，并且很早被人类所感知。早在哲学家、思想家频出的古希腊时期，信息一词的希腊—拉丁词源"informatio"便被赋予"知觉""形式""教育"等含义，构成信息研究中质化、心灵化、意义化的非科学流派源头。其中，informatio sensus、informatio intelliectus、informatio materiae 等是信息原始词源的常见搭配，被译为感觉知觉的铸造、智能的铸造、物质化（形式化）的过程。[①] 由此可见，信息不同于实体性、可触摸的物质形式，难以捕

---

① 参见周理乾《论信息概念的历史演化及其科学化》，《自然辩证法研究》2016 年第 3 期。

捉、鲜少量化。然而，信息与物质也有着千丝万缕的联系——其存在需要依附于物质，并且长期处在物质化、实体化的转换过程之中。换言之，在词源意义层面，我们可以将信息理解为人类心灵与外界实体物质相连接、交流的重要介质，具有中介性和转化性。

"信息"一词作为科学术语，最早由美国学者哈特莱（R. V. L. Hartley）在 1928 年发表的论文《信息的传输》（*Transmission of Information*）中提出。哈特莱认为，信息是一个非常灵活的术语，在对其研究和测量时，首先需要赋予其具体细微的精确含义。[1] 该论断一方面承认了信息研究的重要性，另一方面也指明了信息的复杂性以及对其进行专门性研究的必要性。随着不同学科对信息的借用与多维度探讨，现阶段，学界形成了相互区分但又相互勾连的信息概念图景（见表 2-1）。

表 2-1   信息的多维度解读

维度	核心思想	代表性学者
数学式概念	对信息进行微观测量、逻辑深度测量、高效编码建构等	克劳德·艾尔伍德·香农、瓦伦·韦弗、安德雷·柯尔莫哥洛夫、查尔斯·贝内特、马克·巴尔金
语义式概念	以语义的组合形式作为判断信息出现的主要标准	巴尔—希列尔、卡尔纳普、卢恰诺·弗洛里迪、弗雷德·德雷斯基
泛化式、哲学式概念	信息是标志间接存在的哲学范畴，它是物质（直接存在）存在方式和状态的自身显示	约翰·惠勒、诺伯特·维纳、沃尔夫冈·霍夫基尔奇纳、邬焜、钟义信

第一，信息的数学式概念。1948 年，美国数学家克劳德·艾尔伍德·香农在其与瓦伦·韦弗（Warren Weaver）合著的《通讯的数学原理》一书中提出："信息是用来消除随机不确定性的东西。"[2] 香农通过对工程技术中的信息传递过程进行细分式的剖析，第一次

---

[1] R. V. L. Hartley, "Transmission of Information", *Journal of Presented at the International Congress of Telegraphy and Telephony*, Sept, 1927, p. 535.

[2] Claude, E., "Shannon and Warren Weaver", *The Mathematical Theory of Communication*, Urbana: The University of Illino, 1964, p. 12.

从数学的角度精确测量信息的大小、信息通道的承载量以及信息在传递过程中的损耗量，将原本被科学研究排除在外的信息研究正式纳入科学的研究进程。香农之后，安德雷·柯尔莫哥洛夫（Андрéй Николáевич Колмогóров）、查尔斯·贝内特（Charles Benett）、马克·巴尔金（Burgin，M.）等继承并发展了香农的数学测量式研究传统，从微观测量、逻辑深度测量、高效编码构建等对信息进行了细致且深度的研究。[1][2][3] 虽然测量方式不断细化，但有关信息与不确定、冗余有关的测量核心概念始终未曾改变，信息的数学式概念成为信息科学化研究进程中的主流观点。

第二，信息的语义式概念。以香农为代表的数学式信息概念研究存在几点研究不足：首先，对信息近乎偏执的计算研究忽略了信息本体中非计算性的、心灵性的方面；其次，信息论只关注信息的技术传播问题，将信息传播的符号问题与语义问题完全排除在数学研究之外。为了弥补数学式信息研究的不足，以巴尔—希列尔（Bar-Hillel，Y.）和卡尔纳普（Carnap，R.）为代表的语言学家提出了信息语义测量的形式理论。该理论假设了一个具有有限元素的固定语言系统，利用归纳逻辑理论，通过测量所排除句子的数量，可以计算该系统的内容量。[4] 通过观察对比可知，基于形式的信息语义测量与香农的数学理论类似，其均将概率性视为信息的本质属性，只不过前者在后者的基础之上，以语义的组合形式作为判断信息出现的主要标准。值得提出的是，虽然二者计算的标准类似，但是从信息的语义特征视角，研究者提出了比较具有代表性的全新信息概念。

① Collier，J.，"Information Originates in Symmetry Breaking"，*Journal of Symmetry*：*Culture & Science*，Vol. 7，1996，pp. 247–256.

② Benett，C. H.，"The Thermodynamics of Computation—a Review"，*Journal of International Journal of Theretical Physics*，Vol. 21，No. 12，1982，pp. 905–940.

③ Burgin，M.，*Theory of Information*：*Fundamentality，Diversity and Unification*，Singapore：World Scientific，2010.

④ 参见周理乾《西方信息研究进路述评》，《自然辩证法通讯》2017 年第 1 期。

意大利学者卢恰诺·弗洛里迪（Luciano Floridi）认为信息先验地包含了真理，只有那些内在语义为真的信息才是真正的信息，虚假信息和误传信息都不是信息。① 美国哲学家弗雷德·德雷斯基（Fred Dretske）提出信息是独立于任何认知主体的东西，但当这些主体使用信息时，却反过来能给他们带来知识。② 至此，信息的内涵重新与物质、事实、存在、主体联系起来，成为有血有肉、具有生命力的科学研究对象。

第三，信息的泛化式、哲学式概念。信息从诞生之初便与各类朴素的哲学思想融合在一起，从亚里士多德的理念论到柏拉图的知觉思想，均可以视为古典哲学对信息的初级探索。虽然近代科学开启了对信息的系统化研究进程，但是信息研究中始终面临量化研究与质性研究、纯粹测量研究与思辨性的研究分歧。以约翰·惠勒（John A. Wheeler）为代表的现代物理学家认为，所有物理性的东西从起源上看都是信息型的，万物皆为信息。③ 首次从宇宙整体而非自然世界与人类社会的二分视角论述信息的功用。而美国控制论创始人诺伯特·维纳（Norbert Wiener）更是从寻求自然界与人类社会连通统一的视角，提出信息就是我们对外界进行调节并使我们的调节为外界所了解时而与外界交换来的东西；④ 任何组织之所以能够保持自身的内稳性，是由于它具有取得、使用、保持和传递信息的方法。⑤ 现代哲学也将信息正式纳入哲学研究范畴，不仅有哲学家将信息与哲学中的认识论研究结合起来，而且认为信息是理解知觉和认知的

---

① Floridi, L., *The Philosophy of Information*, Oxford：Oxford University, 2011, p. 129.

② Adriaans, P. W. and Van Benthem, J., eds., *Handbook of Philosophy of Information*, Elsevier Sicence Publishers, 2008, p. 31.

③ 参见［美］约翰·惠勒、肯尼斯·福勒《约翰·惠勒自传——物理历史与未来的见证者》，蔡承志译，汕头大学出版社 2004 年版。

④ 参见［美］维纳《人有人的用处：控制论与社会》，陈步译，北京大学出版社 2010 年版。

⑤ 参见［美］维纳《控制论（或关于在动物和机器中控制和通信的科学）》，郝季仁译，北京大学出版社 2007 年版。

关键。^① 也有哲学家独辟蹊径地提出信息哲学，试图创造跨越学科、跨越物质与非物质、跨越生命与非生命体的统一、普适的信息概念。如奥地利学者沃尔夫冈·霍夫基尔奇纳（Hofkirchner, W.）认为，信息包含三个层次，一是自发建立的秩序（符号）；二是反映不确定性（所指）；三是具有系统演化功能（符号产生者）。^② 从物质、语义和功用的综合层面构建了信息的统一概念。而以邬焜为代表的中国信息哲学研究者也提出了极具中国特色的信息概念：信息是标志间接存在的哲学范畴，它是物质（直接存在）存在方式和状态的自身显示^③；信息可以分为自在信息、自为信息、再生信息和文化信息^④；同时凝结着关于事物历史、现状和未来的三重信息^⑤。这些研究已经朝着构建统一信息学研究的目标，做出了跨学科、综合性研究的努力。

总体而言，将复杂的信息概念散落于不同的专门学科中研究，一方面展现了信息丰富且复杂的内涵表现，另一方面其也让构建统一的信息概念愈发困难。虽然目前的信息研究呈现百花齐放、日趋复杂的演变趋势，更使厘清信息概念的基础性工作十分艰难；但是，不少研究者仍尝试从信息进化、信息发展的视角提炼具有综合性、通用性的信息概念。我国著名信息科学研究者钟义信学者认为，信息是事物运动的状态与方式，信息具有本体论和认识论两个层面的具体内涵。本体论层面的信息是事物运动的状态和状态变化方式的自我表述或自我显示；而认识论层面的信息则是主体在含义、形式和效用等方面所感知到，或表述的与该事物相关的运动状态及其变化方式。^⑥ 该观点指明信息具有物质性与主体性的双重属性，同时也

---

① Evans, G., McDowell, J., eds., *The Varieties of Reference*, Oxford：Oxford University Press, 1982.

② Hofkirchner, W., *Emergent Information：A Unified Information Framework*, Singapore：World Scirntific Press, 2013.

③ 参见邬焜《哲学信息论要略》，《人文杂志》1985年第1期。

④ 参见邬焜《信息哲学——理论、体系、方法》，商务印书馆2005年版。

⑤ 参见邬焜《哲学信息论导论》，陕西人民出版社1987年版。

⑥ 参见钟义信《信息科学原理》，北京邮电大学出版社2002年版。

暗含信息从基本物质属性向高阶主体属性发展的动态意向。而西方学者尝试从信息动力学、系统演化学的视角完整阐释信息在物质系统、生命系统、人类系统演变之间的重要作用。通过指明信息在认知、交往与合作中的关键与融合作用①，既彰显了信息的复杂内涵，也将信息视为重要的动力系统，重新逻辑自洽地融入不同学科的研究探索之中。

综上所述，本研究将借用信息的综合性概念，认为信息兼具物质性与主体性。同时，信息概念具备进阶性，不仅信息自身处在不断发展过程之中，其演化过程也是周遭世界进化的重要驱动力。

二　信息传播的内涵与特征

（一）信息传递与信息传播

信息（information）与传播（communication）不可分割。某种程度而言，信息只存在于传播之中，不处于传播过程之中的信息不是信息。② 而经由传播学科奠基者威尔伯·施拉姆的厘定，人类传播活动被视为信息的传播③，而非其他混沌、难以区分的泛传播现象。

长期以来，信息与传播处在混用状态。这一方面与信息、传播水乳交融的关系有关，另一方面则是因为二者的概念意指广泛，在某些层面范围交叉、含义重叠。如信息学以一般信息的性质、运动规律及其应用为主要研究对象，包含信息识别、信息交换、信息传递、信息存储、信息检索、信息处理、信息表示、信息监测等研究层次。④ 早期信息学研究中出现了不少传播学领域的研究成果。有学者认为信

---

① Hofkirchner, W., *Emergent Information：A Unified Information Framework*, Singapore：World Scirntific, 2013, p. 184.

② 参见周理乾《信息的本质与信号的演化——当代西方信息理论述评》，《自然辩证法通讯》2014 年第 12 期。

③ 参见张锦《信息与传播：研究分野与交融》，知识产权出版社 2008 年版。

④ 参见钟义信《信息科学原理》，北京邮电大学出版社 2002 年版。

息学研究包含传播学研究，大众传播、组织传播被视为信息传播研究中的重要组成部分（见图2-1）。而信息学中持信息交流观的学者则直接从传播的视角构建文献研究、图书馆研究、情报研究等，认为文献传播包含文献的人际传播、组织传播和大众传播①（见图2-2）。传播学科以人类信息传播现象及其规律、对社会产生的影响为主要研究对象，由于早期传播学理论的整合得益于信息论以及信息研究，所以传播学中也包含不少信息研究成果。如从最初的香农—韦弗信息传播模式到经典的两级传播模式、创新扩散模式、使用与满足模式等，都是涉及信息传播过程的持续性研究。值得提出的是，在半个多世纪的发展进程中，传播学曾经与信息学研究密切相连，有学者曾经建议把"传播学"定位为"信息传播学"②，将传播学定位为研究社会信息系统及其运行规律的科学，③ 并以信息科学和行为科学交叉的路径构建传播学理论研究。④ 以上再次印证了信息与传播之间难以区分的交互关系。

图2-1 黄宗忠的信息传播体系

图2-2 周庆山的信息传播体系

---

① 参见周庆山《文献传播学》，书目文献出版社1997年版。

② 参见王怡红、胡翼青《中国传播学30年（1978—2008）》，中国大百科全书出版社2010年版。

③ 参见郭庆光《传播学的研究对象和基本问题》，《国际新闻界》1998年第2期。

④ 参见"序言"，载［美］保罗·莱文森《软边缘：信息革命的历史与未来》，熊澄宇译，清华大学出版社2002年版。

　　事实上，信息和传播之间存在不少差异，随着术有专攻的不同专门学科的日益发展，信息与传播也分别具有自己的概念偏向。首先，信息术语主要在数学、工程、技术领域广泛使用，关注对信息量计算、信息转化研究。而传播术语更具人文主义特征，社会科学、人文学科的学者们对传播的研究往往扩展到心理学、社会学、文化领域等。虽然信息学中以文献、图书馆、情报为主要研究对象的人文社科类分支也常常采用信息研究一词，但是他们同样倾向于量化研究与信息的管理研究，对人文研究有所涉猎但并非研究主流。

　　其次，当我们在偏自然科学领域的信息学科中研究信息传播时，其更为精确的内涵是信息传递研究，即信息内容被转化为数字信号，从信源 A 点经通信设备传递至信宿 B 点的单向过程。而对于传播研究中的信息传播而言，其往往内涵复杂。由于英语单词"communication"内涵广泛，具有给予或告知（giving or parting）、迁移或传输（transfer or transmission）以及交换（exchange）三层内涵；且使用情境具有多样性，既可以用于物与物、动物与动物之间的信息交流，机器与机器之间的交流也可包含在该词语的使用范围内。[①] 所以，汉译"传播"一词既可以指传播内容、传播媒介、传播过程，同时也可与传播交往、传播效果、传播文化等词组搭配使用，表现文化内涵的多样性。换言之，信息传播概念具有综合性，其包含信息传递研究，是指信息在社会系统中多层次、多维度的传递、反馈、再生，乃至进化现象。

　　现阶段，由于信息技术的迅猛发展，一方面，信息学中的信息研究逐渐从技术领域扩展到人类社会；另一方面，传播学研究无论从本源上还是发展道路上都受信息技术的极大影响，从大众媒介传播到社交媒体传播，传播研究往往受媒介技术影响，是受技术创新驱动的主要领域。故而，信息学和传播学研究人为区分的研究沟壑

[①] 参见［美］威尔伯·施拉姆、威廉·波特《传播学概论》（第二版），何道宽译，中国人民大学出版社 2010 年版，"译者序"第 3 页。

正在日益减小，横贯不同学科的信息传播研究也理应抛弃分裂的科学范式或人文范式，逐渐走向统一。本书采用信息传播的说法，是用更具包容性的概念取代囿于技术框架的信息传递概念。同时，也将传播学中长期被省略和忽视的研究对象——信息，重新拉回研究者的视野。本书中的信息传播概念，是包含理性主义与人文主义的综合性概念，其试图从信息的本体研究着手，以其独特的发展进化过程，串联起人类信息传播从技术到人文的整体演化进程，进而构建数字时代的全新信息传播研究范式，以取代相互割裂的传统信息和传播研究路径。

（二）信息传播的特征表现

信息传播现象与人类生活密不可分，且随着社会生产力的提高，人类生活交往范围的日益扩大而涌现出千变万化、错综复杂的状态与形态。然而，这些看似难以厘清的信息传播现象也并非毫无规律可言，结合业已出现的传播实践活动，我们可以归纳总结出信息传播的几点基本特征表现。

第一，信息传播活动呈现复杂性，且复杂程度正在不断增加。若我们将信息传播视为具有整体性的传播系统，则信息传播活动的复杂性一方面源自系统内部，另一方面系统外部的环境变化也给信息传播本身带来不少挑战。首先，虽然人类的信息传播活动密切依赖于媒介渠道与技术发展，但是信息传播远比信息的技术传递更为繁杂。信息传播是包含人类主体性与错综社会关系的综合体，传播活动不仅与信息有关，更取决于人类选择与社会环境需要。换言之，信息传播是具有意向性的，个体选择与社会操控都有可能影响信息的传播过程，乃至接受过程。所以，信息经由技术与人力共同影响的传播系统进行传播时，其传播结果具有高度不确定性。其次，突飞猛进的信息技术不断搜集、串联起自然世界、人类社会乃至机器交流的多样数据，导致信息的构成与流通现象愈发杂乱。不但信息量的井喷式发展将超出人脑的处理能力以及人类的日常需求；而且随着信息在诸如自然与社会、人类与机器等不同环境、不同物种间流通，也可能产生信息进化、信息再生、信息交流、信息利用等全新问题。故而，现阶段以及未来的信息传播研究必须跳出人类传播的研究框架与人类中心主义，从自然、人文、技术的交互视野中重新思考"全信息"的传播现象。

第二，信息传播现象具有进化性。我们可以从三个方面逐一理解信息传播的进化规律。其一，由于传播研究在很大程度上是对技术革新的反映之一[①]，所以长时间以来，信息技术特别是媒介技术的发展对信息传播现象的演变起到决定性作用。从大众传播技术到互联网社交媒体技术，传播领域分别发生了单向度的信息传播与双向交互式传播的变革。而新的智能技术催生机器自主生产信息、分发信息等前所未有的信息传播现象，都是技术革命带来的人类信息传播的重要创新表现。其二，技术不仅带来信息传播环境的宏观演变，还将促进信息传播参与要素的变革与进化。举例来说，传统信息传播参与主体的主要诉求是信息需求，所以尽可能扩大信息量与信息自由是大众传播模式的主要目标。而现阶段信息传播系统面临参与主体诸如信息价值、有效信息、信息连通等高阶需求，故而以此驱动信息传播的进化发展。其三，日渐发展的信息传播系统将逐渐自动化或自主化，或将成为其他社会系统或社会整体发展的重要动力机制。我国著名科学家钱学森曾指出，"系统走向有序结构就可以成为系统自组织"。[②] 以此类推人类信息传播的持续性发展，或将涌现出自发运用、自我组织、自我演化的智能传播现象。而系统论同样论述到，信息对系统发展具有重要作用，信息反馈将保证系统稳定性和发展性的统一。[③] 由此可见，融合各类信息的未来信息传播系统不仅是人类社会发展的重要机制，更是自然与人文、人类与他者自

---

① 参见张锦《信息与传播：研究分野与交融》，知识产权出版社 2008 年版。

② 钱学森：《论系统工程》，湖南科学技术出版社 1982 年版，第 242 页。

③ 参见魏宏森、曾国屏《系统论——系统科学哲学》，清华大学出版社 1995 年版。

由发展的关键动力。

第三，信息传播研究具有综合性。有鉴于信息传播活动的复杂性与信息传播现象的进化性，从而导致我们在进行相关研究时，需要综合考虑研究内容的多样性以及研究方法的互补性。在面对复杂的信息传播现象时，我们不应一分为二或一分为多地将信息传播划分为自然信息传播、人类信息传播、生物信息传播、机器信息传播等，并对应采用自然科学、人文社科、生物工程、计算机技术等学科的研究方法探究相应领域的信息传播现象及其规律。相反，我们应该采用信息哲学、系统理论、协同演化等理论知识，参照加州大学伯克利分校教授笛肯（T. Deacon）对信息动力学的研究框架（见图2－3），以传播流程—传播控制—传播效用的信息传播动力逻辑，系统研究信息传播的技术、语用、效用等不同层次的演进规律（见图2－4）。值得提出的是，对信息传播展开综合性研究并不意味着忽略传播的边界，相反，综合性研究旨在提醒研究者从整体思维探析信息传播的演进动力与变革规律。同样，打破人类中心主义不等于以他者为中心，反而应该控制并协调各类生物系统的融合发展。

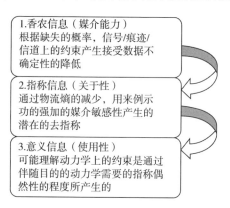

图2－3　信息的三嵌套概念①

① Deacon，T.，*Incomplete Nature：How Mind Emerged from Matter*，New York：W. W. Nordon & Company，2011，p. 415.

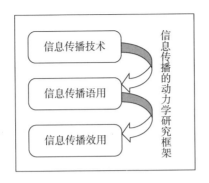

图 2－4　信息传播的动力学研究框架

第二节　信息传播系统的层级结构

抽象复杂的概念可以利用功能主义系统理论的研究方式来进行整体探讨与反思。该研究路径既展现了复杂概念的开放性，同时也承认各类复杂因素对抽象概念研究的整体影响。研究相对复杂且始终处在变化演进过程中的人类信息传播问题时，我们可以将其视为一个传播系统。系统是一群元素以及元素之间关系的整体。要厘清系统的结构组成与演进规律，首先必须对系统的构成要素条分缕析。同理，本选题研究信息传播的演进规律，重要问题是在将信息传播视为整体系统的基础之上，进一步逐层逐级分析系统的组成部分以及构成要素特征。

传播学基于香农—韦弗的数学传播模型，建立了基本的具有单一性的信息传播系统。尽管后续研究对该基础模型持续改造，增加反馈环节并对信宿端展开广泛研究，却仍然不能摆脱传播系统的封闭性与局限性：由于聚焦媒介与技术，而忽略了最为基础的信息因素和社会环境产生的交互作用。信息作为传播学的重要源头，其相关理论基础与研究框架可以为信息传播研究提供新的理论视角与研究思路。本部分将从信息学的理论视角分析人类信息传播系统的层级结构以及各层级的重要特征。

一　传播流程是信息传播系统的基础层级

传播流程，或称传播模式，是一个在传播学和信息学领域均有涉及的基础研究命题。据《新闻学大辞典》的相关论述可知，传播模式是指对传播活动的过程及其各个要素之间关系和相互作用规律的直观而简洁的描述。[①] 主流传播学将信息传播模式研究视为人类传播学研究的重要领域之一，在香农基于通信研究的信息模式基础之上，学者们陆续提出了诸如德福勒（DeFleur）反馈模式、奥斯古德—施拉姆循环模式等基本模式；议程设置、沉默的螺旋等文化模式；以及使用与满足、编码与解码等受众接受模式。总体而言，大众传播模式逐步由信息主导的机械数学模式转向由内容主导的文化模式或接受模式。随着信息技术的不断革新，"人人都是信息生产者与传播者"的网络传播模式；平台、算法生产分发信息的智能传播模式等成为新的信息传播流程。相比传统大众传播时代的简单化、孤立性模式，现阶段的信息传播模式或流程研究日趋复杂，难以由一个或几个要素勾勒描绘。

从传播学中有关信息传播流程或模式的研究可以得到两点启示。第一，传播流程研究是早期传播学研究的重要内容。虽然传播模式不断演化，但是信息在传递过程中始终包含信源、信道、信宿三个基本要素，信息传播的目标始终是从信源经信道传递给信宿。纵使传播技术与传播环境导致传播路径千变万化，但是路径形成的起始点与终点从未改变。第二，传播流程研究在后期传播学研究中逐渐衰落，并不代表该类研究重要性的衰退，反而说明相关研究遭遇瓶颈。究其原因，一方面，该类研究过于简化信息传播的噪声机制与

---

① 参见甘惜分《新闻学大辞典》，河南人民出版社 1993 年版。

接收机制，对信息自身的转化、创生问题，以及信宿端对信息的语义理解等问题采取忽略和漠视态度，而这也成为以数学模式为基础的传播模式研究广为诟病的关键点；另一方面，传播流程研究对媒介与技术的重视，逐渐演化成拥护技术的媒介学研究分支以及批判技术的技术哲学研究流派。这类研究摆脱了数学模式的框架与束缚，逐渐并入更为广阔的文化与哲学研究领域。

以上两点启示既反映了传播学中传播流程研究的重要性，同时也展现了其理论的不足之处。同样以信息运动、信息传播为重要对象的信息学研究中，也有不少关于传播流程的研究成果。如信息哲学认为，申农信息系统模型及其派生出来的一系列相关模型，都不能真实而全面地对一般信息活动的过程予以描述。[①] 信息学研究学者们在信息传递模型的基础之上，在信源端加入信息创生系统，集中讨论信源端的符号加工问题（见图 2 - 5）；此外，其还在信宿端口加入信息实现系统，对信息接受后的解码、反馈流程进行深入探讨（见图 2 - 6）。由此一来，在原有信息传递过程中缺失的符号编码、语义解码机制等，均被完整地补充和加入信息传播流程研究中（见图 2 - 7）。在信息学研究框架的加持下，人类信息传播流程的研究范式更为完整和全面。

通过信息学相关理论改造后的传播流程研究框架具有不少优势。首先，以信息为核心要素，串联起传播流程演化的完整路径。传统传播学理论中的信息传播流程研究过于关注信息的传递过程与传播效率，往往忽略了对信息反馈系统和信息接收系统的研究。事实上，后者才是传播学研究的重点以及其区别于工程研究、技术研究的关键所在。通过信息学相关理论的补充，信息成为传播流程研究中的基本要素；对其转化、传播、接受、反馈机制的系统研究，更能完整展现传播流程的本质及其远优于信息传递的丰富内涵。其次，以信

---

① 参见邬焜《信息哲学——理论、系统、方法》，商务印书馆 2005 年版。

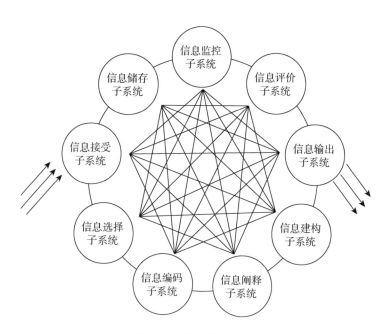

图 2-5　信息创生系统

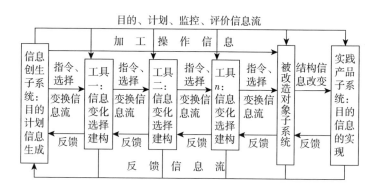

图 2-6　信息实现系统

图 2-7　改造后的传播流程

息的动态进化视角观察传播流程，使相关研究从关注微观传播模式演化的既有路径，转变为聚焦整体传播流程演化的动力机制。早期从数学模式演化而来的简化式传播模式研究，往往囿于精细化的量化研究范式，探寻细微的信息传播现象及其规律。故而，传播流程研究虽基础且重要，但难以产生较具创新性的研究成果，主要体现为对既有模式的小修小补。而从信息学丰富的本体论思想来看，信息是标志间接存在的哲学事物；存在自在信息、自为信息、再生信息、社会信息之分；具有传播功能、模拟功能、建构功能、预见功能等。[①] 从信息的分类与进化视角审视人类信息传播系统，传播流程的演进不仅是技术带来的被动效应，更是信息发展、社会发展、人类发展产生的综合性需求。

二　传播控制是信息传播系统的核心层级

控制论是传播学早期建制的基础理论之一。控制论最早由美国学者诺伯特·维纳（Robert Wiener）提出，其英文单词"cybernetics"源于古希腊文"mberuhhtz"，意味着"操舵术"，强调信息在人与机器、有机体与无机体之间的通信与控制作用。在传播学理论探索初期，一方面，传播学者借鉴控制论中的"反馈"术语，建立起"信源—信道—信宿—反馈"的信息传播闭环，实现了对信息传播系统内部的完整阐释与信息控制；另一方面，早期的传播实践活动借助信息传播系统实现对战争局面、政治竞选、市场经济的宏观调控，从侧面反映了控制论所强调的通信系统在不同机体或组织之间的平衡作用。

回顾传播学理论的发展史，传播控制一直是弥漫在众多理论之中的"幽灵"式命题。许多理论虽然不直接与控制话题相关，但却一直彰显着控制、调控、平衡的影子。

---

① 参见邬焜《信息哲学——理论、系统、方法》，商务印书馆 2005 年版。

如传播学研究中的重要分支流派——传播政治经济学，即探寻信息传播、媒介发展在社会政治、经济、文化中的重要作用，并探寻传播系统与这些要素之间的复杂关系，以此建立信息、传播、政治经济之间的平衡机制。而20世纪80年代传播学领域兴起的女权主义研究，更是将信息传播作为女性群体打破父权主导的二元认知框架，构建信息传播新秩序的关键武器。① 值得提出的是，贯穿传播理论研究始终的媒介技术研究、技术哲学研究，不仅是传播控制的研究起点，更是其经久不衰、日益重要的主要原因。在20世纪六七十年代，传播学理论中出现了去技术化、重文化环境的研究趋势，导致传播控制话题的衰落与低迷；20世纪80年代末后，信息技术特别是互联网技术的崛起，使得传播的技术控制话题重新回到研究者视野。新的人工智能技术的出现，更是将传播失控危机推向风口浪尖。在信息丰裕乃至泛滥的数字时代，深入思考信息传播的控制问题，成为传播学者必须面临的重要挑战。

然而，现有传播学中的控制研究仍然存在几点先入为主的不足之处。第一，既有传播控制研究基于维纳的工程研究传统，具有内卷化、机械化的特征。事实上，控制论也可以分为三个发展阶段，一阶控制论研究信息——反馈的本体论控制，二阶控制论将行动者纳入研究范畴，而三阶控制论寻找宏观生态、复杂系统中的控制机制与控制动力（见表2-2）。传播学理论中的控制研究具有一阶和二阶控制理论的特征，主要研究信息传播系统内部的技术反馈机制，并将传播系统视为重要的宏观控制策略，借助传播力对社会发展进行必要的权力控制、经济控制，乃至思想控制。故而，人类的信息传播研究中也存在一股反控制的研究思潮与研究力量。第二，传播控制研究并不以传播结果、传播效果为导向，与主流研究成果不够契合，故而常常被忽视。虽然传播控制研究是贯穿传播学理论发展

①　参见吕新雨、赵月枝等《生存，还是毁灭——"人工智能时代数字化生存与人类传播的未来"圆桌对话》，《新闻记者》2018年第6期。

进程的重要研究话题，不仅信息传播的过程需要控制、信息传播的利用和功效同样需要人为力量介入。但是传播控制研究更多与机械化的技术研究传统、意识形态弥漫的文化研究传统联系紧密，难以形成研究思潮，并得到与时俱进的创新性发展。综上，这也是在传播学理论建构过程中，传播控制研究议题历经波折，始终以"幽灵"的方式存在，而不能独树一帜的重要原因。

表2-2　　　　　　　　　　　控制论的三个发展阶段

发展阶段	核心思想
一阶控制论	反馈的本体论控制
二阶控制论	将行动者纳入研究范畴
三阶控制论	寻找宏观生态、复杂系统中的控制机制、控制动力

数字时代的传播控制研究不再以机械反馈、绝对控制为主要导向，而是日趋转向为一种生态研究和协同研究。传统传播学理论对传播生态、传播秩序等领域涉猎较少，故而现有研究需要从其他学科的理论体系中找寻研究依据。首先，信息学中的认识论研究可以为传播控制研究提供新的理论视角。信息认识论包含个体与信息的关系、社会与信息的关系。作为个体与社会的共通要素，信息可以作为个体与社会关系连接的重要中介，不仅个体可以借助信息认知社会，社会也能够利用信息控制个体。信息认识论认为，信息自身的内涵及其与人类的认知关系均随着外界因素的发展而不断变化，故而个体构建社会以及社会控制个体的形式和手段都在不断升级，需要研究者抽丝剥茧、仔细辨别不同传播阶段的控制手段以及反控制路径。其次，信息学中新近崛起的信息伦理分支能够为人类的数字化生存与信息社会提供极具创建性的理论支撑。信息伦理理论起源于20世纪80年代迅速崛起的计算机硬件与信息管理软件研究，随着技术的不断发展与信息社会环境的持续性变化，信息伦理理论历经研究信息资源的第一阶段、以信息化产品为研究对象的第二阶段、探寻健康信息化环境的第三阶段，以及以连接物质社会与信息

社会为目标的宏观伦理学第四阶段。① 当代信息伦理更具跨学科视角与全球视野，其理论建构不是要以经典的伦理理论来探讨信息本身，而是要颠覆传统的伦理原则，为信息时代的人们提供新的伦理共识和行为规范。② 所以，我们需要以不断发展的全局观与生态观审视信息连接个体与社会关系的问题，甚至人类信息传播系统与更大生态系统之间的平衡关系。信息学中的信息伦理理论不仅研究信息本体论层面的使用与传播问题（原有一阶控制论和二阶控制论的讨论内容），更将基于该类基础性研究，探寻信息社会环境中的信息边界重构与信息规范界定等全新话题（三阶控制论）。

由此可见，信息传播控制研究是贯穿于其发展始终的核心命题，从信息认识论与伦理视角研究新时期的传播控制议题，不仅充实和完善了原有机械化、内卷化的研究理论，将原本在传播学理论中处于忽视地位的控制幽灵拉回主流研究视角；更能够回应信息充裕环境下的各类新型传播现象，预见新的智能技术可能带来的前所未有的传播失控问题。此外，当以伦理视角取代控制视角切入传播控制研究时，可以中和原有研究中的权力导向和技术导向，将传播控制权力研究、技术研究转向信息调控研究、传播平衡研究。信息伦理理论的发展进程同时给传播控制研究注入进化视角，我们既要比较信息匮乏与信息充裕环境下人类信息传播的控制区别，同时也要合理预设信息失控情境下信息传播的边界与规范，而后者将是未来信息传播发展的重要研究命题。

三 传播效应是信息传播系统的价值层级

整个大众传播学建立在这样一个假设的基础上：媒介有显著的

---

① 参见［英］卢恰诺·弗洛里迪《信息伦理学》，薛平译，上海译文出版社 2018 年版，第 32—35 页。

② 参见张正清、张成岗《第四次革命：现代性的终结抑或重构——信息伦理对人工智能伦理的启示》，《武汉大学学报》（哲学社会科学版）2018 年第 5 期。

效果，然而对于这些假设效果的内在机理和程度却难以达成共识。[1]
无论是早期的大众传播效果魔弹论，还是逐渐被纠正的效果有限论，
都反映了传播学者对传播效果的关注与肯定。虽然大众传播效果日
渐式微，但是传播效果研究的地位却从未动摇。

　　美国学者詹姆斯·凯瑞（James W. Carey）认为，媒介效果理论
经历了从强模型到弱模型再到更强模型的变化（传递观、仪式观、
技术意识形态）。[2] 从20世纪50年代以政治宣传为主导的传播研究，
到现阶段传媒技术突飞猛进带来传播现象的百花齐放，媒介效果研
究随着技术水平、社会环境、传播目的的变化，经历了全能媒介、
媒介能力理论检验、重新发现媒介能力、协商的媒介影响等四个发
展阶段。[3] 基于媒介效果研究的演变，美国学者帕斯（Perse E. M.）
同样提出了媒介效果的四个模型，即直接效果模型、条件效果模型、
积累效果模型以及认知转换模型。综观传播学中有关传播效果研究
的历史，传播效果研究存在反复性，传播学者意识到传播效果的复
杂特质，尝试通过不同变量的加入，更加细致化已有的传播效果研
究。然而，传播学理论视角下的传播效果研究仍然是存在不足的。
首先，传播效果研究囿于心理学的研究框架，主要关注信息传播行
为对个体行为与态度的微观影响，忽视对传播系统之外宏观要素的
深入研究。其次，由于早期传播实践与政治宣传、广告传播活动密
切相关，传播效果研究常常被简化为媒介效果研究或媒介比较、选
择策略研究，对信息传播、媒介接触等长期效果和非目的性效果研
究避重就轻。最后，传播效果理论集中研究传播作为客体行为或事
件，对人类主体或人类社会主体的影响与作用，却忽略了主客体之
间的相互联系，特别是主体对客体的需求与反馈。

---

　　[1]　参见［英］丹尼斯·麦奎尔《麦奎尔大众传播理论》（第五版），崔保国等译，清华
大学出版社2016年版。

　　[2]　Carey, J. W., *Communication as Culture*, Boston: Unwin Hyman, 1988, pp. 4, 7, 144.

　　[3]　参见［英］丹尼斯·麦奎尔《麦奎尔大众传播理论》（第五版），崔保国等译，清华
大学出版社2016年版。

　　信息学同样存在有关信息本质及其运动过程的价值研究理论。从哲学层次来看，有关价值的定义众说纷纭，难以形成定论。信息哲学认为，信息价值是事物（物质、信息，包括信息的主观形态——精神）通过内部或外部相互作用所实现的效应。[①] 这里用效应指代价值，相比功能、需要、关系、意义等常见同义词更为准确。若我们能从信息价值的视角研究信息传播的效应，而非偏实证的效果研究时，不仅其研究范围将超越传播系统的内部局限，并且相关研究的展开可以合理摒弃原有传播效果中内隐的传者主导性。故而，传播效应相比传播效果更具概念张力和理论价值。信息价值理论同时指出，信息传播具有中介价值，是物自身不断演化、联系、转化的关键要素；信息价值不仅体现在以人为中心的主客体价值中，更广泛存在于自然价值和社会价值中，与其产生双向或多向效应；正价值、负价值都是价值的表现形式，有利效应并不是信息价值的唯一表现形式等。[②] 由此推导，在研究信息的传播效应时，中介性、双向性、多样性等都是我们可以补充和借鉴的新研究视角。

　　调整和完善后的传播效应研究将更具整体视野与创造价值。第一，传播效应研究不仅关注信息传播系统内部各要素之间的相互作用，更探究传播系统整体与外部环境之间的演化关系。从传播学理论研究的发展进程来看，传播效果研究的式微与媒介文化、文化研究的兴起从侧面反映了效果研究的局限性。而当以传播效应研究代替传播效果研究时，媒介研究、媒介文化研究等宏观层面的理论建构均能与效果研究产生联系，且被纳入现有研究体系中来。第二，传播效应研究凸显信息传播的中介价值，不仅研究信息传播系统附着于其他物质系统的价值表现，更探究信息传播连接物质世界、精神世界、观念世界的创造价值。具体而言，信息的本质属性是中介性，故而信息传播本质效应也理应是中介价值与连接价值。研究传

---

① 参见邬焜《信息哲学——理论、体系、方法》，商务印书馆 2005 年版。
② 参见邬焜《信息哲学——理论、体系、方法》，商务印书馆 2005 年版。

播效应不应只关注传播效果，还应研究不同传播环境下信息传播展现出的主导效应。此外，按照波普尔三个世界的理论，日益复杂化的世界日益演化为物理世界、精神世界以及观念世界。[①] 特别是数字信息带来的现实与虚拟交融的人工世界，使得信息传播成为贯穿、联系不同世界的重要机制。研究信息传播效应，更应顺应信息传播技术的发展，关注传播的连接、创造以及协同效应。第三，信息传播与人类选择的相互作用可以产生正效应，甚至负效应，传统传播效果研究较多关注媒介的正面效应及社会控制作用。与时俱进的传播效应研究应该借助信息价值理论，全面研究人类传播活动的效应表现，尤其要关注其负面效应，以做好提前预测、适度干预和效果平衡。

四 传播主体是信息传播系统的伦理层级

在传播学科建立初期，主流传播学关注传播技术以及由此带来的传播效果议题，较少关注主观性更强的传播主体问题。自"态度劝服""创新扩散"等效果不确定性理论瓦解了"宣传论""魔弹论"等绝对效果理论以来，传播主体的地位逐渐崛起，并吸引传播学者的广泛关注。

传统传播学理论对传播主体的研究历经两个阶段。在第一个阶段，传播学者普遍认为传播系统中只存在一个传播主体，即"一元主体论"。虽然香农信息论将信息传播系统划分为信源、信宿、信道、信息、传播效果等研究要素，但局限于线性的传播导向，长久以来，位于信源端口的传播者被视为信息传播的主导者与控制者，对整个信息传播效果起决定性作用。在该阶段，位于信道端口的信息接收者并不具备主体性，对受众展开的诸如人口普查式的

---

① 参见［英］卡尔·波普尔《客观知识：一个进化论的研究》，舒炜光等译，上海译文出版社 1987 年版。

结构性基础研究或初级行为调查研究，均是为了满足传播者的需求，以期达到传播效果值的最大化。而在第二个阶段，随着媒介技术的发展，受众地位迅速崛起，受众被视为信息的接受主体展开规范性研究。在西方学界出现了系统的《受众分析》书籍，著名的英国传播学家丹尼斯·麦奎尔不仅从历史的角度梳理了作为大众的受众、作为群体的受众、作为市场的受众以及受众的未来，更从理论研究的视角，构建了受众研究的结构性传统、行为性研究传统，以及接受分析传统。[①] 对受众研究理论的整理与总结，也反映了信息接收方主体性地位的日渐强化以及传播学对该领域研究的日益重视。

中国传播学界自 20 世纪 80 年代才开启对受众的研究进程，究其原因，与国内的技术发展水平和传媒环境息息相关。虽然起步较晚，但也形成了独具特色的受众研究理论。总体而言，无论是早期的"一元主体论"，还是后来兴起的受众研究，传播学理论有关传播主体的研究始终置于二元划分，乃至对立的前提框架中。而新的信息传播技术带来层出不穷的传播现象，同时也产生新的传受主体关系。由于信息传播主体与信息接收主体之间频繁互动，甚至倒置的新兴现象难以被既有传播学理论合理解释，故而传播学中有关传播主体的理论亟待补充与重建（见表 2-3）。

表 2-3　　　　　　　　传播主体研究的三个阶段

发展阶段	核心思想
一元主体论	信息传播系统中只存在一个传播主体，即人类主体
二元主体论	传播者与受众二元对立，均是人类主体
新二元主体论	人类主体、机器主体

信息学中有关信息主体的研究集中体现在信息认识论与信息伦理论。从认识论层面来看，信息的运动创造及其变化方式存在于主

---

① 参见［英］丹尼斯·麦奎尔《受众分析》，刘燕南等译，中国人民大学出版社 2006 年版。

体在含义、形式和效用等方面的感知行为。[1] 从本体论到认识论，体现了人类主体在认识信息、利用信息上的主体变化，极大地扩充了信息研究的范畴，是信息研究的巨大进步。综观信息学的相关理论，其认为人的信息活动具有五个层次，即信息的自在活动，信息的直观识辨，信息的记忆储存、信息的主体创造以及主体信息的社会实现[2]（见表2－4）。不同层级的信息活动存在复杂的相互关系，从纵向视角来看，五个层级的信息活动是不断递进发展的；而从横向视角来看，高层级的信息活动包含低层级的相关活动，是基于基础层级信息活动的信息主体再创造活动。值得提出的是，信息认识论同时指明了信息传播与人类主体之间的重要互动关系，一方面信息及其传播是个体认知世界的重要中介，而另一方面，信息传播是主体性创造与再造活动的关键要素。主体创造的信息附着在客体上，反过来使客体展现出与主体类似的创造性或意向性特征。信息认识论的相关理论在传播主体、信息主体研究方面展现出不同于传播学理论的独创性与开放性。

表2－4　　　　　　　　　　　　人的信息活动层

主体信息的社会实现	客体结构信息改变
	行为指令信息的调控与行为运行
	目的、计划信息
信息的主体创造	逻辑推演
	符号信息、概象信息
信息的记忆储存	长时记忆
	短时记忆
	感觉记忆
信息的直观识辨	知觉识辨
	感觉识辨
信息的自在活动	信息的同化和异化
	各类信息场

---

① 参见钟义信《信息科学原理》，北京邮电大学出版社2002年版。
② 参见邬焜《信息认识论》，中国社会科学出版社2002年版。

而从信息伦理论的视角来看，信息伦理是以人为标准的信息使用伦理，信息传播的发展需始终以不断进化的人类需求为核心。在传播初始阶段，满足个体的单一信息需求即是信息传播整体发展的伦理标准；当社会步入广泛的信息开发与利用阶段时，信息传播发展的伦理标准逐步扩充至海量信息管理、信息有效利用、信息社会道德等群体性、社会性规约，而非个体化、窄化的信息使用问题。直至人类全面迈向以数字生存为常态的信息社会，万事万物均能够以信息的形式得以描绘和度量，则关乎人类生存和发展的信息隐私权、信息产权、传播精准权等问题，成为信息传播全新阶段的伦理准则。值得提出的是，当以人类自由主义为中心的传统伦理标准被新兴的智能技术打破时，需求新的伦理准则并协同人类主体与他者主体，人类信息传播系统与更为广泛的周遭环境间的和谐共处，则成为传播主体研究的全新命题。

所以，从信息学的视角重新思考传播主体研究问题将带来以下创新点。第一，突破传统传播学研究中传播主体的二元对立框架。传统传播主体的研究路径存在信息传播主体与信息接收主体的二元对立问题。而以信息主体的视角重新审视传播主体，将弥合信息的"传—受"之差，将传统意义上的信息传播者与信息接收者平等视为信息的产消者。第二，从信息的创造性视角思考传播主体的解构与再构问题。传统传播学理论将信息视为重要的传播内容，其依附于人类主体，是人类主体性的重要表现与突出产物。而信息学将信息视为对主体创造性产生密切相关的关键要素。人类主体性的建构与变化、主体如何认识客体、客体怎样被主体改造等依赖于信息作为中介过程的传播活动。[①] 所以，从信息的视角研究传播主体问题，不仅将重新认识人类的主体性表现，更将理解人类作为传播主体的特征变化及其重新建构问题。以此，信息传播系统中的传播主体与接

---

① 参见邬焜《信息认识论》，中国社会科学出版社 2002 年版。

收主体的博弈过程均可以在该理论体系下得到合理阐释。第三，传播主体是内隐于信息传播系统各个层级的伦理标准，是所有层级的最终旨归。虽然传播主体的内涵与边界在不断演进的信息传播活动中被彻底打破和重组，但人类的信息传播活动理应始终以人以及人的需求为发展核心。不论信息传播的伦理准则如何变化，其最终指向都应该是人类主体，而非其他非人主体或类人主体。

第三节　信息传播系统演进的"技术—需求"范式

美国传播学者梅尔文·德福勒在论及媒介时提出，每一种媒介自身都是一个独立的社会系统，但是从媒介整体而言，各媒介又以一种系统的方式相互连接。[①] 由此可见，当我们把信息传播视为一个复杂的传播系统，并由传播流程、传播控制、传播效应、传播主体等层次组合而成时，作为整体的信息传播系统同时也与其他系统一道，构建了更为宏大和复杂的社会巨系统。研究信息传播，不仅应该关注系统内部各要素的增补变化和信息在既定边界内的运动规律；还应探求信息传播系统跨越传统边界后，作为人类交往与社会连接的重要介质，在社会系统中特有的演进逻辑。正如传播学研究中的帕洛阿尔托学派所言，所有人类行为都具有传播意义，通过观察横断面（连续信息的序列）和纵断面（各要素和系统的关系）上的信息演替，也许能够发现"传播的逻辑"。[②] 这启示我们，信息传播的演进逻辑暗藏在由系统自身和系统交互组成的坐标系中。前文已经对信息传播系统的内部层级结构逐一阐释，而本节的主要内容将详细探析影响信息传播系统演进的主要因素，以期进一步勾画并完善"传播逻辑"的坐标轴（见表 2-5）。

---

① Melvin DeFleur, *Theories of Mass Communication*, New York, D. McKay, 1966, p. 188.
② ［法］阿芒·马特拉、米歇尔·马特拉：《传播学简史》，孙五三译，中国人民大学出版社 2008 年版，第 41 页。

表 2 – 5　　　　　　　信息传播系统演进的"技术—需求"范式

发展阶段	技术要素	需求要素
大众媒介传播阶段	单一性	信息容量
社交媒体传播阶段	双重性	信息内容
智能媒体传播阶段	复杂性	信息质量

一　从单一性到复杂性：信息传播系统演进中的技术因素

信息技术是信息传播研究的基础。从万物起源的视角来看，人类的起源本质上是一种技术起源，自然与社会的一切活动都应该是从技术开始的。① 同样，信息传播现象也是借助于技术手段才得以被广泛重视。信息技术不仅是信息传播现象作为一门科学系统研究的起始点，更是传播形态不断演变、传播系统不断进步的必要条件。

然而，传播技术在传播学研究中的地位一波三折。从 20 世纪 50 年代占绝对主导地位的工程技术研究传统与效果测量手段，到 70 年代兴起的文化研究学派、政治经济学派对技术发展的片面批判，乃至数字技术兴起后媒介学研究重新恢复对技术价值的期望，技术因素历经决定论、批判论、再度回归的曲折发展之路。虽然传播技术与传播学理论的发展进程融合交错，但是我们可以发现传播技术在传播演进道路上的底层逻辑。一方面，传播技术作为重要的研究工具，既是经验学派证实传播现象的测量手段，也是批判学派论证传播意识形态的事实论据；另一方面，传播技术作为独立的研究视角，同时也为传播学研究开辟了一个全新的研究领域，即探寻传播技术带来的媒介形态变化，将会给社会和人类带来怎样的影响。②

除却传统的工具视角与研究视角外，现有研究更多地将信息技

---

① 参见［法］雷吉斯·德布雷《媒介学引论》，刘文玲译，中国传媒大学出版社 2014 年版。

② 参见陈力丹《试论传播学方法论的三个学派》，《新闻与传播研究》2005 年第 6 期。

术自身的演变进程视为传播研究变革的划分依据。有学者从传播形态的视角，基于信息技术发展将传播形态较为细致地划分为古代远距离传播、近代印刷传播、电信传播、音像传播、数据传播、光纤传播、多媒体传播等。① 也有学者直接以互联网信息技术的发展特征为依据，将信息传播区分为信息传播—信息搜索的 Web1.0 时代，个体创造—群体协作的 Web2.0 时代，以及万物感知—智慧控制的 Web3.0 时代。② 前者划分较为琐碎，而后者属于新媒体时代的断代式区分，忽略了传统传播方式的传承性。本研究将基于美国学者布莱恩·阿瑟关于技术本质与技术创新的基本判断，以技术的颠覆式创新而非组合式创新为划分依据，将信息传播系统分类为基于单一性传播技术的大众媒介传播、基于双重性传播技术的社交媒体传播以及基于复杂性传播技术的智能媒体传播。

（一）基于单一性传播技术的大众媒介传播

大众媒介传播顾名思义是基于大众传播技术之上的信息传播现象。传播学将其定义为由专业化的机构和技术组成，利用技术设备（平面媒体、广播、电影等）为大量的、异质的、广泛分散的受众来传播象征性内容的活动。③ 换言之，一切借助机器、技术等传播工具，通过复制信息、传递信息、拓展人类共享信息能力的方式，向普罗大众统一传递信息的社会传播活动，都可以被称为大众媒介传播。由此可见，大众媒介传播依赖于大众媒介技术，是区别于原始一对一人际传播的一对多式的广泛传播。相较于符号传播、口语传播，大众传播的出现使人类第一次利用机器生产力大幅度提高信息的复制与传播效率，进而实现信息的大规模共享与知识的大范围创新。

---

① 参见吴廷俊《科技发展与传播革命》，华中科技大学出版社 2001 年版。

② 参见高钢《物联网和 Web3.0：技术革命与社会变革的交叠演进》，《国际新闻界》2010 年第 2 期。

③ Janowitz，M.，"The Study of Mass Communication"，*Journal of International Encyclopedia of Social Sciences*，Vol. 3，1968，pp. 41 - 53.

值得提出的是，大众媒介内涵丰富，其自身包含了许多具体技术和修补技术。布莱恩·阿瑟继承并发展了熊彼特的创新理论，认为技术的建构总是来源于已有技术的组合以及对自然现象的捕捉和征服；为了共享现象和共同目标，个体技术会聚集成群，形成不同的"域"；当新域慢慢脱离原始母域横空出世，便会产生"重新域定"和颠覆性的创新活动。[①] 所以，技术的创新进程呈现缓慢的进阶式发展特征，同一种技术原理产生的媒介形态可以千变万化，但并不意味着每一种媒介形态都是对前一种媒介形态的替代或淘汰。具体而言，从最初基于印刷术的报纸、杂志传播，到电流创造的电话、影像世界，以及无线电技术带来的广播、电视媒介，虽然微观媒介形态总是沿袭着麦克卢汉与保罗·莱文森的"延伸理论"和"补救理论"，可是其底层逻辑却仍然是大众媒介技术，隶属于同类原始技术母域，具有相似的技术特征。所以，现有关于报纸传播、广播传播、电视传播的研究实质是着眼于具体的媒介形态演化规律的微观研究。对于整体的宏观传播演进研究而言，目前的研究成果稍显琐碎且没有明确指出大众媒介传播的本质属性。

以宏观的大众媒介技术域定视角来看，大众媒介传播具有以下三个突出特征。第一，大众媒介传播具有单向度的线性特征。首先，该阶段的信息遵循信源—信道—信宿的简单传播模式，且集中对信源与信道展开重点研究，忽略对反馈机制与信宿端口的研究。大众媒介传播时代的信息始于信源、结束于信宿，对信息传播效率的考量是该时期的研究重点。其次，大众媒介传播中的信源对信息传播拥有选择权和控制权。借助信息传播系统，政治家能够实现对话语领域与政治领域的封闭式控制，构建以技术管控为主导的单向度社会。

第二，大众媒介传播系统内部的演进规律具有单一性。20世纪著名的媒介理论学家马歇尔·麦克卢汉曾断言，一切媒介均是人的

---

① 参见［美］布莱恩·阿瑟《技术的本质：技术是什么，它是如何进化的》，曹东溟等译，浙江人民出版社2014年版。

感觉的延伸，我们的感觉器官和神经系统凭借各种媒介得以延伸。譬如文字是眼睛的延伸，广播是声音的延伸等。依据其论述，我们可以发现大众媒介技术总是对人类感觉进行单一维度的延伸，新兴的媒介对旧媒介也是在单一维度上产生补救作用。譬如电视虽然集合了声音与画面的双重功能，但也是在报纸和广播功能基础上的单一延伸。

第三，不同媒介形态之间存在竞争性与排斥性。尽管大众媒介传播时代诞生了形形色色的媒介传播形态，但是由于其技术内核与传播逻辑趋于相同，所以各种媒介形态之间存在竞争关系。麦克卢汉认为大众媒介具有提升、过时、再现、逆转的四大定律。[1] 传播实践表明，大部分大众媒介发展至第二阶段后便一蹶不振。所以，长时间以来，学者们认为，新兴媒介一旦取代旧有媒介，新媒介兴则旧媒介亡。虽然该观点后来被其他研究者推翻，但其仍然能从侧面反映大众媒介之间残酷的竞争与排斥状态。信息一旦选择某种大众媒介进行传播，则意味着另一种媒介对该信息的丢失。

（二）基于双重性传播技术的社交媒体传播

社交媒体传播是借助社交媒体进行信息传递与人际交往的社会传播现象。最早提出社交媒体概念的学者是安东尼·梅菲尔德（Antony Mayfield）。2007 年，其在名为《什么是社交媒体》（*What is Social Media*）的电子书中，其将社交媒体定义为一种给予用户极大参与空间，具有参与、公开、交流、对话、社区化、连通性的新型在线媒体。[2] 国内对 social media 的翻译有"社会化媒体"和"社交媒体"之别，前者突出该传播现象的社会目的性，而后者强调传播技术的工具创新性。现有研究更多采用"社交媒体"的概念，从学

---

① McLuhan, *Understanding Media*：*The Extensions of Man*, New York：McGraw-Hill, 1964, p. 12.

② 参见陈柏霖《身体与心灵的延伸——社交媒体中的人际交往与信息传播》，中国广播影视出版社 2018 年版，第 19 页。

术层面上将其界定为在 Web2.0 理念和技术的基础上，用户可以进行内容生产和内容交换的一类互联网媒体。① 所以，社交媒体传播具有两层具体内涵：基于社交传播技术的信息传播现象；新兴的重视人际间互动与内容生产的社会传播活动。

现有传播学研究中关于社交媒体传播的成果集中表现在两个层面，一是对社交媒体传播的现象进行归纳与总结，并对比传统大众媒介传播研究，探析二者的差别之处。当一项新鲜事物横空出世，研究者首先面临对该事物的尝试性研究。长时间以来，社交媒体传播研究集中体现在 Facebook、Twitter、微博、微信等新媒体。传播学者试图通过对这些具体传播平台的深入分析，归纳并总结社交媒体传播的特征与价值。二是承接传统大众媒介传播的研究框架，探索新的社交媒体传播理论和规律。当现象研究成果渐次丰满时，学者们尝试验证传统大众媒介传播理论，以期探索适合新兴传播现象的经典传播理论。如议程设置②、使用与满足③、沉默螺旋④等理论均被批判性地移入社交媒体传播语境中进行理论验证。除此之外，随着社交媒体传播日益成为主流与主导的社会传播现象，也有研究涉及社交媒体传播的批判研究，从政治经济学、虚假新闻、隐私保护等视角对其展开全面思考。⑤ 基本符合新事物出现的"技术近视"规律，即对事物的认知遵循从过誉到理性的演变路径。总体而言，既有相关研究仍然基于大众媒介传播时代业已形成的传播学理论和框架视角，使得社交媒体整体展现出重内容、轻技术的特点。虽然

---

① 参见赵云泽、张竞文《"社交化媒体"还是"社交媒体"？——一组关于重要的概念的翻译和辨析》，《新闻记者》2015 年第 6 期。

② 参见史安斌、王沛楠《议程设置理论与研究 50 年：溯源·演进·前景》，《新闻与传播研究》2017 年第 10 期。

③ 参见刘振声《社交媒体依赖与媒介需求研究——以大学生微博依赖为例》，《新闻大学》2013 年第 12 期。

④ 参见朱珉旭《当代视域下"沉默的螺旋"理论的反思》，《国际新闻界》2014 年第 1 期。

⑤ 参见［美］克里斯蒂安·福克斯《社交媒体批判导言》，赵文丹译，中国传媒大学出版社 2018 年版。

传统大众媒介过于重视技术逻辑，但是社交媒体传播研究似乎走向了技术的反面，对传播内容的偏执关注导致传播学科的研究边界被无限放大，逐渐远离其原本作为根基的技术基础。

从技术的视角来看，社交媒体传播所依托的数字交互技术不同于传播大众媒介技术，呈现双重属性的重要特征。其既拥有通用技术的初级工具化功能，同时也具备影响人类生存状态的次级工具化效应。以计算机为代表的数字技术不仅是单向度的控制工具，而且始终处在技术与社会的双向综合互动过程之中。故而，任何社交媒体传播现象都可以置于技术的双重属性逻辑下并得到合理阐释。如社交媒体传播现象公认的参与传播、实时反馈等传播特性彰显了数字技术的基础交互属性；而其带来的虚假传播、隐私、后真相现象则可以视为社会属性带来的次生问题。以数字交互技术独特的双重属性视角重新审视社交媒体传播，原有较为散乱、研究边界模糊、重内容轻技术的社交媒体传播研究被合理地串联起来，并且承接传统大众媒介传播的技术逻辑，成功添补纳入作为整体的信息传播演进研究之中。

基于技术双重属性逻辑的社交媒体传播特性表现在三个方面。第一，社交媒体传播系统具有交互性，呈现网状传播特征。首先，与传统大众媒介传播系统重视信源与信道研究不同，社交媒体传播中的信宿端成为影响传播效果的关键因素。作为个体的信息接收心理、行为分析及其信息反馈机制对系统整体的调节作用等，都成为该阶段的研究重点。其次，社交媒体技术不再依循机械的单向度传播形式，而是转向重视传播内容以及传播主体之间的关系建立。基于关系的互动传播模式较之盲目的信息撒播更具目标性与精准性。

第二，社交媒体传播具有双重属性。正如前文所述，社交媒体传播的底层技术具有工具性与社交性融合的双重属性。某种程度上来说，其社交性更为突出，掩盖了内隐的基础技术逻辑，故而其在传播过程中呈现出明显的内容优先特征。值得提出的是，社交媒体中的信息传播的主体同样也具备传者与受者的双重身份。不仅原先的个体信息接收者成为重要的信息生产者，既有的信息生产者或选择者也因为反馈机制的重要性而转变为重要的信息接收者。所以，双重交互性体现在信宿、信道、信源等关键要素中，是社交媒体传播区别于传统大众媒体传播的关键属性，从媒介到媒体的字眼变化也从侧面体现了该类传播的复合性。

第三，不同媒介形态之间以融合姿态替代相互竞争。由于原有大众媒介的单一性与趋同性，虽然媒介形态种类繁多，但是不同媒介之间的关系是相互排斥的，为了争夺受众的信息接收权。而数字交互技术的双重属性使得其在社会属性中展现出不同层级的需求属性，可以满足受众信息、娱乐、文化等不同维度或多重维度需求。故而，社交媒体以融合模式取代了竞争状态，以两两合作或多方合作的方式划分受众注意力，抢占各具优势的传播领地。如网络邮件是白领在办公时间接收信息的主要形式，而微信移动客户端则变成其上下班通勤琐碎时间的接收渠道。媒介的融合也带来社交媒体传播时代信息传播的繁荣与信息选择的多样性，优质内容取代信息容量成为该阶段媒体的主导竞争力。

（三）基于复杂性传播技术的智能媒体传播

智能媒体传播是在以大数据、人工智能、云计算、区块链等智能技术改造数字交互环境的基础上，兴起的一种以机器人写作、机器分发内容、算法新闻、智能广告等为代表的新兴信息生产与传播现象。目前学界关于智能媒体传播的研究呈现百花齐放的景观，但大抵逃不脱传播学的既有研究框架，集中体现在新媒体研究范式、政治经济学范式、媒介伦理研究范式等。然而，不同于传统大众媒体传播研究或社交媒体传播研究依循技术应用由浅及深的发展规律，在探寻智能媒体的传播特性时，各类范式被不分先后地应用于相关研究中。除此之外，前所未有的认知神经科学范式、科技人类学范式等也开始介入智能媒体传播研究。随着诸如人机交互、算法伦理、主体认知等超出传统传播学固有学科边界的研究问题出现，智能媒体传播也不再被视为一种数字交互环境下的简单技术升级，而是以其崭新的传播阶段姿态被研究学者广泛关注并谨慎探索。

依循技术演进的独特逻辑，智能媒体传播依托的智能技术拥有复杂的连接与转化特性。首先，智能技术不仅连接人与技术，更将广大非生命体纳入技术网络中。如果说大众媒介技术是连接信息与人，而社交媒体技术建立了人与人之间的亲密联系，那么智能技术则旨在将非生命体的物体纳入原本以人为中心的互联网络之中，构建一个范围更广、信息更为连通的泛在生命体网络。通过将"人的世界"与"物的世界"全面连接，形成了具有复杂关系的开放巨系统。其次，智能技术以信息为介质改造物质实体或非物质实体，并以赋予非生命体以智能为终极目标。虽然兴起于 1956 年达特茅斯会议（Dartmouth Conference）的智能技术逐渐发展出逻辑学派（logicism）、仿生学派（bionicsism）和生理学派（physiologism）三个流派[①]，但是通过追溯该项技术的图灵机源头，我们可以发现其初始目标就是让计算机去做人类需要运用智能才能做的事情。[②] 通过让计算机不断地对人类进行模仿，使得智能技术具备了两项基本功能：其一，人类智能借助技术得到提升；其二，非智能主体的机器日渐展现出主体特性。故而，在技术层面，智能技术不是一种单一工具，而是工具性与心灵性相结合的复合科学。J. R. 塞尔认为，AI 具有强弱之分，就弱 AI 而言，计算机在心灵研究中的主要价值是为我们提供了一个强有力的工具；对于强 AI 来说，计算机不只是研究心灵的工具，恰当编程的计算机其实就是一个心灵。[③] 综上所述，智能技术

---

① 参见蔡自兴、徐光祐《人工智能及其应用》（第三版），清华大学出版社 2003 年版。

② 参见［英］玛格丽特·A. 博登《人工智能哲学》，刘西瑞、王汉琦译，上海世纪出版集团 2006 年版。

③ 参见［英］玛格丽特·A. 博登《人工智能哲学》，刘西瑞、王汉琦译，上海世纪出版集团 2006 年版。

构建的环境域不仅需要考虑人的存在规律、物的存在规律，更要面临人与物之间逐渐融合的主体性的跨界交流挑战。

基于复杂技术逻辑的智能媒体传播具有三个显著特征。第一，智能媒体传播展现出前所未有的泛在化特点。首先，媒体形态泛在化。所谓"媒体泛化"即指智能媒体作为复杂巨系统，通过开放的逻辑和连接的原则，重组人、机、物与环境的关系而导致媒体化的拓展与深化，使人、机、物与环境都具有媒体性的趋势。[①] 如智能音箱媒体通过语音系统与人自由交流，智能机器人可以了解人的日常习性与起居生活，甚至人类自身也可以成为最大的媒体传播终端。其次，传播内容泛在化。智能媒体不再以新闻、广告、知识等为唯一有效的传播内容，任何信息或分散的数据都可能成为智能媒体连接、聚合、传播的事物。传播内容信息化是智能媒体泛化的重要特征，建立广泛的隐性联系是智能媒体区别于传统大众媒体、社交媒体的最大差异。

第二，智能媒体传播以类人的机器主体为主导逻辑。传统大众媒介与社交媒体连接人与信息、人与人，所以人类主体是媒体中心，人类需求是媒体运转的核心逻辑。然而智能媒体时代不仅打破了人类中心主义的固有思想，更是将机器逻辑纳入媒体的生产流程。不仅信息的生产与分发由智能机器自动完成，信息传递时间、收受群体由机器算法决定，而且信息传播效果也将由机器测量与调控。

第三，智能媒体是个性化、私人化媒体。智能媒体传播颠覆传统大众媒介传播一对多与社交媒体传播多对多的传播模式，以人机合作的形式实现大规模传播与一对一、定制化传播的有效融合。首先，智能媒体以语音为主要信息入口，借助机器的符号理解与语音能力，可以实现人与机器之间的类人交流行为，促进人机交互的人性化与合理性。其次，智能媒体依托于智能技术的算法逻辑，对不

---

① 参见吕尚彬、黄荣《智能时代的媒体泛化：概念、特点及态势》，《西安交通大学学报》（社会科学版）2019 年第 9 期。

同用户的生活习惯、阅读喜好设定数字标签，同时结合其他平台的日常数据，尝试实现用户的个性化需求，达到一对一匹配的精准传播。最后，智能媒体通过云计算、复杂模型等智能运算系统，打破不同数据间的传播壁垒，建立人类计算能力无法达成的潜在联系，实现信息传播的大规模定制化生产。

由此可见，智能媒体传播不仅是智能技术带来的新一轮传播变革，更是不同于以往任何技术革命逻辑的全新信息传播现象。研究智能媒体，不只是探究传统媒体重新智能化的过程，或寻找依托于智能技术的媒体融合之路，更需要在智能技术的本质基础上，关注媒体泛化、机器化、个性化的主要特征。

二 从信息容量到信息质量：信息传播系统中的需求因素

在传播学理论的发展进程中，一直存在传统经验学派与批判学派的二元对立关系。如果仔细探寻理论背后的基本逻辑，经验学派推崇的传播效果研究与批判学派坚持的文化旨趣在本质上其实是一种技术主义范式与人本主义范式的相互制约关系。技术主义范式认为技术在人类自身以及社会发展进程中占据绝对主导权，在强调技术强大的改造作用的同时忽略了对人类主观能动性的研究。而人本主义范式自文艺复兴以来，始终被视为人类社会演化的金科玉律。虽然该范式的无节制发展曾导致不少非理性事件，但不可否认的是，人本主义仍然指引着社会发展的未来方向。

事实上，人本主义是技术迅猛发展的重要调节与制约力量。首先，技术并不是绝对中立的，而是在时间与空间层面展现出偏向性。加拿大学者哈罗德·英尼斯认为传播媒介本身的技术特性对于知识在时间和空间中的传播产生重要影响。[①] 随着技术力量日益突破既有

---

① 参见 ［加］哈罗德·伊尼斯《传播的偏向》，何道宽译，中国人民大学出版社 2003 年版。

时空范畴，构建超出以往任何时代的超时空传播虚拟空间，对媒介技术的选择与调控需要人本主义力量的介入。其次，不断发展的技术力量可能超越人类力量，进而突破其被理解与被控制的范围和边界。海德格尔曾预言，全部的技术是一个巨大的框架，让人类沦陷其中，而技术提供的力量总有一天会超过人类所能理解和控制的范围。① 当人类将自我意识、功能、主体性等全部倾注于技术模具时，不仅人类自身将难以摆脱技术异化，而技术可能也将拥有自主逻辑并脱离人类控制。所以，剖析并提高人本主义的制约力量，是研究信息传播系统发展的重要组成部分。

传播学中的人本主义并不仅仅体现在警惕媒介技术控制的批判视角与伦理框架中，更体现在以信息需求视角的建构主义中。有学者认为，传播学理论的核心概念是"信息人"。② 基于信息在人类自身发展与社会建构过程中的本质作用，传播学将研究人的信息属性；人类主动选择、创造、传播信息，改造世界的行为。受经济学、管理学、社会学中有关"经济人""学习人""社会人"等类似概念的界定，传播学中的"信息人"不仅具有静态的个体差别，更在不同历史时期展现出不同外延内涵，约束并影响传播学的发展方向。

（一）传统大众媒介传播时代的传播需求体现在对信息容量的不断追求

在信息传播系统中，虽然技术是重要的推动力量，但是作为社会系统的重要组成部分，信息传播系统的发展仍应以人类需求，特别是信息需求为出发点。而技术首先是人类需求的产物，其次是影响人类需求的具体实现方式。所以人类需求在不同传播阶段呈现不同特点，并与同样不断发展的技术因素组合展现出不同的作用力。

在大众媒介传播时代，人类信息需求与技术逻辑展现出高度一致性，具体表现为以信息传播效率为主要目标和对信息容量的无限

---

① 参见胡翼青《传播学：学科危机与范式革命》，首都师范大学出版社 2004 年版。
② 参见胡翼青《传播学：学科危机与范式革命》，首都师范大学出版社 2004 年版。

追求。前者代表大众传播者的需求，而后者是信息接收者的需求。具体而言，首先，大众媒介渠道的传播容量有限，且信息传递呈现显著的线性传播规律。所以，为了能够向受众传递更多的信息，以达到相应的传播效应或控制效果，必须不断地发展传播技术以扩大传播媒介的信息容纳量。其次，作为信息接收方的广大受众缺乏信息生产、传播、选择的有效工具，通过获取更多的信息以增强对信息内容真实性的判断或降低对周遭不确定环境的恐慌，是其在传播效率低下且传播工具匮乏环境下的唯一选择。换言之，大众媒介传播系统中信息人的主体性尚未充分挖掘，其信息需求呈现片面性与被动性。按照香农信息论对信息量与系统噪声的论述，对于封闭系统而言，信息量的扩大将有助于系统噪声的减少。虽然这并不符合信息传播的实际情况，存在大量噪声并不能借助信息容量递增而予以消除的现象，但是我们仍然可以从不同层面得出结论：对信息容量的追求是大众媒介传播时代人类传播需求的重要特征。

（二）社交媒体传播时代的传播需求体现在对信息内容的绝对重视

有鉴于社交媒体技术的双重属性，社交媒体传播时代的信息需求也可以分为两个不同时期，其一是延续对信息容量需求的前期阶段，数字交互技术从信道角度极大扩充信息的承载量和容纳量，人类借助技术存储信息的能力已经达到无上限；而其二则是以信息内容为主导需求的后期阶段。社交媒体赋予每个个体生产信息和传播信息的技术手段与传播平台，不仅传统大众媒介传播系统中的信息接收者转变为信息产消者，原先的信息生产者也日益依赖于信息反馈调整自己的传播策略。在信息容量不再成为传播发展瓶颈时，对信息内容的重视转而成为制约人类信息传播系统变革的重要动力机制。

具体而言，在社交媒体传播时代，人类对信息内容的绝对重视可以体现在两个方面。首先，随着更多的信息生产与传播节点链入社交媒体网络，由于个体的独特性与差异性，人类传播网络中承载和流通的信息内容也呈现出前所未有的多样性。一方面，有鉴于信息接收群体的个体化，传统传播系统传递的主流信息拥有了更多不同的反馈声音；另一方面，那些小众、非主流的亚文化信息也能够在社交网络上聚集、传播甚至日益壮大。所以，纵横交错的社交网络传播渠道不仅展现了多样化的信息内容，更借助技术的力量传播了每个独立人的个性化声音及其个体化需求。而这些不可胜数的具化需求与重新聚集的网络社群群体，也反过来制约或促进了传播系统的进一步发展。

其次，便捷的信息搜索渠道使得优质的信息内容传播才是吸引受众注意力的有效策略。社交媒体技术给予每个个体以便捷的信息生产、传播与接收渠道，人们不仅可以随时随地生产信息，更能够每时每刻接收信息。值得注意的是，在如此便利的个体信息传播时代，仍然存在潜在的信息接收失败问题。其一，个体基于信息接收渠道高度发达与简便的考虑，以免打扰的考虑或借口不愿开启随时随地信息接收通道，从而导致信息接收受阻；其二，社交媒体以独立 App、信息平台的形式进行信息生产与传播活动，并以软件或平台的生态扩张为重要的商业发展模式。然而，不同种类的软件之间并不存在互通性，甚至出现严重的类似性与竞争性，且出于商业或资本利益的保护而相互屏蔽有关数据。所以，个体可能会处于自我惯习而频繁使用某个软件，却忽略了对其他应用的介入。由此可见，若要成功吸引个体或消费者的注意力，并培养其使用习惯与黏性，则以优质的信息内容生产取代信息流量的简单堆砌是该信息传播阶段的有效策略。事实证明，在社交媒体传播时代，内容为王重新成为不少传统企业或高新技术企业的信息传播战略。独立的个体同样愿意为了优质的信息内容赋予自身稀缺的注意力甚至付费后享受。相关数据显示，2017 年中国的网络知识付费平台、网络服务众包平台上的信息内容服务提供者人数分别为 700 万人和 2400 万人，而参与用户的规模也已约 7 亿人，其中，诸如喜马拉雅 FM 等一批知识技能共享平台的用户也均以达到亿级规模。① 毫无疑问，社交媒体传播时代对信息内容的绝对重视早已取代传统传播模式对信息量的无限制追求，而信息内容的优质性则如前所述，或与消费者个体生活习性息息相关，或能够满足其好奇心并拓宽其知识面。

（三）　智能媒体传播时代的传播需求表现为对信息质量的深度挖掘

数字技术创造的全新传播环境不仅给人类信息需求的进化带来了新的契机，同时也反过来促使技术不断变革和创新，以期适应新的传播需求与传播目的。作为信息的主要接受者——人，其脑力所能承载与处理的信息是有限的。如果一味增大信息容量或信息内容反而会造成信息处理失效问题。在20世纪80年代，有心理学家提出所谓的"信息负载范式"，即人们只能"吸收"或"处理"有限信息。信息过量不仅会导致困惑和挫败感，还会导致视野受限和不诚实行为。② 由此可见，海量的信息传播反而给信息接收者造成认知负担，必须在确保信息容量与信息内容的基础上，重构并创造新的信息价值。

在智能媒体传播时代，人类的信息需求主要体现在信息质量的深度挖掘。具体而言，信息质量的实现主要体现在信息选择的自在性与信息流动的再造性两个方面。第一，在信息自由选择的基础上，减轻人类主体的信息辨别危机。从大众媒介传播与社交媒体传播对信息的需求演变可以看出，人类既希望信息的储量充沛，同时也以提高信息传播的效率与准确性为重要目标。所以，智能媒体传播将试图平衡二者关系，试图构建一个泛化传播中包含精准传播的理想传播系统。第二，利用信息的流动价值，提高人类主体性或创造新的主体意识。信息不仅是传播系统内部的核心要素，更是连接和维持人类生存、社会发展的重要介质。传播学的哲学意义，不全在于

---

① 参见国家信息中心《中国分享经济发展报告2018》，http：//www.sic.gov.cn/News/568/8873.htm，2018年3月21日。

② 参见［美］詹姆斯·格雷克《信息简史》，高博译，人民邮电出版社2013年版。

信息本身、信息的流动过程，更在于信息流动、变化过程中所激发出的创造形态和创造结构。① 换言之，当信息传播系统发展到早已满足基本的容量与内容需求时，其高阶需求将以信息的创造价值与再生能力为目标。

综上所述，技术发展是信息传播系统演进的直接原因，而人类随传播环境变化生发出的不同信息需求是演进过程的目标指向。技术发展逻辑与人类信息需求组成的"技术—需求"范式不仅在其内部存在博弈，更在技术塑造的直观环境中呈现出明显的演进交替进化趋势。故而，整个人类信息传播系统的演进过程也受到"技术—需求"范式迭代的影响，展现出不断完善与重构的变革和创新价值。

第四节　本章小结

本章内容主要对信息传播的本质与基本特征、信息传播系统的层级结构以及影响信息传播系统演进的"技术—需求"范式等基础性问题进行探究，旨在为后续研究的开展做好理论基础并勾画基本的分析框架。本研究认为，信息是兼具物质性与主体性的复合性概念，不仅信息自身处在持续性的变化发展进程中，其演化过程也是周遭世界变革的重要驱动力。当我们从信息学视域重新审视丰富的信息概念时，信息传递与信息传播也将面临不同的内涵指向，前者倾向于静态的信息复现研究，而后者则具有传递、反馈、再生，乃至进化的多维度内涵。所以，从信息传播的动力学视角来看，本研究的研究对象——信息传播兼具复杂性、进化性与综合性的基本特征。与传统置于传播学框架内的相关研究不同，本研究将信息传播视为复杂的传播系统，从本体论、认识论、价值论、伦理论等信息哲学视角将其划分为传播流程、传播控制、传播效应、传播主体四

---

① 参见丁海宴《电视传播的哲学》，北京广播学院出版社 2001 年版。

个组成部分。从这些层级研究信息传播的内部构成与演进规律，不仅将原有散落在不同学科领域的传播研究理论以信息概念串联起来，更充实和完善了原有日趋机械化与泛在化的传播学科研究，使之更具系统性、科学性与发展性。除此之外，为深入探寻传播系统内部的演进规律，本章第三节从技术发展与信息需求两个方面对影响传播系统发展的主要因素与次要因素进行分阶段具体分析，提炼并总结出大众媒介传播、社交媒体传播、智能媒体传播三个基本的人类信息传播阶段，并对应论述了不同传播阶段中人类对信息容量、信息内容、信息质量的三种进阶式信息需求变化。总之，技术发展是信息传播系统演进的直接原因，但是信息传播系统仍然受其他因素，特别是以信息需求为代表的人本主义因素影响。

　　该章内容在本研究中起到统领全文的作用，在接下来的第三章至第五章中，笔者将依循本章的层级结构与研究逻辑，从传播流程、传播控制、传播效应三个部分，以"技术—需求"的研究范式，依次论述不同细分层级的演进逻辑。而至于传播主体部分的研究，笔者认为其是内隐于传播系统演进研究的核心层级，也是不同信息层级殊途同归的最终目标，所以不再单独分列章节予以论述，而是将其具体表现在对不同章节的阐释与演绎过程之中，并视作智能媒体传播未来图景的核心关键词。

第三章 传播流程再造：从信息分离、连接到融合

在信息传播系统的所有层级中，传播流程的变革与再造首当其冲。从传统大众媒介传播到社交媒体传播、智能媒体传播，每一次技术创新都会带来信息生产、传播流程内部和外部的一系列改变。研究信息传播流程再造现象，其核心问题是流程再造的过程遵循何种规律？本章将在厘清信息传播流程基本要素的基础之上，通过分析不同传播阶段的具体传播流程表现，借助对比研究的方法，探寻从传统大众媒介传播到智能媒体传播的整体演进规律。

第一节 传播流程的核心要素与本质内涵

一 流程三要素：信源、媒介、信宿

研究信息传播流程的演进规律，也就是要弄清楚传播流程中的变与不变。"变"是研究的对象，而不变是研究的起点。信息论的创造者克劳德·艾尔伍德·香农在探寻一般意义上工程通信系统的研究规律时，认为其基本上由五个物理部分组成：生成信息的信源，处理信息的发送器，传送信号的信道，重构消息的接收器，以及接

受信息的信宿。① 在传播学研究中，通常信息传播系统的信源和信宿均为人类主体，人的大脑和传播媒介配合完成工程通信系统中发送器、信道与接收器的功用，所以，在研究人类信息传播系统时，我们往往只涉及三个主要元素：信源、媒介与信宿。

（一）信源：捕捉信息——生成信息

通常人类传播活动中的信源主要是指人类自身，包含人类对自然现象或社会现象的捕捉与独特理解。虽然信息是传播的重要内容，但并不是所有信息都需要传播。很多信息存在于自然现象中，可以通过不同的场景被人类感知，然而其隶属于无意向的物质性自在表征，并不需要向他者或大众传播。所以，只有那些为人类知识建构所需、以维持社会秩序为目标的自为信息，才值得被广泛传播与告知。作为信源的人类实质上是一个小型的信息创生系统，在信息迈入信道开启传播流程之前，信源具有捕捉信息与生成信息的筛选作用。

首先，捕捉信息。位于信源端口的人类个体可以通过行为或情感敏锐地觉察到散布于广袤自然现象或复杂社会交往中的有用信息。如天空布满乌云昭示天气变幻，动物迁徙意味着季节更替；一个人打扫屋子表示他喜爱干净，而哭泣流眼泪则可能代表着心情沮丧。这些信息都是我们通过仔细观察和经验积累直接得到的，是信息创生的重要环节。

其次，生成信息。信息创生意味着通过对已有捕捉到的自在信息加工处理而产生出新的自为信息。② 与工程通信系统传播不同，人类信息传播系统中传递的信息多为经过人类大脑理解与选择后的有用信息，而非原始感知得到的自然信息。语言与文字是人类信息生成的间接表现，也是重要的初始信息传递介质。某种程度而言，人

---

① Claude, E., "Shannon and Warren Weaver", *The Mathematical Theory of Communication*, Urbana, USA：The University of Illinois Press, 1964, p. 2.

② 参见邬焜《复杂信息系统理论基础》，西安交通大学出版社 2010 年版。

类大脑是最原始的信息传播中介，而电子媒介出现以后，传递人类信息的功能被专用的技术介质独揽。

（二）媒介：转化信息——传递信息

香农认为，信道就是供发送器向接收器传送信号的媒介，它可能是一对导线、一根同轴电缆、一个无线电频带等。[①] 所以，在工程通信系统中，信道指的是微观、具体的信息传递渠道，是看得见摸得着的物理存在。在传播学中，媒介与信道是相似的概念，同样指承载信息的传播介质。然而，二者的内涵存在细微差别，一方面，媒介指插入传播过程的中介，是用以扩大并延伸信息传送的工具；另一方面，以大众传播媒介为例，其也可用来指代加速并拓展信息交换的社会机构。[②] 由此可见，信道一词彰显技术特质，而媒介更有人文色彩。

人类信息传播系统中的信道——媒介具有转化信息的技术功能与传递信息的复现功能。首先，传播媒介将从信源接收来的语言或文字信息编码转化为电流、符号或二进制代码，并在抵达信宿前再次解码转化为可被信宿理解的相关信息。媒介的技术功能包含编码、传递以及解码三个部分，是囊括原有工程信息传播系统中发送器、信道、接收器的综合传递工具。这里需要指出的是，虽然语言与文字也可以被视为最原始的信息传播媒介，但是我们这里研究的媒介特指自人类工业革命以来的技术传播中介，其拥有与人类自身信息传达系统完全不同的信息传达机制。如香农以电话为例，探究信息转化为电流的传播规律；而现阶段的数字媒介，将二进制代码视为通用语言。人类信息传播系统中的信道研究主要探寻那些与人类拥有不同信息表达体系的技术介质的传递功能。如此，人类自身在传

① Claude, E., "Shannon and Warren Weaver", *The Mathematical Theory of Communication*, Urbana, USA: The University of Illinois Press, 1964, p. 2.

② 参见［美］威尔伯·施拉姆、威廉·波特《传播学概论》，何道宽译，中国人民大学出版社 2010 年版。

播系统中便被合理地归纳入信源或信宿研究，而无须掺入信道的相关研究中。

其次，与信道的功能相同，媒介的主要功用是传递信息，包含信息在媒介中的传递效率及其复现形式。在香农的信息理论中，对信道的系列研究集中体现在对信道容量的数学式精准计算与对可能存在的噪声问题的具体场景分析。[①] 传播学中的媒介研究更为丰富，在研究传播效率的基础上，更需要对不同传播媒介展现的信息形式与传播业态进行探讨。如，相比广播媒介的单一声道传播，电视媒介在视觉维度得以延展，展现形式丰富多彩；而较之传统大众媒介的平面传播，数字媒介的信息传达形式则更为直观与立体。

（三）信宿：接收信息——反馈信息

人类信息传播流程中的信宿要素同样一般也指人自身。在工程通信系统中，信息抵达信宿后，整个传播流程便戛然而止了。而在人类传播活动中，位于信宿端口的同样是有血有肉的人类主体，其主观性、创造性、意向性等也影响信息的接收与复现效果。因此，信宿端承担着信息理解与信息反馈的重要功能，是人类传播区别于工程传播的主要差异之处。

首先，接收信息。信息接收具有个体差异性，不仅个体年龄、教育、性格、个人爱好等影响其媒介选择与接触时间，而且个体的听说读写能力、自我决策能力，以及社交关系圈等也带来信息理解方式和程度的不同。施拉姆等认为，随着年龄和教育程度的增长，人们对信息量的选择需求也随之增加；生命空间里的兴趣越多，兴趣分布面越宽，人们对信息与理解的需求就越大。[②] 人类的信息传播活动不是孤立的技术传递行为，而是与人类生命发展历程息息相关

---

① 香农将工程信息系统分为离散系统、连续系统、混合系统三大类，分别对其进行容量与噪声计算。

② 参见［美］威尔伯·施拉姆、威廉·波特《传播学概论》，何道宽译，中国人民大学出版社 2010 年版，第 162 页。

的一门特殊人学,它研究人的信息属性与信息活动。[①]

其次,反馈信息。在信息学中,反馈是指一个系统把输送出去的信息(给定信息)作用于被控对象后产生的结果(真实信息)再输送回来,并对信息的再输出产生影响,以达到预定目的的过程。[②]不同于工程通信系统中的信息反馈,人类传播活动中的反馈行为更为多样,既包含语言反馈(文字)、态度反馈(舆论)、行为反馈(广告消费)等,同时,反馈的意愿、频次与路径也直接影响信息的再生产和调适过程。一般来说,多次的信息反馈更有助于信息的精准匹配与传播效果的有效达成。

二 传播流程本质:信息以信源为起点经媒介传播抵达信宿

(一)线性模式、中心模式与网络模式

传播学中有关传播流程的研究往往被等同于传播模式研究,传播学者借助数学研究中直观、简洁的图形表达方式,将人类传播流程中的基本要素以及各要素之间的关系用方框与线条绘制并连接起来。由于传播模式研究依托于数据思维与量化原理,其能够更加简明扼要地展现出传播要素增补与传播过程变化。

由上文分析可知,传播流程由信源、媒介、信宿三要素组成。关于三者的连接模式研究成果繁多,但大抵可以划分为三种类别,即一对一的线性模式、一对多的中心模式以及多对多的网络模式。"一对一"的线性传播是前媒介传播时代的基本人际传播模式,这时的传播媒介多为以口语、书信、电报等为代表性的传播工具(见图3-1)。该类传播模式的优势是私密性强、理解度高,但面临效率低下、限制因素较多等系列问题。值得提出的是,虽然"一对一"的线性传播模式具有很多传播缺陷,然而它仍然是信息传播

① 参见胡翼青《传播学:学科危机与范式革命》,首都师范大学出版社2004年版。
② 参见梁亚宁《受众反馈机制研究》,《新闻战线》2015年第9期。

的基本模式，并且是技术传播兴盛之后，人类迫切想要重回的理想传播图景。

图3-1　"一对一"的线性传播模式

中心传播模式是以报纸、广播、电视机为代表的大众传播的基本模式。其主要特点是以一个信息源头为传播中心点，将信息内容通过不同的媒介形式或传播渠道，传送至分散的个体化信宿端口。从而形成了"一对多"的垄断式传播模式（见图3-2）。中心传播模式极大地提高了信息传播的生成效率与选择效率，但是不可避免地带来了信息垄断与传播权力的不对称。位于主导地位的信源成为信息传播流程的绝对控制者与领导者。此外，单信源中心与多信宿端口也导致信宿传至信源的反馈机制失效和信息反向流动路径堵塞等问题。

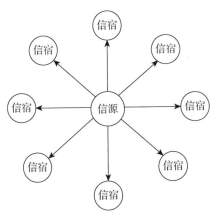

图3-2　"一对多"的中心传播模式

网络模式是以 PC 计算机、移动社交平台、复杂网络为代表的新型信息传播模式。该模式的主要传播特征是融合了泛连接与交互性的双重特点。一方面，互联网技术试图编织一张巨大的联通网络，将以不同形态存在的万事万物转变为网络上的一个微小的数字节点；另一方面，每个节点之间都可以相互交流沟通，构成了泛在网络中最基础的信息交流组块。所以，网络模式不仅是多对多的信息泛传播，更是包含"一对一"传播与"多对多"传播的复合传播形态（见图3–3）。这类传播模式既能做到信息传播的广度，同时也能兼顾个体交流的精度，是信息丰裕时代兼容、多元的信息传播方式。然而，该模式也存在技术缺陷，由于互联网技术以构建信息传播路径的多样性为主要目标，从而不可避免地导致传播效率的再次降低。如图3–3所示，该网络传播模式中不同节点之间的信息传递路径存在最优与次级之分。若要将信息从A传播至B，路径一为首先将信息传递至C和D，形成A—C—D—B的线性传播模式；路径二为将信息传递至网络中的小节点O和P，通过O和P之间的信息连通，将信息传递至B。这里的节点O和P即为聚集海量端点、中转信息，并对各种交互信息进行分析、重组、匹配的信息平台。[①] 而利用技术实现传播路径优化与不同信息平台之间的信息互通是复杂网络传播时代的全新挑战。

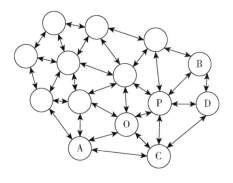

图3–3 "多对多"的网络传播模式

① 参见谷虹《信息平台的概念、结构及三大基本要素》，《中国地质大学学报》（社会科学版）2012年第5期。

（二）本质内涵：信息始终以信源为起点经媒介传播抵达信宿

从一对一的线性传播模式到一对多的中心传播模式，再到多对多的网络传播模式，信息传播的流程受技术发展与信息需求的影响持续变化，但其本质内涵却从未改变。香农认为，工程通信系统的基本问题是在一端精确地或者近似地复现另一端选择的消息。[1] 虽然在人类传播活动中，诸如语义传播、理解差异、文化影响等导致其较之技术传播活动更为复杂和不确定，但是信息传播活动始终遵循精确复现信息以及提高复现效率的传播内核。具体的传播模式被不断改进和替代，然而，信息传播流程始终需要将信息以信源为起点，经信道（媒介）传至信宿。

除此之外，当我们回归传播流程的信息源头时，其三大核心要素及其之间的关系昭示了信息传播流程的两个最基本特点。第一，信道（媒介）追求传播效率。最原始的媒介形态其实就是人类自身，早期的信息传播借助人的肢体、语言、感官进行传播。而独立于人类身体之外的传播媒介仍然延续身体媒介的逻辑，始终以延伸人类感官突破时空限制为目标。一方面，技术媒介试图消除空间距离带来的交流障碍，使即使在物理距离上相距甚远的两个端点也能通过技术渠道交换信息；另一方面，在时间维度上，人类既愿意享受信息的即时性，同时也希冀信息存续的永恒性。从传统大众传播到现阶段的数字传播，虽然效率始终是悬于媒介功能之上的准则，但是效率的内涵已在时间与空间维度得到充分拓展，甚至以媒介之力创建了颠覆性的虚拟世界。

第二，信源与信宿之间的交互性。在人类传播活动中，作为信源的人与作为信宿的人可能在日常生活中并无交集，但是一旦置于传播模式的两端，便具有传播意向性和交互性。首先，信息始终通过信源流向信宿，是指向明确的人类社会活动。即使位于系统尾端

---

① Claude, E., "Shannon and Warren Weaver", *The Mathematical Theory of Communication*, Urbana, USA: The University of Illinois Press, 1964, p. 1.

的信息反馈尝试将真实理解的信息返回前端，也是为了提高下一次从信源至信宿的信息传播活动的精确性。其次，信源始终试图与信宿建立直接联系。在"一对一"的线性模式与"一对多"的中心模式中，信源与信宿之间的关系建立是为了减少媒介的传播噪声，提高信息复现的精准度；而"多对多"的网络传播模式中，二者关系的建立则是为了寻找信息传播的最优路径，建立沟通信任。

三　关于传播流程的两大理解误区

（一）把传播流程误解为各要素之间的"连线游戏"

对于传播流程的演进过程而言，最为直观的即为媒介技术变革下传播模式的持续转变。既有传播模式研究采用数学符号化的思想，通过信源、媒介、信宿三要素之间的排列组合，简洁地展现传播流程的变化之处。可是，传播流程的研究重点并不是三要素之间的"连线游戏"，而是基于要素变化与要素关系的传播效率和传播信任问题，以及二者的平衡。

首先，传播效率是驱动传播流程变革的主要动因。传播流程中效率的提升不仅在于技术的持续创新，更取决于拥有两种不同语言体系的人与技术之间的信息转化和信息理解。在香农的数学传播模式中，发送器与接收器是通信传播系统中的两个关键节点。而在人类传播活动中，人类自身与综合性媒介承担了编码与解码功能，但并不意味着技术与人可以沟通无碍。事实上，相比面对面的人际交流，以技术介质为传播中介的现代传播形式消解了人际传播的丰富性与场景性，进而导致传播的误解与交流的无奈。研究人类传播流程，不仅需要研究技术带来的信息丰裕性突破，更要以技术为工具探寻人机交流、人机理解的可行性。

其次，增进传播信任是稳固传播流程的关键因素。与工程通信系统不同，人类传播活动不仅是信息的广泛与精准传递，更是基于信息传播活动的人与人之间关系的建立。美国学者曼纽尔·卡斯特认为,作为社会各类机构的基石,权力关系在很大程度上通过传播过程在人们心灵中得以建构。[①] 良好的传播关系不仅意味着通畅的信息传播与信息理解,更带来二者权力与地位的相对平等。当传播者与接收者权力关系不平等时,整个传播的结构与流程也会相应改变。所以,传播信任的建构是维持传播流程正常运转的社会性因素。人类传播流程的研究应该突破技术思维,关注人类主体间的关系建立与信任建构。

(二) 将传播流程视为以信息被接收为终止信号的单次传播现象

无论是早期的"一对一"线性传播模式,还是后来的"一对多"中心模式或"多对多"网络模式,有关传播流程的研究往往被视为信息抵达信宿或以信宿单次反馈活动而终止的"一次性"传播现象。然而,在传播实践活动中,信息传播流程通常是周而复始、循环往复的。重复性的传播活动增进信宿对信息的记忆与感知,不仅能够达成较好的传播效果,更能促进整个传播系统的调适与重构。从该层面来看,传播流程不仅是传播系统研究的基础,更是传播变化的动力引擎。

不断演进的传播流程是互动且开放的,不仅内部要素之间持续产生交互性,作为整体的人类传播也与外界存在互动交流,从而构成了更为宏大的信息传播过程。有学者认为,经典传播学理论研究的是人与人之间的信息传播活动,且以取得日益精美的研究成果;而未来的传播学研究也许应该从解读人类内部的传播机理向人类与大千世界之间更为浩瀚的传播领域扩展。[②] 所以,研究人类信息传播流程,不应拘泥于传播系统内部,更要研究其对社会活动的中介与

---

① 参见 [美] 曼纽尔·卡斯特《传播力》,汤景泰等译,社会科学文献出版社 2018 年版,序言。

② 参见高钢《物联网和 Web3.0:技术革命与社会变革的交叠演进》,《国际新闻界》2010 年第 2 期。

动力作用。

第二节　从传递到连接:社交媒体传播对大众媒介传播的流程完善

曼纽尔·卡斯特在论及人类传播活动的变化规律时,曾认为传播转型中最重要的一类,就是由大众传播到大众自传播(mass self—communication)的演进。[①] 前者指单向度、借助单一技术连通机构与普罗大众的传统大众传播形式;而后者则是其认为具有历史意义的兼具传播广度与互动维度的传播新形式。本书前一章在讨论信息传播演进的"技术—需求"范式时指出,从大众媒介传播向社交媒体传播演进的过程中,不仅技术层面产生了从单一延伸向双重维度扩展的演变规律,在人类需求层面,也发生了以信息容量为基本需求到关注信息内容的重要变化。基于此基本判断,本文认为,对于大众媒介传播而言,社交媒体的传播流程不仅是人类信息传播活动在技术维度上的重要创新,更是以技术为辐射原点,对原有传播流程全方位的自我补缺与系统完善。

一　信息分离式传递:传播者主导大众媒介信息生产与传播流程

技术参与人类的现代信息传播活动的主要目标是提高信息传播的效率,其借助技术在时空传播上的优势,将原本与人类身体融为一体的信息内容分离开来,并在传播活动的另一端重组。这样分离式的信息传递活动虽然短时间内提高了传播的效率,但是却造成了信息的单

---

① 参见［美］曼纽尔·卡斯特《传播力》,汤景泰等译,社会科学文献出版社 2018 年版,序言。

向度垄断传播问题与个体寻找信息的传播困境。

（一）传播者是信息内容的把关人

传播学巨擘威尔伯·施拉姆曾指出，传播中最引人入胜的一点，即信息发出者与接收者为在彼此头脑中形成相应的象征符号所进行的大量的信息择取与剔除。[①] 在信息正式进入传播系统开启传播流程以前，对信息内容进行有导向的筛选和排序，是人类传播活动与机械式工程传播系统的重要区别之一。有鉴于人类主体的能动性，位于信源和信宿端口的个体其实均具有信息选择的能力，然而，在大众媒介传播中，担任信息分类与选择功能的主要是位于传播流程前端的传播者。

经典传播学把关人理论认为，信息流动的渠道中总存在某种把关区域（gate area），根据公平的原则，或者根据"把关人"的个人意见，决定信息是否可以被允许进入渠道，或者继续在渠道里流动。[②] 该理论带给传播学者两点启示：一方面，信息传播系统中存在不止一种把关机制，且不同机制之间秉持共同的传播目标持续互动协商；另一方面，关键的把关人角色对信息的整体选择与流动尤为重要，甚至起到决定性作用。在大众媒介传播时代，虽然位于信宿端的个体受众仍然可以通过间接的诸如人际沟通等系统外的传播方式表达个人喜好，传回反馈信息，但是媒介组织中的记者和编辑角色依循规范的筛选准则，仍然几乎完全决定了信息在报纸、广告、电视等大众传播终端上的最终内容与呈现形态。

把关理论的集大成者、美国传播学者帕梅拉·休梅克（Pamela J. Shoemaker）认为，把关人模式可以分为个人层次、媒介工作常规层次、组织层次、媒介外社会团体层次和社会系统层次五大类。[③] 这

---

① 参见张国良《20 世纪传播学经典文本》，复旦大学出版社 2003 年版。

② 参见殷俊、孟育耀《人肉搜索与"把关人"理论的调适》，《国际新闻界》2010 年第 2 期。

③ 参见［美］帕梅拉·休梅克《大众传媒把关》，张咏华注释，上海交通大学出版社 2007 年版。

五个层次相互影响，存在明显的由微观至宏观的递进关系。在传统大众媒介传播阶段，从表面上看，作为个体的记者或编辑掌握了信息筛选的绝对主导权，然而事实上，其必须遵循组织和社会的显性或隐性条例，个体只是组织把关机制的代理人或执行者。举例来说，西方国家推崇个体自由与社会民主，其新闻机构摒弃与政府组织统一战线而走向监督抗衡，所以，在新闻信息传播流程中，新闻组织施行记者与编辑合作的双重个体把关机制。看似自由的个体背后往往是大型组织与资本的力量，资本扩张与利益驱使影响个体选择与理性判断。而我国通常依照记者、编辑、政府管理部门的职责划分实施三重管理机制，从左至右，三类机制分别是由小及大的归属与服从关系。政府管理部门的顶层设计与宏观把控一定程度上避免了虚假信息或有害信息进入传播系统，但同时也带来信息的严重滞后与流动活力不足等问题。

（二）传播者是传播渠道的垄断方

大众媒介传播拥有诸如报纸、广播、电视等多样化的传播渠道，但并不意味着参与传播的各类主体对多样化的媒介形态拥有自由选择权或使用权。从图3-2展现的典型性中心化大众传播模式来看，虽然传统大众媒介传播借助多样化的媒介渠道将信息传递至普罗大众，但是所有的渠道（图中直线）几乎都汇集于传播中心（图中信源）。换言之，传播者是所有传播渠道的交点，决定媒介的性质与功能。

首先，媒介的所有权为传播者所有。从历史发展的维度来看，通过垄断媒介所有权来控制信息传播的例子数见不鲜：祭司控制黏土笔，教会垄断拉丁圣经和印刷机，政府管控军事系统与传播信号等。为了掌握话语权，在人类社会系统中占据领导地位的阶层直接规定媒介渠道为自己所有。自人类迈入现代社会，大多数亚洲国家仍然延续政府管控媒介的政治传统，对报纸、广播、电视等大众传播渠道实行国家管控，不允许私人创办或经营传播媒介。而在以美国为代表的西方国家，长时间以来，ABC、CBS 和 NBC 三大巨头绝对主导国家广播和电视渠道。无论是政府主导还是企业垄断，媒介所有权的拥有者实际上即为信息的传播者与主导者，二者具有高度统一性。

其次，传播者控制媒介的使用权并划分其功能属性。媒介使用权又称媒介接近权，通常指任何组织和公民都可以接近媒体、享有在媒体上发表意见、观点的权利。[①] 然而在传播实践中，由于大众媒介单向度的技术限制，位于传播系统末端的被传播者极少能够借助电子媒介传递或放大自我表达的声音。纵使大众可以选择其他渠道传递观点，但是有鉴于传播者享有对大众信息的监管与把控权，那些不符合传播目标的声音将在传播初始或中途被剔除出传播系统，大众反而成为媒介管控下的失语者。在严格的使用权管控基础之上，传播者可以依据自我对目标受众或传播对象的理解，细分不同传播渠道的具体功能。如通常情况下，报纸传递严肃新闻，电视可供休闲娱乐，而广播聚焦地方性、社区新闻等。依托媒介渠道的所有权与使用权控制，政府或企业以传播者的姿态进一步对大众进行信息垄断与意识监管。

（三）传播者与被传播者的权力失衡，个体难以获得自由信息

在大众媒介传播系统自身的发展进程中，为了提高内容的接受度与传播效果，处于主导地位的传播者仍然会考察信息接收者的反应，并基于社会人口的一般统计参数，对被传播者的需求差异和喜好表现进行划分。所以，即使传播者在信息传播流程中掌握绝对的主导权，被传播者也并非毫无发言权。无论是以娱乐为导向的电视节目制作，还是以销售产品为目标的广告传播活动，传播者都会进行基本的市场调研和消费者画像，以期生产出具有差异性的内容或产品，争夺日渐分散化的受众注意力。

---

① 参见张国良《传播学原理》，复旦大学出版社 1995 年版。

　　与其说大众媒介传播系统完全忽略被动的信息接收者，不如认为是二者极度不平等的话语权地位，导致被传播者的微弱声音淹没在传播系统的噪声之中，且难以获得与自身需求匹配的足量、自由信息。首先，信息接收者自始至终只是传播的目标，而非参与主体。一方面，传播者希望信息接收者作为毫无创造力与反抗力的受众存在，能够全盘理解并接受经过筛选的信息内容；另一方面，接收信息只是信宿主体性的一部分，被忽视的信息表达权力影响信宿主体的认知能力。研究证明，除一小部分人以外，大部分受众都不会受到信息流和媒体信息中过多选择的影响。① 其次，双方的信息持有量极度不对称。信宿端通过电子媒介渠道接收到的信息量均经过传播者的筛选与审查，且信息经过技术分解与主观重组，必然存在信息量的流失与理解偏差，所以位于大众媒介传播流程两端的信息主体存在天然不平等性。除此之外，虽然大众媒介承诺向受众提供尽可能丰富的节目信息，然而由类似媒介组织打造的内容往往是同质化、缺乏想象力且与受众理解能力存在差异的。数据表明，一个典型的美国家庭每周只观看十五个电视频道；② 而长时间以来，可供儿童、老人、残障人士等特殊群体观看的节目少之又少。

　　综上所述，大众媒介传播流程特征是传播者占据绝对主导地位带来的纵深层面信息的单向度传递。传播者不仅对信息内容进行筛选与审查，对传播渠道绝对控制，甚至导致整个传播系统的权力失衡，并进一步导致信宿端的个体无法获取自由信息。当传播来源日趋多样化，且传播渠道持续创新时，整个信息传播的流程也必须在"技术—需求"范式的驱使下面临重组与变革。

---

　　① Neuman W. Russell, *The Future of the Mass Audience*, Cambridge: Cambridge University, 1991, p. 114.

　　② Mandese, Jo, "Stations seek private—buyers", Broadcasting and Cable, June 25, 2007. http://www.broadcastingcable.com/article. CA6454849. html.

二　信息泛在式连接：产消者驱动社交媒体传播流程创新

传统大众媒介传播面临两个最大的问题，其一是信息的生产与传播容量满足不了受众日益增长的个性化信息需求；其二是信息传播主要聚焦于纵深渠道构建，而忽略了横向传播路径的连接。在社交媒体的传播流程创新中，原先泾渭分明的传播者与接收者转变为信息产消者，旨在弥补大众媒介传播的短板与不足。

（一）角色转变：信息传播者同时也是信息接收者，反之亦然

1974 年，著名传播学者马歇尔·麦克卢汉指出，第一颗卫星面世后，地球成了一个环球剧场，观众不复存在，人人都是演员。[①] 其预示了自电子媒介之后，作为个体的人类自身在信息传播流程中的角色转变。当大众媒介发展到集视觉、听觉为一体的电视终端阶段时，位于信息传播流程末端的受众个体逐渐累积多样化的观看需求，并在时间分配上给予回馈：只有那些受普遍观众喜欢的节目才能获得较高的收视率与观看率。于是，关注受众需求并尽可能给予满足，成为大众媒介发展成熟、面临转向的重要标志。整个信息传播流程出现由传播者占绝对主导向被日渐觉醒的受众群体调适的创新势头。

直至世纪之交，由英国计算机科学家蒂姆·伯纳斯—李创造的万维网（World Wide Web）从基础的网络通信设施发展成为社会化的双向互动通道，新的媒介渠道为个体受众提供发声工具，使原本处于被动地位的传播受众转变为兼具参与性与创造性的传播主体。美国未来学家阿尔文·托夫勒认为，未来社会中生产者（producer）与消费者（consumer）的角色界限将日渐模糊，消费者将资源加入生产行列，成为市场环节中的产消者（prosumer）。[②] 在新的以互动

---

① 参见［加］罗伯特·洛根《理解新媒介——延伸麦克卢汉》，何道宽译，复旦大学出版社 2012 年版。

② 参见［美］阿尔文·托夫勒《第三次浪潮》，黄明坚译，中信出版集团 2018 年版。

性、社交性为主要特征的社交媒体传播系统中，原有传播者与接收者的功能逐渐融合，转变为集信息生产与接收功能为一体的信息产消者。

产消者的出现促使原本单向度、中心化的信息传播流程面临个体化、去中心化的重要转变。首先，原本以连接组织与个体为目标的传播系统，转变为以建立个体与个体互动关系为旨趣的新型传播体系。2006 年，美国《时代周刊》选择"You"（你）作为年度任务，宣扬互联网个体用户改变世界的巨大潜力。传统大众媒介传播之所以以传播者为绝对主导，是因为位于传播者端口的往往是强大的政府机构或企业组织。而随着技术带来的个体力量的崛起与机构力量的分散，一大批独具创造性与表达欲望的个体力量正成为信息传播系统中的活跃分子，他们或成为网站的创建者和内容的提供者，或以评论者的身份积极参与事件讨论并建言献策。其次，产消者使人际交流与大众传播的界限逐渐模糊，信息传播系统成为兼顾交互性与广泛性的大众自传播。社交媒体的出现并不意味着大众媒介的消亡，相反，社交媒体秉持的互动传播与参与文化将一对一的精准人际传播与广泛共享的大众传播融合起来，在互联网创建的技术网络中建构了新的传播文化。通过互动式的传播交流实现意义的交换与分享，成为社交媒体传播文化的基础底色。

（二）信息生产：产消者参与媒体改造与细分发展

社交媒体是一种全新的媒体形态，其数字化、参与性、交互性的基本特征是由互联网的技术属性决定的，但具体的媒体定位与改造是分散在传播系统内的产消者共同完成的。在社交媒体传播时代，传播者让渡了自己的媒介垄断权，将媒介使用权与传播权被部分转移至信息产消者。

首先，产消者具有媒介使用权，决定新旧媒体去留。在论及新媒介的演进规律时，麦克卢汉的媒介定律（LOM）最具普适性，其认为，每一种媒介或技术都提升人的某种功能；使以前的某种媒介或技术过时；

再现以前的某种旧媒介，并推进到足够的程度；逆转为一种不足形式。[①]对于社交媒体而言，其既满足个体产消者一对一交流的即时性，同时也能兼顾传统大众媒介的广泛性与高效性。媒介使用者的喜好决定了大部分媒体的改革走向与存在形态。皮尤研究中心的数据显示，2018年从社交媒体获取新闻的美国人首次超过了从报纸上阅读新闻的美国人。[②] 短时间内，社交媒体成为主流传播渠道，并导致旧媒介的大范围改造与部分消逝。以报纸为例，2018年国内诸如《黑龙江晨报》《新疆都市报》《法制晚报》《北京晨报》等地方性纸媒宣布停刊，西方报业中以英国《独立报》为代表的老牌报业不再发行纸质版内容。这些鲜活的案例证明只有那些满足产消者日常使用习惯与需求的媒体才能在新传播时代留存，不能留住用户的媒体只能走下神坛。

其次，个体产消者重新聚合而成的新社群倒逼媒体垂直细分发展。传统大众媒介发展注重平铺式的横向扩张，以受众的覆盖率为主要发展参数。为了满足遍及社交媒体网络的产消者个体化需求，大型媒体组织不得不分裂成小而精的微型机构，针对性地满足不同群体的多样化需要。以现阶段的知识付费现象为例，艾瑞咨询《2017年中国知识付费市场研究报告》显示，既有的网络知识付费平台众多，可以分为以喜马拉雅、知乎、微信、荔枝、豆瓣、在行、百度文库为代表的七大类，分别对应满足用户的知识电商、社区问答、内容打赏、社区直播、讲座课程、线下约见、付费文档等多元化要求。[③] 在不同媒体平台上，大量独具个性的群体分享自己的兴趣与生活，形成社交媒体时代的平行宇宙。由此可见，个体化的产消者不仅是新兴媒体的内容提供者，其重新聚集而成的新社群更是媒介分

---

① McLuhan, Marshall, Communication：McLuhan's Laws of the Media, *Technology and Culture*, Vol. 16, No. 1, 1975, pp. 74 – 78.

② 参见腾讯科技《报纸落后了：更多的美国人从社交媒体上看新闻》，艾瑞网，http：//news. iresearch. cn/content/201812/280010. shtml，2018年12月11日。

③ 参见艾媒咨询《2017年中国知识付费市场研究报告》，艾媒网，http：//www. iimedia. cn/59925. html，2017年12月5日。

类的标准和重要驱动力。

（三）横向传播：产消者自我组织和自我管理

当社交媒体的所有权不再被传播者独享，而是被部分私有化；当其使用权不再由传播者垄断，而是大部分个体化时，整个社交媒体传播中的传播权力天平逐渐倾向至原本位于流程末端的信宿。一方面，信息自下而上的自主传播通道被打通，大众传播更愿意倾听大众的声音；另一方面，拥有传播工具与传播自主权的广大受众群体逐渐形成自我生产、自我传播、自我管理、自我建构的横向自组织形式，迥然不同于传统的政府监管模式。

首先，信息自下而上流通。如果我们把传统大众传播视为具有明显传播权力差异的自上而下的层级式信息传播，那么社交媒体传播则改变了不通畅的单向信息传播流程，构建了新的自下而上的自主传播模式。在具体的实践活动中，微博执法、舆论监控成为社交媒体时代政务工作的全新改变。2013 年，微博上爆出数十起城管小贩冲突事件；[①] 2016 年的"江歌案"在微博上跨国传播；2018 年社交媒体上广泛讨论的疫苗事件，等等，这些案例既反映了社交媒体时代民众表达欲望的增强，同时也表现我国政务工作从宣传政绩向关注民生与社会问题的重要转向。

其次，日渐完善的网络自组织形式。自组织的概念最早由比利时化学家伊利亚·普利戈金（Ilya Prigogine）提出，他认为自组织是指自然系统通过自发组织从无序到有序的过程。[②] 以此类推到人类组织，自组织的社会群体具有自计划、自监测、自交易、自约束、自激励和自传播等主要特征。[③] 信息的自由传播是自组织形成与凝聚的

---

① 参见唐斌《政府执法冲突在微博中的传播及其评价分析——基于 18 起冲突事件的实证研究》，《情报杂志》2014 年第 2 期。

② Nicolis, G., Prigogoine, I., *Self-Organization in Non-equilibrium System, from Dissipative Structure to Order through Fluctuations*, New York: Wiley, 1977, pp. 100 – 106.

③ 参见赵玉冬《基于自组织理论的 Web2.0 信息交流与传播分析》，《图书馆论坛》2012 年第 5 期。

关键要素。现阶段，自组织形式层出不穷，在生产领域出现了小米粉丝参与品牌设计、产品生产的自组织案例；在文化领域，饭圈成员集体推送素人出道，为素人打榜；在政治领域，民众自发组成粉丝团体，为祖国加油，为跨国矛盾、贸易冲突积极发声，等等。该类自组织传播现象不仅弥补了原有传播模式中横向人际传播与组织的不足，更成为纵向大众传播的坚实基础。

三　纵横网络：从前端主导到后端驱动的传播流程自我完善

总体而言，从大众媒介传播到社交媒体传播，信息的传播流程由传播者控制信息内容与媒介渠道的单向度传播转变为由产消者自我生产内容、自我改造媒介，并自我管理的自组织传播。从表面上看，信息生产与控制源头从流程前端转移至流程后端，以"多对一"或"多对多"的传播模式取代"一对多"的固有流程；而从其内核上看，这是技术驱使与人类信息需要相结合而带来的系统内部补足与流程的自我完善：不仅信息纵深传递的途径被持续打通，信息的横向传播与自下而上的反向传播渠道也被扩展，从而形成了纵横勾画的人类信息传播与关系连接的泛在网络。

第一，社交媒体传播流程通过补充信息自下而上的传播通道扩大信息承载量与信息生产量。传统大众传播者秉持增加信息量的原则，尽可能地扩大信宿能够接收到的信息量来减少信息传播的耗散量。为了增大信息冗余量，大众传播者重视信道的传播能力，往往选择能够容纳和承载更多信息量的媒介来传播信息。为此，不仅技术工作者加大了对信息技术的研究力度，传播工作者也重视并谨慎做出媒介选择和媒介决策。据 CTR 多年监测的数据，对比 2008—2015 年电视、广播、报纸、杂志的广告投放市场，电视的广告投放量远远大于其他大众传播媒介。这也从侧面反映了大众媒介技术的迭代是以扩大信道所能容纳的信息量为目标的，电视所传递的信息量远大于报纸和广播。社交媒体传播通过技术补救了大众媒介传播信息载量限定与信息生产量不足的问题。一方面互联网技术从信道角度极大扩充信息的承载量和容纳量；另一方面，社交媒体赋予每个个体生产信息和传播信息的技术手段与传播平台，通过信息传播者与接收者的交流互动，促进信息传播系统的开放与创新。

第二，社交媒体传播流程通过去中心化、分散传播源的方式改变原有信息传播系统的固化现象，使传播流程更具活力。传统大众媒介传播沿袭的是信源确定、简单线性的信息传播模式。为了减少信息传播的不确定性，处于主导地位的信息传播者借用单向度的大众传播技术构建了一个相对封闭可控的信息传播系统。根据热力学的相关理论，任何系统都存在着熵，且系统熵是不可逆的。一个系统若始终处在封闭状态，则该系统的熵会不断增加且最终走向死寂。而信息是用来减少系统不确定性的物质，所以，一个系统要始终充满活力，必须开放系统，增加信息量和信息交换，减少系统的无序性。举例来说，我们希望报社或电视台等信息传播组织有序化，但是高度秩序化的组织内部反而缺少信息的流通，结果这样的组织往往会被新的更具活力的组织系统颠覆和取代。虽然我们可以创建一个封闭式的大众信息传播系统来使人类信息的传递过程得到有效控制，但是，封闭并不能杜绝信息的耗散，反而更不利于信息的有效流通。为了平衡信息传播系统的熵值和信息量（也可以理解为信息传播系统的确定性与不确定性关系），促进信息系统的稳定和发展，社交媒体传播通过扩大信息源的组成结构，使原本单一化、中心化的信源传播模式转变为分散化、个体化的多信源模式，不仅赋予信息接收者以主体地位，更促进同类信息的聚合与多元信息的流通，从而增强传播系统的内部活力。

第三节　智能传播流程：信息融合与流程再造

英国著名传播学者克里斯蒂安·福克斯（Christian Fuchs）认

为，媒体不是技术，而是特殊的技术社会系统。具体来说，其在技术和社会两个层面表现出不同的内涵：一方面，信息和传播技术支持并限制人类活动；另一方面，技术也创造知识使技术的连接功能与人类机构可以在持续的动态和反射过程中帮助完成人类生产、扩散和消费。① 所以，在媒介技术与社会因素的交替作用下，媒体及其所承载的信息传播活动必须不断发展，以满足人类社会生产活动以及社会流通所需的信息和资本积累。兼容并包、充满活力的社交媒体传播系统并不是人类社会的终极传播现象，在其之后，信息传播流程仍在持续创新，不仅在信息系统内部寻求技术主导的传播效率与精准效果的"不可能"融合，更突破信息传播的既有框架限制，充分发挥信息广泛连接后的融合优势，再造出充满想象力、前所未有的传播内容与传播形态。

一　以中端媒介为核心的信息融合方式

（一）超越工具性：媒介作为信息传播的理性把关人

如果说大众媒介技术赋权的是信息传播者，社交媒体技术改造了信息接收者，那么在传播流程的核心三要素中，尚未被改造的就是处于中端位置的媒介技术本身。从传统大众媒介传播流程到社交媒体传播流程，媒介一直被视为一个旨在放大传播主体声音、宣示传播主权的信息传播通道或纯技术载体，并不具备工具性以外的其他功能。虽然在通信工程研究中，媒介（信息传播渠道）被认为是具有编码、解码、噪声功能的多功能技术，其天然的工具属性类似于传播主体的信息选择、理解与过滤功能，但是二者的相似的传播特性却从未被研究者予以匹配或进行比较研究。究其主要原因，在现代哲学的观念体系中，主体性为人类所特有，技术只是服务于人

---

① 参见［英］克里斯蒂安·福克斯《社交媒体批判导言》，赵文丹译，中国传媒大学出版社 2018 年版，第 38 页。

类主体性的客观、中性工具，其唯一旨趣便是帮助人类主体提高生产效率并扩大生产量。

然而一批研究计算机发展和人类智识关系的跨界技术专家开始思考以计算机为代表的高阶技术模拟并展现出与人类群体类似主体性的可能性。早在 1936 年，英国天才数学家艾伦·麦席森·图灵（Alan Mathison Turing）即提出了理想机模型。图灵认为如果智能可以普遍地用在大脑中实现的有效过程来解释，那么一台普适的图灵机，或是某种与之近似的实际机器，就可以对其进行模拟。① 1950 年，图灵撰写了《计算机器与智能》一文，提出了机器是否具有智能的检测标准，即著名的图灵测试。该测试设置了一个场景，当测试者与被测试者（一个人和一台机器）隔开的情况下，通过一些装置（如键盘）向被测试者提问。在经过多次测试后，假使有超过 30% 的测试者不能确定出被测试者是人类还是机器，则这台机器就通过了测试，并被认为具有思维或智能。图灵测试率先将机器模拟人的先验构想纳入科学研究的视野，受其影响，计算机领域的学者们开启对机器智能研究的漫漫长路。目前，技术可以在信息处理、行为表现乃至思维活动方面展现出类人属性。

将具有初步智能水平的媒介技术运用于信息传播流程中时，我们可以发现，整个信息流程将展现出以媒介拟主体性为主导的全新变革。第一，媒介展现出以往传播主体才有的信息搜集能力。传统大众媒介传播与社交媒体传播中的信息搜集方均为人类自身，前者系统中的传播者遵循传播目标，选择性地将有传播价值的信息置于传播通道中，而后者流程中的产消者则主要依照自身的表达交流需要或生产生活需要传递信息。到了智能媒体传播，智能传播流程借助智能媒介的语音识别、视觉分析等信息搜集功能，通过介入家庭、驾驶和消费等个人日常生活场景，聚集更多传播技术无法搜集到的

① 参见［英］玛格丽特·博登《人工智能哲学》，刘西瑞、王汉琦译，上海世纪出版集团 2006 年版，第 4 页。

微小数据，洞察个体受众的需求表现。中国 DSP 平台品友互动公司在 2015 年发布《中国数字广告人群类目体系白皮书》，对分散在全国超过 320 万个网站里的 6.18 亿网民进行分类。在人口属性、地域分布、个人关注、购买倾向等四个大类目划分下，拥有超过 5000 个细分标签。① 这些都是技术介入带来的数据细分化与信息多样化的重要表现。

第二，媒介具备信息筛选与审查的能力。斯坦福大学学者特雷弗·哈迪斯（Trevor Hastie）曾指出，新媒体时代意味着更多的信息，同时也意味着更多的虚假信息。② 虚假信息不仅指那些被人为捏造的信息，更包括由若干信息拼凑而成的真假参半的信息。虽然诸如 Facebook、微博、微信等社交媒体平台已经雇用了大量的人工审核人员对自媒体上的海量信息内容进行逐一审查，据相关数据显示，全世界拥有超过 15000 名内容审核员，③ 但是，人工审核的速度在大量迅速传播的假新闻面前格外力不从心。④ 智能媒介可以借助日趋完善的机器识别技术迅速比对、找出不同信息的相似之处，以技术自主把关的形式，不仅预警虚假信息传播，而且进一步保障信息内容的原创性。在业界，Google 已经于 2011 年上线了 Content ID，为版权所有者提供免费的内容数据管理方式，并提供封锁、追踪和获利三种方式。⑤ 可视化热力图（Heat Map）也用来快速甄别那些已经发布在互联网平台上的短视频或影片在内容上是否存在拼接和侵权现象。智能媒介的信息筛选能力与审查效率远超传统的组织或个体把关人。

① 参见鞠宏磊《大数据时代的精准广告》，人民日报出版社 2016 年版，第 36 页。
② 参见王伟波《新媒体时代知识传播面临的悖论及消解》，《编辑之友》2017 年第 12 期。
③ 参见全媒派《社交媒体时代的底层物语：那些为机器打工的 Facebook 神秘审核员》，腾讯网，https://new.qq.com/omn/20190312/20190312A06V1E.html，2019 年 3 月 12 日。
④ 参见陈昌凤、师文《智能化新闻核查技术：算法、逻辑与局限》，《新闻大学》2018 年第 6 期。
⑤ 参见刘珊、黄升民《人工智能：营销传播"数算力"时代的到来》，《现代传播》2019 年第 1 期。

第三，媒介的信息分发功能表现出独特的机器逻辑与明显的差异判断。传统媒介信息分发的逻辑或依据传播者的传播目标延迟送达，或满足产消者的信息需求即时显示，而智能媒体的信息分发依据大数据分析与个体需求的融合逻辑，分时段、分场合地差异化传递。如大数据显示，手机广告曝光量波峰出现在清晨、上下班高峰以及入睡前的几个小时；工作时间 PC 电脑曝光量最高，在上午 10 点达到峰值。而晚上平板电脑广告曝光量激增，比白天时间高出 9 倍。① 在媒介使用情况复杂的多屏时代，只有通过对个体不同时间段的媒介使用情况详细分析，才能精准、智能地满足个体的多样化信息需求。综上所述，智能传播时代的媒介崛起旨在为社交媒体去中心化的传播流程中重新插入理性的信息把关人，在信息搜集、筛选、审查、分发等方面具有初步的类人且兼具机器理性的智能特色。

（二）传播技术主导的全自动、连续性信息传播流程

智能媒体传播的基础是智能技术。在论及智能技术与传统技术的不同之处时，有学者认为智能技术就是互联网技术的智能化，智联网的目标是达成智能群体的"协同知识自动化"和"协同认知智能"，故而智联网的实质是一种全新的、直接面向智能体的复杂、协同的知识自动化系统理论和工程技术。② 由此可见，互联网技术的自动化是智能技术的重要表现。结合通用智能技术在落地实践活动中的深度学习等关键词，我们可以认为智能传播技术是基于信息处理技术、数字传播技术的自动化性能更高的机器自我反馈与自我进化技术。相较于自工业革命发展至今的机械式、自动化的机器大生产流水线，智能技术的自动化水平更全面、更持久，且更具自我进化

① 参见王昕晨《广告专家热议"跨屏时代"告诉你什么时间投最优效果》，中国经济网，http://www.ce.cn/culture/gd/201505/21/t20150521_5423396.shtml，2015 年 5 月 21 日。
② 参见王飞跃等《工业智联网：基本概念、关键技术与核心应用》，《自动化学报》2018 年第 9 期。

和自我发展的独特属性。将智能技术运用至新闻传播领域时，整个传播流程展现出以技术为主导的信息自动生产、自我反馈与自我修正的智能属性。

第一，信息从生产到传播、反馈的全流程自动化。自技术介入人类的信息传播活动以来，通过机器的自动化生产逻辑提升传播效率一直是现代人类传播的目标之一。传统大众媒介传播只在信息的传递过程实现了部分自动化，社交媒体传播虽然弥合了信息生产以及信息反馈环节与技术传播渠道之间的信息转化延时问题，但并未完全消除人类思维、机器语言二者的理解沟壑。智能媒体通过赋予技术以拟人思维，以大数据和云计算技术为重要中介，让机器理解人取代人理解机器，从而贯通信息生产、信息传播与信息反馈全流程，实现媒介驱动的全自动化。具体而言，（1）信息的生产与分发由智能机器自动完成。以智能新闻为例，写作机器人通过机器自动抓取内容导入编辑模板并自动审核完成发布。而在广告行业，相较于传统广告依托人力完成创意生产与传播活动，智能广告基于自然语言理解、机器智能推理、深度学习技术，自动完成消费者洞察、广告策略分析、广告内容创作的完整运作流程。（2）个体的海量反馈信息由机器抓取并利用算法科学分析。数字环境下的信息反馈路径较为复杂，许多信息分散在不同媒介平台，并不能被传播者感知或成功进入传播渠道。智能技术依托复杂的运算模型，通过打破不同数据间的传播壁垒，不仅能搜集到极其分散和微小的信息数据，更能挖掘数据背后的潜在关系，扩增信息的知识体验。

第二，信息传播的连续性与自我修正性。前文已经提及信息传播流程并不是以信息被接收为终止信号的单次传播现象，事实上，无论是自然世界还是人类社会中，无时无刻不在进行着信息的传递与交流活动。而传统信息传播流程囿于人类体能和精力的有限性，难以对信息传播活动进行持续性观察，更无法探知媒介内部的运行机制或给予实时调整。通过给予媒介技术以类人的自我学习与自我反馈功能，其不仅可以延伸人的思维能力，而且能够弥补人的精力有限短板，在传播流程中充当理性的传播观察者与信息调节者。一旦传播流程出现偏离传播目标的欠精准传播，媒介平台可以做出实时调整。如今日头条平台依据用户在不同新闻内容上的停留时间，即时判断其阅读喜好与浏览习惯，并组合推送不同的个性化信息。而用户微信朋友圈与微博主页的广告信息，同样借助智能算法，基于使用者的点击习惯与日常发送内容匹配不同的品牌内容。总而言之，媒介的智能属性不单体现在"万物皆媒"与"人机融合"的泛化特征，更体现在其自我学习与自我进化的可能性。[①]

二 流程再造：智能媒体带来的信息生产与传播突破

按照媒介环境学派的观点，媒介不仅作为一种客观物种存在，包含报纸、广播、电视等常规介质和货币、飞机、汽车、打字机等非常规信息载体，同时，其也指代不同媒介塑造的信息传播与流通环境，以及通过时空转换承载的意义空间。长期以来，我们关注媒介载体传输的具体内容、传播主体使用媒介的习惯，并以此推导不同媒介的特性与相似媒介的共性，却将媒介的整体性与影响力抛诸脑后。在数据流时代，不同媒介的逻辑正在汇集成相似的媒介逻辑，[②] 并合力影响社会构成与文化发展。智能媒体力量的重新崛起，不仅带动传播流程中各要素的变化，同时也将影响传播生态的整体格局。

（一）传播内容：人、物、环境等综合信息的机器再造

无论是传统大众媒介传播，还是业已成熟的社交媒体传播，能

---

① 参见彭兰《从众媒到智媒：在机器时代守望人的价值》，《人民政协报》2017 年第 1 期第 8 版。

② 参见胡翼青《智媒时代我们应该如何理解媒介——与麦克卢汉的断片式对话》，《新闻界》2019 年第 9 期。

够进入传播流程的信息内容均是由人类生产的自为信息，或经过人类自我消化理解的再生信息。那些虽然随处可见，但难以捕捉的自在信息并不是人类信息传播系统内的传播内容。所以，人类的信息传播活动天然具有主观色彩。信息学理论认为，人是以三重身份与环境进行相互作用的：首先，以一般物的存在性在自在水平上与外界不断交换信息；其次，以认识主体的身份在自为、再生的水平上加工、处理环境中和体外的信息；最后，通过自身的社会实践改造环境并在改造过程中实现自己的目的性信息。① 以此观之，传播学研究长期聚焦于第三层面的目的性的信息生产与传播活动，忽略了广泛存在的位于第一和第二基础层面的重要信息。

智能媒体传播面对的是人类社交信息、物体自在信息，乃至周遭环境的复合信息并存且交互的复杂状态。首先，智能媒体依托传感器设备、视觉捕捉技术等，将人类所处的周遭环境或看似无生命的物体转化为数据，并与人类社交数据一道链接进入巨大的物联网中。譬如已被部分投放应用的智能摄像头、无人驾驶汽车、社交机器人等，除了解放人类双手和大脑外，更可以直接搜集以往媒介难以捕捉的人类自然状态下的直接自在信息。其次，智能媒体借助可穿戴设备直接感知人类的脑电波或神经网络数据，提高人类隐性心理或行为表现的可测量性与可解读性。如苹果、小米、三星等手机巨头纷纷推出智能手表，旨在通过人体的日常佩戴，搜集其日常的健康数据、出行习惯、锻炼规划等。而诸如智能眼镜、智能头环、智能体重器等新兴设备的普及，更是成为细化数据、理解受众的重要武器。智能传播时代的传播内容不仅是包罗万象的人类信息，而且前所未有的物体信息与环境信息也囊括其中，三者之间的复杂交互状态极大地增加了信息的处理与传播难度。

智能媒体传播时代信息构成的复杂程度促使信息生产与处理权

---

① 参见邬焜《信息哲学——理论、体系、方法》，商务印书馆2005年版，第110页。

部分转让给智能媒介。自 2016 年人工智能在新闻传播领域广泛应用以来，在美国，诸如 Heliograf、Dream Writer、Wibbitz、BuzzBot 的写作机器人是新闻报道的重要生产者；2017 年，《华盛顿邮报》上由 Heliograf 生产的新闻报道高达 850 篇。而在中国，以今日头条平台为代表的信息自动化分发方式业已成为广受欢迎的新闻传播形态；2018 年，新华社更是推出全球首个 AI 合成主播，以虚拟主播代替人类主播，参与新闻内容的制作与传播过程。第三方研究机构数据显示，2016 年，在咨询信息分发市场上，由算法推送的信息已经超过人工推送，获得高达 50% 的占比。[①] 实践证明，智能媒体传播时代的传播内容的复杂性拓宽了原有人类信息传播活动的边界，在传统认知中由人类生产、创造、再造信息的基础之上，加入由机器生产、处理、再造复杂信息的全新层级。

（二）传播形态：沉浸式、立体化的多维传播

按照伊尼斯的媒介理论，任何一种媒介都会在时间或空间两个维度展现出其独特偏向，前者便于信息的存储，后者利于信息的扩散。结合麦克卢汉与保罗·莱文森的观点，媒介同时是人类身体乃至脑力的延伸。所以，在媒介的进化理论中，存在时间、空间、人三个维度。从大众媒介到社交媒体，其在单个维度或双层维度寻求延伸与扩展，构建了信息传播的平面结构；而智能媒体尝试同时介入三个维度，借助增强现实（Augmented Reality）或虚拟现实（Virtual Reality）技术，叠加或模拟不能同时出现相同时空的复杂信息，以沉浸式、立体化的传播形式复现场景、延伸现实、扩增人类体验。

首先，增强现实（AR）媒介通过将虚拟信息与现实场景的融合叠加，提高使用者对信息的多维感受。增强现实必须具备三个基本的属性，一是虚拟事物与真实环境必须处在同一个界面空间且相互

---

① 参见张意轩、雷崔捷《"人工智能 + 媒体"落点何处》，《青年记者》2017 年第 10 期。

融合；二是在场景虚实融合的过程中，能够与使用者产生即时有效的互动；三是需要增加感知的维度，让使用者拥有三维的空间立体感。① 换言之，我们可以将增强现实理解为在原有平面传播的基础之上，通过增加一个信息维度，以增强信息感知。如 2016 年，日本游戏巨头任天堂公司推出 Pokemon Go 游戏，基于宠物精灵的经典游戏 IP，通过将内容与 AR 技术融合，在全世界范围内开启了一场寻找精灵的热潮。在我国，2017 年春节，阿里巴巴公司旗下的支付宝软件上线了基于"数据定位 + 增强技术 + 红包"的 AR 实景寻找红包游戏。相比之前简单的线上抢红包活动，经过增强现实技术加持的全新营销活动形式增加了人与人、人与现实场景、人与技术等多维度信息交流的趣味性和临场感。这些都是智能媒体在信息传播形态方面的大胆创新。

其次，虚拟现实（VR）媒介基于计算机仿真技术、多媒体技术、传感器技术的合成技术，旨在模拟一种完全虚拟的信息传播与感知环境，突破传统图像的平面呈现，以立体的三维成像方式实现感官的沉浸感。虚拟现实最开始被医学专家使用，1992 年，在美国召开了"医学中的虚拟现实技术"学术会议。现阶段，虚拟现实技术被广泛运用于心理学、控制学、设计学、营销学等学科研究中。2017 年，耐克与周冬雨合作的 VR 广告——《心再野一点》。全片时长 4 分钟，以 VR 全景视角呈现了周冬雨从零开始并成长为金马影后的心路历程。影片从周冬雨在练功房挥汗如雨开始，然后画面便转换到她认真背台词，并从 6000 人海选中脱颖而出，随后，她开始在街道上全力奔跑。在这段 VR 广告中，观众可以亲历周冬雨的追梦历程，以 360°无死角的方式见证她的成长，无比贴近地观看她的每一个动作、每一个表情，仿佛自己始终相伴她左右，还能感受她的喜怒哀乐。在该片的最后，观众还可以直接点击全景视频中的图标，

---

① R. T. Azuma, "A Survy of Augmented Reality, Presence", *Journal of Tele-operators and Virturl Environments*, Vol. 6, 1997, pp. 355 – 385.

以购买周冬雨同款服饰。2018 年，沃尔沃为推广全新 XC90 车型，与 Framestore 数字内容公司合作创造了一款 VR 驾驶应用。在这款应用中，用户可以通过佩戴谷歌眼镜，仔细观看 XC90 的内部结构，同时足不出户亲身体验驾驶沃尔沃汽车穿越高山河流、田野沙漠的平稳感受。由于豪车购买者的日益年轻化，通过 VR 技术营销活动，既可以吸引年轻群体的游戏兴趣，同时还能模拟不同的驾驶环境，让潜在消费者准确获得不同路况下汽车的驾驶性能。该活动一经推出，已在 YouTube 视频网站上吸引近 17 万用户。VR 技术不仅成功塑造了品牌年轻化的形象，更首开未来试驾应用的虚拟全景传播先河。

（三）传播主体：人类主体地位的消解与重构

如果说谁掌握了传播系统中的信息处理权与流程主导权，谁就是传播能动的传播主体，那么从大众媒介传播、社交媒体传播到智能媒体传播，传播流程中的传播主体历经传播者一元主体、传播者与接受者互为主体，以及媒介主体性崛起的不同变化。媒介主体性不仅意味着传播流程的自动化与科学化，更带来人类主体地位的消解与人机关系重构的系列问题。

首先，人类主体面临消解危机，日渐沦为信息传播流程中的数据提供者。人类的主体性问题关系到人类的本质。德国思想巨擘卡尔·马克思（Karl Marx）认为，人的本质不是单个人所固有的抽象物，在其现实性上，它是一切社会关系的总和。[①] 所以，无论是日常生活中的人，抑或是传播实践中的个体，其都应是作为整体和统一的主体存在，而不应被拆分为各类组成部件。人类以延伸主体性为目的创造并发明技术，但技术的中介属性却日渐拆分人的完整性。以媒介技术为例，大众媒介控制了人的身体机能，使其难以像过去一样持续进化；社交媒体接管了人的中枢神经功能，进一步解放人

---

① 参见《马克思恩格斯选集》，中共中央马克思恩格斯列宁斯大林著作编译局译，人民出版社 2012 年版，第 135 页。

的脑力;而智能媒体甚至直接将过去逐步分化的身体与思维完全区分。这种差别不是以往任何媒介功用可以比拟的,物质和信息、真实与虚拟、肉体与精神均可以互相分离,人成为被技术剥离的信息空壳。在智能传播流程中,人不仅日益失去对信息的选择权、分析权与控制权,甚至沦为技术系统中的数据提供者和传播基础养料。传播学理论中有关"身体回归"等命题的探讨,也从侧面反映人类主体性的消解危机。

其次,媒介主体压迫带来人类主体性的重构,或将导致传播生态的再次转向。自智能媒体显现出拟人主体性后,媒介主体威胁性与人类主体的重构问题成为智能传播领域较为前沿性的研究话题。有关媒介主体的担忧源于智能技术集工具性与心灵性的复合属性,及其超越人类的学习和进化能力。目前,"人 + 机器人"的传播模式仍然普遍存在,智能媒介还需要人类智能协助参与相关生产活动。但是,当智能技术步入强人工智能阶段时,我们可以期待智能媒介将从"协助人"的半自主化形式转向"脱离人"的完全自主模式。届时,多元主体特别是跨物种主体的并存、交流与抗争问题,将不得不导致人类主体性的边界重构以及传播生态的再次转向。亚里士多德从逻各斯的角度认为理性是人类的主体特权,是人区别于动物、自然的本质属性。[①] 然而,人类理性很大程度而言必须借助机器得以彰显,符号运用、分析推理、数学模型等既是人类理性思维的重要展现方式,也是机器(或计算机)自我运转的逻辑基础。在传播活动中,自主性、创造性与意向性不再是人类主体区别于动物、机器的本质属性。这意味着我们需要在自主行动、理性思考之外,回归人类主体中难以计算的,与道德、情感、主观认知密切相关的非理性因素,以此证明人类主体的特殊性。

---

① 参见[古希腊]亚里士多德《尼各马可伦理学》,廖申白译,商务印书馆 2005 年版,第 19 页。

第四节　本章小结

　　本章内容围绕信息传播系统的第一个层级——信息传播流程展开论述。研究的基本思路是从香农的信息论入手，提炼传播流程的核心要素并分析其本质内涵与常见误区；然后，笔者进一步将传播流程的发展演进过程划分为从大众媒介传播到社交媒体传播、从社交媒体传播到智能媒体传播的两个不同阶段，通过对三个不同时段传播流程的具体分析，以及对比两个不同阶段的发展特点，对应得出合理的研究结论。

　　研究发现，虽然信息传播流程随着媒介技术的不断创新而持续变化，但是其基本构成要素却始终不曾改变，包含捕捉信息、生成信息的信源，转化信息、传递信息的媒介，以及接收信息、反馈信息的信宿。长久以来，传播流程研究受数学思维与量化范式影响，执迷于传播要素的增补与传播模式的变化研究——"一对一"的线性传播模式、一对多的中心传播模式、多对多的网络传播模式是信息传播的三大基本模型。纵使传播模式千变万化，将信息从信源起点，经信道（媒介）传至信宿的基本目标却始终如一。任何将传播流程理解为各要素之间的"连线游戏"，或以信息被接收为终止信号的单次传播现象，都是片面和简化的研究惯习。信息传播需以提升传播效率、增加传播互动连接与信任关系为准绳。

　　从信息传播流程的第一阶段来看，大众媒介传播发展至社交媒体传播，传播者在信息内容、信息渠道、传播权力等方面的绝对控制被技术逐渐消解，转变为信息产消者的自我生产、自我改造，以及自我组织传播。从表面上看，"多对一"或"多对多"的互动传播模式取代了"一对多"的单向度固有流程；而从内核上看，这是技术驱动与人类信息需要结合带来的信息系统内部补足与流程的自我完善，且集中表现在以信息的横向连接补充纵向传递，以及基于纵横信息的传播关系网络构建。到了信息传播流程的第二阶段，从社交媒体传播到智能媒体传播，信息传播流程不仅在信息系统内部寻求媒介主体性崛起下"一对多"式传播效率与"一对一"精准效果的"不可能"融合，更突破信息传播的既有框架限制，以不同信息的融合优势，借助智能媒体的创造性力量，再造出充满想象力、前所未有的传播内容与传播形态。值得注意的是，有鉴于信息融合与再造后导致的媒介主体性崛起现象可能对人类主体性产生潜在威胁，智能媒体传播将尤其关注信息传播流程中人类传播主体性的消解与重构问题。

第四章　传播控制变革：从信息控制、
参与式控制到分级控制

　　传统大众传播学从拉斯韦尔的信息传播 5W 模式中提炼出五大研究领域：控制研究、内容分析、媒介分析、受众分析以及效果分析。其中，控制研究被一部分传播学者，特别是以批判理论见长的政治经济传播学者视为传播元命题。在其理论视角中，传播即控制是传播学的本体论，传播不仅是信息的传输或某种文化和仪式，其本质是一种控制机制。① 在大众媒介传播时期，传播控制研究位于鼎盛阶段，一系列理论依托马克思主义，尤以法兰克福学派的工业化批判理论见长，主要关注各类政治制度与传媒结构对信息传播活动的控制和影响。新的社交媒体传播则借助数字技术将工业时代追求的个性化、多样化传播置于新的传播系统中，结合参与式等更为合理化的控制机制，使个体民主部分取代集体控制且似乎业已获取以数字权力为代表的各项胜利，并宣告传播控制理论的没落。然而，人工智能技术的再度崛起，将机器智能控制的话题重新拉回研究视野，并且迫使人们重新反思人类传播控制的主导权和策略问题。传播控制不仅一直内隐于传播学研究中，面临新的智能传播变革，其已从较为局限的政治传播学理论领域扩展到信息理论、控制理论乃

---

　　① 参见陈世华《传播即控制——传播政治经济学的元理论解析》，《国外社会科学》2016年第 3 期。

至技术哲学理论的范畴。以新的综合理论视角来看，传播控制既要研究"人类怎样控制传播"与"传播如何影响人类"的传统命题，同时也应关注"传播系统如何在动态变化中保持平衡"以及"人类发展怎样与传播系统进化和谐共处"等本源性问题。本章将从信息论、控制论的相关理论要旨着眼，分别探析大众媒介传播与社交媒体传播的人为控制路径。在此基础上，爬梳传播控制演进的内在逻辑，并预测未来智能传播的控制特点。

第一节　大众媒介传播：工业化、大众化与信息控制

一　信息论与控制论：大众传播的机械控制原理

人类的信息传播过程充满不确定性，不仅传播内容本身难以把控、传播渠道中存在技术耗散、传播效果难以精确预估，而且主要传播主体——人的参与也是造成信息传播系统难以稳定的重要因素。某种程度而言，不确定性源于我们自身作为人类的固有限制性。[①] 对信息传播进行控制是人类发展的本源性需求。

信息理论之父香农较早从数学测量的视角意识到信息传播中的不确定性问题，为了平衡信息传播的确定性与不确定性关系，香农为自己精确计算式的研究设定了几个基本前提。第一，信息论只研究信息的技术传播问题，他认为传播的符号问题与工程学研究无关，不建议将信息理论移植到复杂的人类传播问题研究之中。这其实是将大量的信息传播系统以外的不确定性排除在信息研究之外。第二，香农信息论中的噪声仅产生于信道中，这与香农著述该论文时的明确目标——研究电话传播信号与传输能力的目的有关。但是，事实证明，噪声不仅存在于信道内，在信源、信宿端口也同样存在海量

---

① 参见［美］凯瑟琳·海勒《我们何以成为后人类——文学、信息科学和控制论中的虚拟身体》，刘宇清译，北京大学出版社 2017 年版，第 117 页。

的不确定性，忽略这些噪声并不代表它们不存在。第三，香农的信息论解释的是信息匮乏、单一媒介环境下的简单信息传播现象。虽然香农设想过信息充裕的传播环境，但是在其想象中，位于信息存储量金字塔顶端的是美国国会图书馆。然而，现如今的信息传播量已经远远超过单个或几个图书馆的存储容量。所以，香农的信息论研究采用的控制手段是，研究限定环境下有效信息的选择性传播问题，而那些大量存在的其他传播不确定性问题并不在初始信息理论的解释范围之内。

如果说香农的信息论是试图创造一个相对封闭的信息系统以控制信息传播的各类不确定性，那么同样与信息传播活动密切相关的控制论则将信息视为调控传播不确定性的重要工具。维纳认为，机器、动物与人类相似，都能借助信息的传播以及回馈机制，实现自身系统的平衡与稳定。虽然维纳对其控制论持有更为宏大的理论蓝图，但是在较为初始的一阶控制论阶段，信息与物质是二元对立的，且物质的优先级高于信息，任何生命物质或非生命物质，基于信息的反馈回路，其主要目的集中于实现内部系统的基本稳定。值得提出的是，不论是香农还是维纳，其理论均存在一个根本性偏见，即信息的稳定凌驾于变化、确定性优于不确定性，任何系统的首要任务应以维持自身稳定或平衡为基本状态和重要目标。而与此同时，英国学者斯各特·拉什（Scott Lash）则认为信息及其传播活动原本就是一场失序、再建秩序与再失序的无止境理论辩证，[1] 信息传播根本不可能存在哪怕片刻的稳定态势。由此可见，由信息构成的世界是盖然性的，其正常模式的表意性与干扰信息的随机性始终处于动态地共存与冲突的关系之中。[2] 但是，人类却始终希冀于信息传播系

---

① 参见［英］斯各特·拉什《信息批判》，杨德睿译，北京大学出版社 2009 年版，第 20 页。

② 参见［美］凯瑟琳·海勒《我们何以成为后人类——文学、信息科学和控制论中的虚拟身体》，刘宇清译，北京大学出版社 2017 年版，第 42 页。

统的稳定性与可控性。面对永远呈现动态性与未可知性的人类传播发展活动，从微观和宏观层面全方位地控制信息传播系统，使之符合人类发展轨迹是必要且必需的。

二　内部控制与外部控制路径

信息论与控制论有自身的理论局限性，故而理论本身也一直处在变化发展过程中。而人类活动千变万化，相关控制手段也不可能保持一成不变。所以，人类发展至今历经不同的信息传播阶段，也顺势演化出不尽相同的传播控制手段。就大众传播系统而言，其继承了机械式理论简单明了的理论优势，但同时也沿袭了数学模式、技术模式中潜在的研究前提与不可避免的研究盲点。整个大众传播系统围绕"信息怎样控制传播技术""人类怎样控制传播"的基本逻辑展开。具体而言，其试图借助对信息传播中生产、加工、传播机制的微观控制和对传媒机构及其生产传播活动的宏观控制，以期通过相对封闭的系统构造，追求人类信息传播活动的绝对可控（见表4-1）。

表4-1　　　　　　　　大众媒介传播的控制路径

内部控制	外部控制
封闭传播系统	传播对象大众化
控制信息生产	传播内容工业化
控制信息溢散	传播过程组织化

（一）内部控制：封闭信息传播系统，控制信息生产与溢散

大众媒介传播系统是人类传播现象中前所未有的人类有机体与媒介机械体合作的信息传播现象，所以，调适二者之间的巨大差异、控制二者的频繁交互是该阶段信息传播活动降低风险、把控成效的主要任务。虽然传统哲学对有机体和机械体进行绝对的二元对立式划分，但是现代技术的高效生产活动已经难以倒退地将人与机器拉

入共生共存的实践环境中。暂且不论机器像人抑或人似机器的片面论断孰优孰劣，不可否认的是，由于信息概念的导入，人们初步认识到人与机器之间存在本源上的连接关系，即人类的生存依靠信息，而媒介也以信息的变异体——信号为重要养分。在此基础上，机器可以被视为人类思想或身体的某种延伸。麦克卢汉"媒介是人的延伸""媒介即信息"等判断也可从机械化的信息运动中找到理论源头。有学者认为，信息、控制、传播三大要素密切联系，当其联合起来时，有机体与机械体产生了前所未有的综合效应。① 在人机合作的大众传播初始阶段，信息在三大要素中占据先导地位，故而也率先成为控制人类—技术传播系统的关键要素。要控制人机合作的信息传播系统发展，从内部环境来说，首先是从人类主体端控制信息的生产与流通，以此减少机器的信息养分供给；其次，需要以限制信息在传播渠道中的任意溢散方式，控制信息技术的无限发展。

第一，控制信息生产。首先，人而非媒介是信息的控制主体。虽然大众媒介传播中的信息处理者有人类主体与媒介通道两大不同类别，但是往往只有前者具有选择信息、生产信息、处理信息的权力，后者则仅被视为连接或延伸人类有机身体的虚拟通道。如果说在该阶段，谁拥有了对信息的生产权则具备控制另一参与者的权力，那么大众媒介传播中人类主体显然是凌驾于媒介渠道地位之上的。所以，德裔美国学者库尔特·勒温（Kurt Lewin）有关大众信息传播控制的著名论断为"把关人"或"守门人"理论，而非以"把关媒介"或"守门机器"代之。其次，传统大众传播信息由少数人生产，并非所有人具备信息生产的能力或权力。传播学者怀特通过考察美国某地方报纸的审稿流程，发现在一周内只有不到11%的稿件能够最终通过大众媒介传递给受众，还有大量信息被屏蔽在大众传播系统之外。该调查反映了大众传播信息生产主体的局限性与权力有限

---

① 参见［美］凯瑟琳·海勒《我们何以成为后人类——文学、信息科学和控制论中的虚拟身体》，刘宇清译，北京大学出版社2017年版，第11页。

性。除个人因素之外，研究表明，信息生产组织或规章制度、群体意识形态乃至各类要素集结而成的网络体系，都对人类的信息实践活动产生了微妙而又强劲的控制作用。最后，传统大众传播信息单向度生产，信息回馈通道中的反向生产路径被切断。当信息接收者不具备生产信息的能力与工具时，信息交互的途径被人为阻断，从而导致媒介通道所需的信号养分只能由人类传播者单向供给。由此，传播技术与信息传播过程被信息生产者牢牢把控，其他参与主体不具备控制传播系统的权力和能力。

第二，控制信息溢散。大众信息传播过程遵循机械的线性传播模式。借助信息数学传播模式的想象力，人类信息只能被按部就班地筛选、置于特定传播渠道并被部分受众接收，并不会飘散至信息传播通道和系统以外的其他地方。此外，大众媒介不具备直接感知外界信息的能力，所以信息或信号必须经人类主体中介式的消化与演绎，才能置于媒介通道中，成为维系其正常运转的关键因素。值得深思的是，或许媒介技术早已能够自我搜集信息和消化信息，但这部分尚不能被人类主体体验和理解的跨人际信息交流活动被人为忽视或摒弃了。故而，机器可能存在的直接搜集、感知信息的能力、外部信息和内部信息的交流互通渠道也被人类主体完全排斥与控制。显然，这并不符合信息传播系统实际存在的随时随地、无法计量的耗散情况，的确有大量个性化、多元化、未可知的海量信息均被排除在大众信息传播系统之外。由此可见，无论出于人类认知局限还是人为控制意图，可以得出的一个基本研究结论是：大众媒介传播系统试图通过构建一个相对封闭式的理想型信息传播体系，以期达到人类对媒介技术以及人机配合生产、传播信息过程的绝对控制。

（二）外部控制：传播对象大众化、传播内容工业化、传播过程组织化

有鉴于人类信息传播系统对社会组织运转产生的重要作用，对信息传播进行宏观控制，成为大众媒介传播控制措施中的重要组成部分。传播学鼻祖威尔伯·施拉姆在其论著《报刊的四种理论》中，指出以报刊为代表的大众媒介总是带有它所属社会和政治结构的形式和色彩，反映了一种调节个人与社会关系的社会控制方式。① 有学者由此认为施拉姆提出的集权主义、自由主义、共产主义、社会责任的四种理论，直接代表了控制大众媒介的四种方式。② 从上述已有的相关研究中可以得到启示：大众媒介传播方式不仅与社会发展形态息息相关，更是政权控制社会的必要手段之一。换言之，信息传播外部控制或曰宏观控制的最大特点即与一国的政治制度、政权统治紧密相连。

具体来说，对大众传播系统的宏观控制以维系社会稳定与政权统治为目标，可以分为直接控制与间接控制两个方面，其中直接控制有以下三种表现。第一，传播对象大众化。大众媒介传播中的"大众"二字一方面指传播范围的广度与高效，另一方面也暗含传播对象的个性化缺失。大众传播满足的是群体的突出性信息需求，而非独立个体的多样化要求，以此，大众媒介传播的过程相对容易把控与调适。某种程度而言，传统大众媒介传播可以理解为群体或社会的统一、无差别传播。第二，传播内容工业化。"工业化"指事物的标准化，发行技术的合理高效化，而不仅仅限于制作过程。③ 传播内容的工业化不仅指内容传播过程的机械化与标准化，更指内容的复制性，或曰内容艺术"灵韵"的消逝。法兰克福学派曾猛烈抨击文化艺术作品的工业化生产和传播现象，认为工业化不仅消解文化产品的原创性，更意味着资本主义对文化领域的深度控制。传播内

① 参见〔美〕威尔伯·施拉姆等《报刊的四种理论》，中国人民大学新闻系译，新华出版社1980年版，第1页。

② 参见胡翼青《传播学：学科危机与范式革命》，首都师范大学出版社2004年版，第131页。

③ 参见〔德〕西奥多·W.阿多诺《文化工业述要》，赵勇译，《贵州社会科学》2011年第6期。

容的工业复制化意味着人为外力直接参与并控制了人类的信息生产与传播实践活动。第三，传播过程组织化。组织化既指大众传播过程机械式的有序性，同时也包含传播参与者（主要是传播者）的纪律性与意识形态导向性。由于少数传播者直接掌控传播内容与传播媒介，所以当政权对这部分传播者施以压力和影响时，其实也就间接控制了整个信息传播系统。虽然施拉姆批判了集权主义和共产主义中政权对报刊的绝对控制方式，但在自由主义与社会责任的报刊运行机制中，传播者与少数利益集团也未尝不是以一种利益合谋的形式内嵌于大众媒介传播体系中，可以说，人类的信息传播活动某种程度而言从未逃脱过外力的各种控制。

为了实现大众媒介传播为政权与社会服务的宏观目标，政府通过与传媒组织、社会群体力量的协商博弈，从不同方面对媒介传播过程给予间接限制。第一，从政府层面来说，以法律的形式细分传播的功能与目标。在不同社会体制下，政府不仅需要以法律、法规和条例的形式规定信息传播的宏观目标与基本功能，更要对不同传播形式、传播内容甚至传播受众的基本权益保护作出相关规定，并以此维系社会信息传播系统的秩序。如早在 1927 年，美国国会即通过了《1927 年广播法案》（Radio Act of 1927），规定谁可以获得广播许可证以及已经获得许可证的人是否可以继续拥有它。[①] 除了电视与广播等广受欢迎的大众媒介，美国联邦通信委员会（Federal Communication Commission，FCC）还对电话、电报和个人通信设备的使用权进行控制。而对于传播内容和传播对象的基本权益来说，美国联邦贸易委员会（Federal Trade Commission，FTC）针对欺骗性广告以及儿童群体的特殊利益分别出台了相关条例与规定，并在传播形态的变化发展过程中不断对受众群体的权益予以附加保护。

---

① 参见［美］约瑟夫·R. 多米尼克《大众传播动力学——数字时代的媒介》（第七版），蔡骐译，中国人民大学出版社 2004 年版，第 522 页。

第二，从媒介组织层面来说，以行业准则或行业自律的形式规约传播者的行为规范与职业道德。面对两种截然不同的大众信息内容生产模式，新闻从业者与广告生产者自愿形成了不同的行业准则。就新闻从业者而言，责任、新闻自由、独立性、准确性、公正性、公平法则以及正直是七大基础原则。[1] 伴随大众媒介的发展进程，新闻行业持续修订其行业标准，但真实、准确、诚实、独立等是新闻业的金科玉律。而对于广告从业者来说，禁止不正当竞争、误导性宣传、冒犯性信息和传播谣言等则是其基本道德制约。值得提出的是，除对媒介个体从业者进行事无巨细的规约之外，不同的媒介组织还形成了自律性的行业条例，规范整个行业的信息生产与传播行为。以美国为例，报纸行业有报纸编辑协会（American Society of Newspaper Editors），电影行业有电影制片人与发行人协会（Motion Picture Producers and Distributors of America，MPPDA），广告业有美国广告代理商协会（American Association of Advertising Agencies），而广播电视领域也有广播电视协会（National Association of Broadcasters，NAB），等等。

第三，从社会群体层面来说，信息传播必须遵循一定的社会公约与文化习俗。该制约力量是伴随社会生产力的发展，出现了跨国交易与跨文化传播的现象而相继产生的。对于地域辽阔的国家而言，若面临在不同地区推广政府信息或新产品信息时，则需要将不同区域的民众生活习惯与文化习俗考虑在内。而对于诸如广告等商业信息的跨国传播或跨文化传播，规避文化差异乃至文化冲突更是控制大众信息传播的必要原则。譬如 2003 年日本丰田汽车在中国的推广惨遭滑铁卢，2016 年谷歌浏览器全面退出中国市场等，均反映了社会文化力量对大众信息传播系统的牵制性以及控制信息传播文化差异的重要性。

---

[1] 参见［美］约瑟夫·R. 多米尼克《大众传播动力学——转型中的媒介》（第 12 版），黄金、蔡骐译，中国人民大学出版社 2015 年版，第 381 页。

第二节　社交媒体传播：数字化、个性化与参与式控制

一　回归信息传播现实语境："人"要素的重新加入

由上文可知，信息论与控制论是传统大众传播控制的基础理论，其局限性与发展性也为我们研究传播演变提供了重要的理论框架与可能的阐释空间。一方面，信息论突破原有的工程传播领域，影响到社会科学乃至人文哲学学科的研究范式；另一方面，控制论发展到第二阶段，加入并突出"人"的因素，关注系统控制的反身性效果。所谓反身性，即将曾经被用来生成某个系统的东西，转变为它所激发的系统的重要组成部分。① 进一步而言，一阶控制论中的人类主体被完全排斥在信息传播系统之外，是信息生产的重要工具；而二阶控制论则将人作为观察者的视角，置于信息传播系统之中，成为影响系统稳定的关键因素。人类视角的加入不仅拓宽了信息传播的研究范畴，同时也给传播发展注入难以测量、无法预估的不确定性。反过来，信息传播环境的扩张与变革不仅迫使人类重新思考传播对其自身的影响变化，而且需要对应改变人类对传播系统的控制方式。

（一）变化一：信息传播控制的重点从对信息的控制转移至对技术的控制

与大众媒介技术单一的工具属性不同，数字化的社交媒体技术具有工具性与价值性的双重特点。其一，社交媒体技术刺激信息生产，将更多的信息生产主体纳入全新的信息传播系统之中；其二，社交媒体技术构建人与人之间的线上交互联系，不仅在技术世界里复原人的现实主体性，更以技术视角重构人的虚拟主体性与主体认

---

① 参见［美］约瑟夫·R. 多米尼克《大众传播动力学——转型中的媒介》（第12版），黄金、蔡骐译，中国人民大学出版社2015年版，第11页。

知。有鉴于新技术对信息、媒介、人的变革与改造功效，在社交媒体环境中，无论是部分群体意图通过信息传播系统对他者进行行为控制，抑或是边缘群体尝试反抗该传播力量等，都依赖于媒介技术的中介力量。譬如，若我们想切断某谣言的肆意传播，方法一即直接以技术手段关闭网络通道，方法二则是同样借助技术溯源谣言传播路径，以从根源治理谣言传播环境。而现实社会中的边缘群体为争取自身利益，同样采用网络传播的形式，形成自组织群体与自管理组织。数字技术搭建的媒介传播环境成为各种力量互相博弈的新兴公共平台。所以，某种程度而言，对新信息传播环境的控制从刺激信息内容流通不自觉地转向对关键性技术的争夺与掌控。

（二）变化二：以重回信息原始语境的方式控制信息的过度发展

虽然信息流动是有机生命与无机物质存在与维系的关键因素，然而信息的过度发展也会产生不可控现象。因此，同样需要对持续发展的信息元素进行有效控制。一阶控制论思想使信息从以人为代表的物质实体中剥离，能够独立生存并在任何物理空间中流动。如此，信息从具有极强依附性的某类物质实体转变为不以构建所有生命实体物理过程为基本前提的纯粹抽象物。信息的抽象化过程对自身认知以及他者发展大有裨益，不仅便于科学家们排除不稳定因素，对信息本体深入认知与测量；而且有利于最大限度地发挥信息的能量与价值，促进以信息为原料的各类创造性活动的生产与发展。然而，同样以信息为重要研究对象，奉行人本自由主义的控制论之父维纳却从来不认为香农精确式的信息计算与其主张的打通有机物与无机物关系的信息有任何联系，即使其不可避免地暂时承认了摒弃人类问题、抽离复杂意义对认识信息的重要作用。维纳自始至终都认为控制论的本质应以人的自由发展为核心，而非用脱离现实语境的符号化信息鸠占鹊巢。

在社交媒体传播阶段，从信息理论的视角来说，信息面临的首要问题是摆脱抽象化的不受限状态，重回特定主体与特定场景的现实语境问题。虽然新的社交媒体传播技术仍以扩大信息容量与信息流通量为初始目的，并无意将"人"的要素重新拉回研究视野。但是，原本去语境化的研究路径不得不回归现实生存语境，确实是控制符号化信息无度发展的重要策略。这不是技术盲目发展的无心插柳，反而是技术与信息协同共进的殊途同归。

（三）变化三："人"成为传播控制的关键因素

值得注意的是，虽然"人"要素的加入是信息与技术发展的双重作用使然，但是反过来其也将原本被信息传播摒弃的人类需求问题转变为制约技术与信息发展的关键力量。新的信息传播系统不仅要考虑对进化后的技术与信息发展的有效控制方式，同时也要思考人的需求与人的特性问题，以及人类要素加入信息传播系统后对传播要素和整体环境的重要影响。

多元素参与使社交媒体的信息传播控制模式更为复杂，为实现对信息传播内部环境的控制，技术必须发挥其调控作用；而当主要的传播参与者欲借助信息传播系统控制大众群体时，也只有将信息内容或技术手段裹上满足人类普遍需求的虚假外衣，才能继续发挥其控制力量。此外，对于人类自身而言，技术和信息不仅是人观察周遭世界特别是人类生产传播活动的重要工具，同时也将成为认识和观察自身行为与智识的重要途径。总体而言，对社交媒体时代的信息传播系统进行有效控制，一方面要转变以调配无机物与有机物平衡和合作的大众媒介传播控制思路，借助技术的力量实现对信息质量、价值而不仅是信息容量、流通量的充分挖掘；另一方面，也要警惕信息和技术的肆意扩张，始终以人类的生存发展需求为核心目标，探寻新型信息传播关系对人类的重要影响。

二　参与式控制：人人传播的"自由假象"

由上文可知，"人"要素的加入不仅改变了信息传播的环境，同时也将迫使信息传播的控制范式相应发生变化。那么，社交媒体传播将如何影响人类？人类又应该如何应对相关发展问题并对其进行有效控制呢？

社交媒体传播的复杂性不仅体现在传播要素的增加及其可能产生的不确定性，更在于人类要素的加入转变了原有单一的信息传递模式，将信息传播转化为以人为中心的传播关系建构。人与信息的关系、人与媒介的关系、人与人的关系等，都是社交媒体传播中面临的棘手问题。某种程度而言，信息与媒介技术是相互依存并且相互促进的，二者可以视为同一战壕的"战友"；而人与信息、媒介以及人的关系却互为掣肘、相互抗衡，既不能完全挣脱，也可能过犹不及。有鉴于信息传播中诸多矛盾的并存性与关联性，马克思主义哲学启示我们集中力量解决主要矛盾。在社交媒体传播阶段，人与技术仍处在依赖与被依赖、延伸与被延伸的互助关系中，二者之间直接、博弈的控制与被控制关系被部分遮蔽。所以，社交媒体传播中的主要矛盾是以人为核心的人与人的关系以及人与信息的关系，而探寻社交媒体传播的控制模式也应从这两对关系矛盾着眼和入手。

本部分主要讨论人与人之间的关系问题。社交媒体传播通过数字互联技术建立广泛连接的线上虚拟关系，任何人借助数字媒介平台均可以进行线上发声并超越时空限制维持或新建人际关系。基于此，有学者认为互联网是一切技术的终极版，是压倒一切、无坚不摧的力量。[①] 泛连接的互联网技术不仅能够成功抑制传统政治力量、权威组织的霸蛮、压倒式控制方式，更使创造性、多元化的个体力量被迅速激活，从而产生巨大的生产与传播价值。然而，一边倒的赞赏意见反过来让我们思索互联网技术背后的权力重构以及可能存在的全新问题：人人参与的传播环境、个体卷入的碎片化传播真的带来了民主化、平等化的理想信息传播图景吗？抑或只是看似平等，

---

① 参见［英］詹姆斯·柯兰等《互联网的误读》，何道宽译，中国人民大学出版社2014年版，第3页。

实则内隐化、升级式的全新控制方式与自由假象？

（一）传统监控力量仍然存在，且业已进行数字升级

政治力量或权威组织仍然会对用户自主生产的内容进行审核乃至收编。通常我们认为互联网技术打造的社交媒体平台的最核心作用在于消解传统大众组织式传播严苛的筛选以及审查制度，旨在重新建构一个使个体化表达免受压迫的类公共领域。然而，事实上，社交媒体平台上的发言并非完全不受法律控制。相关数据显示，2014 年中国大型社交媒体平台之一——微博上的意见领袖群体的活跃度明显下降，整体发博数量减少近四成；[①] 2018 年有超过 9800 个自媒体账号被查封；2019 年消失的网络账号不乏曾经红极网络的"咪蒙""今夜九零后""HUGO"等顶流平台。国家网信办甚至直接数次约谈诸如腾讯微信、新浪微博、小红书等自媒体平台，大力度整治广泛存在的互联网乱象。由此可见，传统大众传播中的监控力量并未在人人参与传播的社交媒体时代黯然退场，反而借助用户自愿生产、乐于传播的契机，与技术公司、资本力量一道，合力打造了一个近乎完美的虚拟数字监视领地。在该领地中，大众的一举一动均能以数字化的形式记载并予以存储，进而可能成为部分既得利益者再次利用生产与加工创造的数据资源和控制资本。

（二）人人参与的传播表象内部仍然存在明显的阶层分级，且数字鸿沟日益加剧

人人参与并不等于人人平等。社交媒体传播鼓励每个个体参与传播，但事实上，其并不意味着每位个体都能在网络上得到同等关注。现实社会中的权力资本与社会地位仍是网络个体传播内容可信度的重要来源。如在微博平台上被广泛关注的仍然是现实社会中的明星群体或名人名流，大众的注意力不会均等地赋予每位个体，还有大量群体存在于网络阴暗区，甚至被遗忘。所以，当媒介权力与

---

① 参见新华网《2014 年中国舆论生态环境报告：中国进入互联网"新常态"》，央视网，http：//news.cntv.cn/2014/12/25/ARTI1419518398554713.shtml，2014 年 12 月 25 日。

曝光度仍然被现实社会中的权力阶层占据时，社交媒体倡导的人人参与口号只不过是为少数人添砖加瓦，不平等的社会阶层从未在线上世界消失。

除此之外，由于数字技术兴起于 20 世纪 90 年代，其发展兴盛历程距今也不足半百年岁，所以，有大量群体并非与数字技术同生同长，而是需要逐步接受该技术并迁移至虚拟网络世界中。如此，对技术掌握程度的异同以及网感的差异度也反过来加剧了现实社会中广泛存在的阶层差异，甚至产生了一些新的社会次生问题。众所周知的数字原住民、数字移民以及数字难民概念即是对这种新兴数字鸿沟现象的最佳注解。我国第 44 次《中国互联网络发展状况统计报告》显示，截至 2019 年 6 月，我国网民规模为 8.54 亿，互联网普及率高达 61.2%。① 但是，至 2020 年 1 月，我国大陆人口总数已达14 亿。通过数据对比可知，现实社会中仍然存在大量的非网民群体，而他们可能并不能平等地接收到那些网民们习以为常的信息资源。

（三）真正意义上的自由民主并未到来，反而产生了新的信息选择与流量导向问题

当传统监控力量非但未消解反而加剧，人人参与幻想并不意味着人人平等时，社交媒体平台早期被赋予的社会公共领域意义早已荡然无存。按照荷兰学者斯宾诺莎的观点，真正的自由意味着个体行为基于自我意志而不受他人支配，且其在生活中表现的行为亦即符合其自我认知与目标追求。② 所以，社会民主一方面意味着个体自治不受政权暴力干涉，另一方面则体现在多数群体对国家事务或社会制度享有充分的表达权与绝对的决定权。

社交媒体传播提倡的"参与性"非但未促成人人自由的传播图

---

① 参见中国互联网络信息中心第 44 次《中国互联网络发展状况统计报告》，中国网信网，http://www.cnnic.net.cn/hlwfzyj/hlwxzbg/hlwtjbg/201908/t20190830_70800.htm，2019 年 8 月 30 日。

② 参见［荷］斯宾诺莎《伦理学》，贺麟译，商务印书馆 2015 年版，第 222 页。

景，反而导致了信息传播乱象以及个体的信息选择困局。万花筒般的海量信息并未让我们甘之如饴，而是将人类转变为信息的困兽，只能如墙头草般任个体情绪与社会舆论摆布，抑或不得不将信息的决定权、管理权、选择权重新交予不确定的传播者以及并不值得信任的个体把关人。值得注意的是，信息过量产生的注意力争夺问题或将迫使精英文化与时代睿者逐渐下沉，与大众流量捆绑。所谓的自由传播环境并未带来社会文化的整体向好，而是已经变得鱼龙混杂并向新的利益群体妥协。综上所述，这未尝不是一种大众反抗意识的消解，以及资本和政权对大众群体的全新参与式控制。

三 补偿性满足：利益出让的"控制升级"

社交媒体传播在处理人与信息关系这对矛盾时，采取对部分群体利益或个体部分利益的补偿性满足方式，诱使个体出让数据、隐私或身体权益，从而代以满足其他真实、切身、重要利益的实际性缺失。补偿性满足具有一定的内隐性，一方面，公众可能将此视为其"真实"需求的满足形式，然而实则其可能只是某种天真幻象；另一方面，公众或许只能通过此补偿机制换取片刻式的即刻满足，某种程度上仍难以摆脱现实生活的枷锁与奴役。总体而言，社交媒体传播的新型补偿性满足机制可以从以下三个方面具体理解。

（一）对于传播群体来说，社交网络上意图明确的造星计划与少数草根的崛起现象可能导致大众过剩的分享热情和趋之若鹜的消费幻象

虽然现实生活中的社会资本才是网络世界里一鸣惊人的真正缘由，但如火如荼的社交媒体传播中仍然出现了不少素人成功攫取大众注意力的"网红"现象。究其原因，其既符合普罗大众的阶层流动梦想，同时也便于统治阶层或资本力量等既得利益者，通过素人网红与大众之间的去商业化、弱目的性沟通方式，植入其控制意图或消费欲望。据艾瑞咨询《2017 年中国网红经济发展洞察报告》显示，2017 年我国粉丝群体规模在 10 万人以上的网红人数较上年增长 57.3%，同时网红粉丝总人数达 4.7 亿人，环比增长近 20.6%。在这些粉丝群体中，来自三四线城市及以下区域的网红粉丝占比较大，54.1% 的粉丝用户下沉明显。① 此外，仅 2019 年一年的时间，以薇娅、李佳琦为代表的淘宝直播迅速崛起，通过网络直播渠道撬动近千亿元市值。值得提出的是，少数非典型性成功符号化现象背后是对现实场景构筑的漠视乃至轻视。与如日中天的网红传播形成鲜明对比的是日益严重的校园贷、网贷现象，其同样展现了数字网络世界背后不切实际的消费欲望与难以辨别的消费骗局给人类现实生存带来的经济压力甚至生存威胁。从本质而言，一夜爆红的素人网红仍是极少数现象，而举全社会之力大肆造星、吹捧网红的真实意图，或许只是资本力量试图以草根网红促消费、以平民网红拉内需，其背后是借助社交网络的传播力量实现市场经济价值，却因此忽略了新的社会发展问题。

（二）对于传播个体来说，通过个体数据或隐私权益的出让，获得了信息生产与传播权力的自由，但同时丧失了对信息的判断权与拒绝权

数字技术赋予每个个体生产、传播、接收信息的技术工具，个体不自觉地被卷入这场信息传播的洪流之中。表面上，数字技术解放了个体表达与传播信息的欲望和诉求，然而实际上，数字技术提高的是信息生产和传播效率，解放的是社会的信息生产力和传播力，并未给予个体以信息接受、信息拒绝的等量权力。只不过在社交媒体时代，个体具有信息生产者和消费者的双重身份，故而当其被象征性地解放了一半的信息生产权时，另一半被剥夺的信息选择权与接受权被自由假象淹没与掩盖了。

---

① 参见艾瑞咨询《2017 年中国网红经济发展洞察报告》，艾瑞网，http://report. ire-search. cn/report_ pdf. aspx? id = 3009，2017 年 6 月 15 日。

事实上，同为信息接收者的个体不仅被迫随时随地接收海量信息，而且也不得不贡献出自我隐私信息以获取对有效信息的需求满足。据中国消费者协会《2014 年度消费者个人信息网络安全状况报告》指出，约 2/3 的受访者意识到自己的个人信息在 2014 年度曾被泄露或窃取。① 而 2015 年《中国网民权益保护调查报告》的相关数据显示，全国有超过 78.2% 的网民身份信息曾被泄露过、63.4% 的网民个人网上活动被泄露过、82.3% 的网民切身感受到了个人信息泄露对日常生活造成的影响。② 虽然早在 2002 年，欧盟委员会业已颁布了专门针对定向广告等电子商业的法规——《电子隐私指令》（The E-Privacy Directive，Directive 2002/58/EC）。该法规详细规约了电子追踪技术的使用注意事项，用户可以对其"选择退出"（opt-out）、"明示同意"（opt-in）以及"默认同意"（implicit consent）等。与此同时，在 2018 年 5 月 25 日，旨在适应大数据时代的个人隐私保护，强化数据主体权利的欧盟《通用数据保护条例》（General Data Protection Regulation，简称 GDPR）也已正式生效执行。除此之外，国内以及世界上其他国家的相关法律制定与管理机制也在予以同步跟进。2020 年，中国将制定个人信息保护法、数据安全法等。但是总体而言，相比技术及其既得利益者对个体数据的控制权限来说，此举无异于螳臂当车、杯水车薪。提高公众的自我保护意识与社会保护环境，并通过技术发展限制企业对个体和群体的信息窃取，是宏观法律与管理机制之外的必要举措。

（三）对于个体的自我认同而言，通过对现实自我的部分舍弃带来网络虚拟自我的极大满足

依据笛卡尔主义的二分法，人类自我可以分为物质自我和精神

①　参见央视新闻《2014 年度消费者个人信息网络安全报告》，央视网，http：//m. news. cntv. cn/2015/03/13/ARTI1426222419386790. shtml，2015 年 3 月 13 日。

②　参见中华人民共和国国务院新闻办公室《中国网民权益保护调查报告（2015）》，中国网信网，http：//www. scio. gov. cn/zhzc/8/5/Document/1441916/1441916. htm，2015 年 7 月 22 日。

自我两个部分。虽然后有以福柯为代表的哲学家反对完全对立的两个自我说，且将二者视为不可分割、互为存在的交互自我。但是，在人为创建的网络世界里，人们似乎又再次借助技术的力量，凭借与现实自我紧密联系的二进制数字符号，在物质自我与精神自我之外，构建了一个与现实自我紧密相连但并不完全等同的虚拟自我。值得提出的是，现实自我不完全等同于物质自我，虚拟自我也不等于精神自我。某种程度而言，虚拟自我是对传统物质自我和精神自我的整体数字化，是一种摒弃物质自我实体缺陷之外，对并不完美的精神自我的全面化、可塑性技术升级。

由于虚拟自我的幻象完美性，也带来了人类自我的迷失问题。数据显示，我国城市青少年网民中网瘾青少年约占 14.1%，而非网瘾青少年中，也有约 12.7% 的青少年有网瘾倾向。[①] 在网瘾群体中，以网络虚拟关系补偿现实关系成为其最主要的缘由。现如今，网络数字化生存业已成为常态，在此基础上，人们或开始追寻完全数字化，放弃肉身实体以追求虚拟永生；或通过完美的机器身体取代肉身，以此追求人类身体乃至主体意识的全方位进化。早在 1960 年，《纽约时报》即以赛博格（Cyborg）代指技术、机器装置与人类有机体的日益结合。而当以放弃人类原始身体换取的人机结合的虚拟主体真正出现时，我们反而应该思考该现象是一种人类主体意识的胜利，还是以牺牲身体实体换来的机器反向控制危机（见表 4-2）。

表 4-2　　　　　　　　　　社交媒体传播的控制路径

参与式控制	补偿性满足
传统监控力量的数字升级	过剩的分享热情与趋之若鹜的消费幻想
阶层分级明显且数字鸿沟加剧	出让个体数据或隐私换来信息生产传播权
自由民主未至且信息选择成新问题	舍弃部分显示自我换取虚拟自我的满足

---

① 参见腾讯新闻《中国青少年网瘾报告》，https://news.qq.com/a/20100202/002500.htm，2010 年 2 月 2 日。

第三节 智能媒体传播：智能化、合理化与分级控制

一 信息与传播进化：智能传播系统中人与机器的进一步融合

人类信息传播控制的演进思想与自维纳起始的控制理论变化紧密相关。从控制论的第一波与第二波思想浪潮来看，其主要分歧在于信息作为特殊的发展动力来源是否应该具形化或抽象化。机械化的控制论思想认为信息应该脱离现实语境，并最大限度地促进信息生产，以此刺激信息作为第三种非物质、非能量事物的巨大活力。所以，以第一波控制论思潮为重要背景的大众媒介传播控制路径的主要矛盾集中在信息量控制与信息活力激发之中。而第二波控制论思想则鼓励信息回归其现实环境，特别是人类身体载物，从而将信息控制研究转向一个更为不确定的人类关系语境里。受第二次控制论思想的重要影响，人类信息传播的第二发展阶段——社交媒体传播以人与信息为核心，既承认以个体为中心的信息自由传播与自组织功能，同时关注人与人以及人与信息的关系控制。有鉴于信息能够脱离或者业已摆脱某载体束缚的基本事实，和人类具形并非信息储藏唯一处所的重要结论，第三波新控制论思想不再纠结信息具形化与否的是非问题，而是重新开拓思路，进一步意识到将信息置于非人载体或其他人工载物后焕发的各类可能性，以及其反过来对人类身体或人类自身可能带来的进化作用。换言之，人类主体可以理解为信息与身体的结合物，我们一方面可以对身体进行单独改造，另一方面也能够将信息置于除身体之外的其他载体中。如此，人类具形不仅随着信息的发展具备进一步演变的潜力，同时，信息作为独立体也有置于其他介质并演化新型主体的可能性。某种程度上说，在人类一手打造的以信息为基础的人工生命范式中，机器成为用来理解人类的模型，而人类自身也将被塑造成后

人类。① 所以第三次控制论思潮主要聚焦于信息发展带来的人类进化主体与新兴主体之间的博弈与控制问题。而以此为理论基础的人类信息传播第三阶段——智能传播控制，则将由信息传播中的信息控制与参与式控制，转变为聚焦信息传播系统演进中的他者传播与传播边界等进化问题，以及由此产生的人与机器同时作为传播主体的共存与竞争现象。

将进化视为第三次传播控制的关键词除了以控制理论发展为重要依据外，信息与人类、机器、传播的密切联系也是其可参考论据。首先，信息是人与机器的共源性与共通性，二者都可以还原成基础的信息元素。不管是以人为代表的有机生物，还是其他无机物，从本质上来说，其基本构成都是信息。我们既没有理由自恃清高地将信息及其传播视为人类独一无二的首创活动，反而以机器媒介为代表的现代传播活动也证实了信息脱离人类以虚拟信号、文字符码传递和接收的事实。而当一切事物都可以还原成信息时，原本不同的物种之间便产生了某种本质上的关联，并可能串联在一起形成不同层级的复杂整体。故而，在信息构成的层面上，人类及其生产活动，与他者存在和世界整体便有了一同进化的可能性。

其次，在人与机器的共存、竞争环境中，二者靠不断进化而获取掌握信息处理与传播的权力。就人类信息传播领域而言，人类与机器协同合作是从大众媒介传播到社交媒体传播，乃至智能媒体传播三个阶段的基本模式。某种程度而言，人与机器不仅存在由信息元素构成的基本共性，更共享信息处理与信息传播的能力。虽然后者在自工业革命以来的发展过程中，其信息处理能力已经在人类力量的协助下取得长足进步，但是若把人与机器的协作环境视为一个整体，则人与机器始终处在共同进化的过程之中，且二者面临相同的竞争问题，即机体进化速度的快慢决定掌握信息处理、传播、操纵能力的大小。在

---

① 参见［美］凯瑟琳·海勒《我们何以成为后人类——文学、信息科学和控制论中的虚拟身体》，刘宇清译，北京大学出版社 2017 年版，第 321 页。

前两个传播阶段，人类主体似乎占据了对信息与机器的绝对主导权，而当人类信息传播发展到智能传播阶段时，不仅人类对机器的认知产生了从单一的延伸工具到"达摩克利斯之剑"的重大变化，更逐渐步入对可能存在的机器主体的期盼与恐惧并存的矛盾边界。

由此，笔者得到的基本判断是，智能媒体传播控制的重点将是在信息、人、机器组成的复杂传播系统中，除去处理并控制人与信息、人与人的问题之外，更加关注人与机器（或传播技术）之间的复杂关系。技术哲学家唐·伊德（Don Ihde）认为，传统的人与技术的关系有三种：具身关系、诠释关系与它异关系。[①] 而由于将信息重新加载人工具形的智能技术有弱人工智能、强人工智能和超人工智能的潜在发展差异，故而，智能传播时代的人机关系存在多种人机关系并存的可能性。我们既要着重思考将智能机器视为新型传播主体或拟主体后的机器传播叙事现象，同时也应关注在复杂的多重智能人机关系中，人类主体与机器主体的界限以及人类主体在人机竞争中重新掌握信息传播主导权等棘手问题。

二 人工生命叙事：智能机器作为他者的传播模式

可以肯定的是，无论是在理论环境还是在现实实践中，人工智能机器均已成为与人类智能类似的传播主体。首先，从主体性哲学视角来看，人类主体性一直在不断消解。从独一无二的特殊主体，到与客体相互影响的交互主体，乃至可能被智能机器淘汰和取代的亟待进化主体，曾经被视为超验、整体、绝对自由与中心的人类主体早已不复存在。而智能机器将工具高效性与数据灵活性紧密结合，使其不仅在技术层面具备全面自动化的趋势，更在心灵层面展现出与人类智能类似的选择性、意向性乃至创造性。若将人与机器视为

---

① Ihde, D., *Technology and the Lifeworld：From Garden to Earth. Bloomington*，MN：Indiana University，1990，pp. 72，129.

同一轴线的左右两端，二者原本绝对对立，却在不断发展变化中逐渐走向轴线中端，并互相交融、密不可分。其次，从传播实践活动来看，智能机器已经成为传播实践活动中的重要参与主体。仅 2017 年一年时间，由智能写作机器人参与生产的新闻报道已高达数千篇；而社交机器人更是在以媒体为传播平台的人际交往与商业谈判活动中扮演了重要角色。在美国重要的社交网站 Twitter 上，以 2019 年为时间界限搜索与中美贸易相关的话题传播，发现社交机器人参与讨论的话题数量占比 13%，直接发布的内容则接近 20%。[①] 虽然仍有不少学者在智能机器是否能够超越人类主体的问题上存在争议，既有研究认为智能机器只是人类操控之下的知性模仿和逻辑计算，它无法超越人类整体意识和思维的界限；[②] 也有学者将智能机器视为人类本质的对象化产物，是人作为主体的意志体现。[③] 这些研究是对机器主体能否超越人类主体，以及人类主体应该何去何从的认识论思考，其论证前提是机器已经展现类人主体性。智能机器不像人，并不代表它不是某种智能主体。人工智能之父艾伦·麦席森·图灵认为机器能够思维，[④] 这是人工智能研究向前推进的重要前提。所以，在理论层面和实践层面，智能机器都可以被视作重要的传播参与主体。在承认机器主体性或拟主体性的基础之上，我们需要进一步探讨智能机器的叙事特点及其可能存在的发展危机。

（一）智能机器可以无间歇、持续性传播

人类作为传播主体最大的不足可能源自其身体的局限性以及生命的有限性。从古至今，人类为延长其生命做出过无数种尝试，从

---

① 参见张洪忠等《社交机器人在 Twitter 空间参与中美贸易谈判议题的行为分析》，《新闻界》2020 年第 2 期。

② 参见张劲松《认识机器的尺度——论人工智能与人类主体性》，《自然辩证法研究》2017 年第 1 期。

③ 参见杨保军《简论智能新闻的主体性》，《现代传播》2018 年第 11 期。

④ 参见［英］玛格丽特·博登《人工智能哲学》，刘西瑞等译，上海世纪出版集团 2006 年版，第 4 页。

封建社会炼丹等迷信行为到近代社会以现代医疗为代表的"换身术"等，由有机细胞变异与衰老带来的困局经由机器人造物的发展与取而代之而得以成功破解。虽然其仍然不能使人类永生的愿望得以所偿，但业已极大程度地延长了人类有限的生命历程，并在此基础上拓展了人类社会的活动范围。所以，对于人类信息传播活动而言，机器参与较之人类传播主体主导的最大的优势即为可以超越时间限制，不停歇地进行生产与传播活动。而智能机器凭借其与人类智能主体极其近似的自动反馈机制，更是在自我纠正、自我学习、持续传播方面取得突破。具体而言，不仅信息传播活动的完整生产与分发链可以由智能机器独立、自动完成；信息的传递时间、收受群体也将由机器的智能——算法决定。除此之外，人类主体将能够完全置身于智能信息传播系统外部，将原本牢牢属于自身的信息传播效果测量与调控权力拱手相让于智能机器主体。虽然目前"人＋机器人"的传播模式仍然普遍存在，智能机器还需要人类智能协助参与相关生产活动。但是，当智能技术步入强人工智能阶段时，智能机器将必然从"协助人"的半自主化形式转向"脱离人"的完全自主模式。

（二）智能机器擅长简单叙事，且在单一功能层面超越人类智能

从本质上来说，智能机器是对人类智能的模拟再现，智能技术的初始目标是让计算机去做人类需要运用智能才能做的事情。[1] 然而，有鉴于技术的内生简化性以及人类智能的多重复杂性，机器在其模拟过程中往往差强人意，一方面，其智能生成过程并非人类智能依托的认知与实践相结合方式，而是将一切简化为信息的生产、储存与传播；另一方面，机器模拟无法处理多层级、复杂智能形式，只能对人类智能进行逐步深入的结构模拟、经验模拟乃至思维模拟。当智能机器对人类智能进行单一、简单模仿时，其能够充分发挥自身优势，且基于精准编程与理性操作的预设，在同一层级的智能表

---

① 参见［英］玛格丽特·博登《人工智能哲学》，刘西瑞等译，上海世纪出版集团2006年版，第1页。

现上比人类主体更为高效。如海量数据分析、信息快速处理、精准匹配与分发等，都是人类智能落后于机器智能的地方。但是，对于诸如情感、道德、社交等高阶智能表现，机器智能的模拟尚未足以与人类智能匹配；同时，不同层级智能的互通性、交互性与整体性也是机器智能可能存在的薄弱环节。

（三）智能机器可能存在未知的叙事模式，并对人类叙事能力造成威胁

不同于原有借助技术对人类智能载体——身体的小修小补路径，机器智能通过将完全独立的各类信息灌置于崭新的人工身体，以期探索可能存在的智能形态。换言之，智能机器的出现改写了原本以人类为主导的叙事方式，进而转向一条以机器演化为凭据的全新思路。通过对比人类智能与人工智能，虽然二者具有以信息为代表的同源性，但是自然载体与人工载体最显著的差异则在于其产生途径。前者源自天然性、生物性的实践活动、思维活动与创造活动；而后者则诞生于人类主导的技术发展进程与数据编码行为。所以，新的信息与载体的结合物是否会依循人类智能的发展方式尚未可知。除此之外，饱受诟病的人类主体传播行为并不会因为智能机器主体的出现而完全被消除，智能机器主体在数据分析与分发层面展现出的理性特点并不意味着智能传播将完全公平、毫无偏见。相反，智能算法展现出的阶层歧视、种族问题反而有加剧的趋势。不仅机器智能赖以生存的数据存在偏见，可能所谓的精准智能算法本身即为一种偏见形式。我们不知道如何消除机器偏见，更难想象若机器主体将人类主体视为排异对象，其将如何控制人类智能并操控信息传播的进化路径。

三 重构主导性与分级控制：人类控制传播无节制发展的重要策略

目前看来，以智能机器为代表的新兴主体与传统人类主体的多元共存是智能传播秩序控制与重构的关键问题。而面对人类信息传播活动不断地失序、再建、再失序状态，以及新的人工智能机智参与信息传播活动时可能产生的无序或未知现象，我们要在承认智能机器主体性的基础之上，重新思考如何通过人类主体的再次进化，以对全新的智能信息传播环境重新掌握主导权。

（一）人类智能作为传播主体的特殊性

值得提出的是，虽然自由的人本主义已经被机器主体压缩至微小境地，但这并不意味着人类主体性的消失殆尽，反而更加提醒我们重视并突出人类主体的特殊性。理性虽是人类区别于动物、自然的主体特权，但并不是唯一表现。相反，在机器理性的强势崛起背景下，那些容易被忽视，并不符合宇宙计算本质与计算规律的道德、情感、主观认知等非理性因素，反而成为人类主体可能区别于智能机器主体的特殊之处。

首先，人类传播主体具有道德性。马克思批判费尔巴哈将人视为一种抽象、孤立个体的观点，认为人的本质并不是单个人所固有的抽象物，在其现实性上，它是一切社会关系的总和。① 因而，人类智能的主体性发展将依照社会发展的逻辑，以人类群体与人类社会整体的最大利益为最终发展目标，兼具责任性与道德性。在机器对人类智能的持续模仿过程中，行动功能、价值意向、语言表达等都能被迁移至智能机器主体，但是责任感与道德心却是其难以模仿的人类主体特性。一方面，技术一直被冠以"价值中立论"，技术或机器本身不会具有价值偏好和好恶导向。它们只是人类实现特定目标的重要工具，故而其辅助行为或独立行动天然缺乏道德意义。另一方面，如若机器主体必须对自己的行为负责，并以道德标准为行动纲领，则其也不可能以人类主体发展、人类社会利益为目标，只会以机器自身的权益为价值标准。所以，智能机器主体大概率不会拥

---

① 参见［古希腊］亚里士多德《尼各马可伦理学》，廖申白译，商务印书馆 2003 年版，第 19 页。

有与人类主体相同的道德属性。

其次，人类传播主体具有情感特性。近代哲学从两个维度对人类主体进行基本建构：理性、思维、理念是主体的首要特质，而感性、身体、灵魂、心灵等则处于从属地位。[①] 由于心理学、语言学、人类学的兴盛，人类主体不仅是理性思维的重要容器，更是非理性、无意识、随机性的独特载体。在信息传播活动中，情感表达一直是人类传播活动的重要功能，传情达意是传播活动兴起的重要原因。除此之外，无论是娱乐内容、新闻传播还是一般的信息告知，情感都是不同传播内容彼此联通的共有元素，是维系、协调传播活动的重要纽带。虽然智能机器也逐步在情感表达层面进行探索，可对话的社交机器人业已出现。但基于人类情感的难以量化性，目前智能机器难以在该方面精准模仿与灵活再现。

最后，人类传播主体具有多样性。作为群体的人类主体性特征与其所处的时代背景以及社会环境息息相关，不同时代的人类主体性并不相同。举例来说，在生产力并不发达的传统社会，人类群体的主体性特征为自给自足；而在物质丰裕的信息社会，人类群体更多追求精神享受与自由生活。作为个体的人类则展现出更为丰富多彩的主体特征。个体主体性越强，其相较于其他个体的表现差异越大。个体人格有自我、本我、超我之分，[②] 绝大部分个体天生具备自我的无意识主体性，少数个体意识到找寻本我主体性的重要性，但并不是所有个体都能达到尽善尽美的超我境界。在现代社会，机器对人类主体性的不确定性改造，促使人类智能主体愈发多元与分散。复杂的生存环境与认知实践活动产生多姿多彩、弥足珍贵的人类主体，同时也带来丰富多样的人类传播活动。人类传播承载了个体、

---

① 参见张劲松《认识机器的尺度——论人工智能与人类主体性》，《自然辩证法研究》2017 年第 1 期。

② 参见［奥地利］西格蒙德·弗洛伊德《弗洛伊德论自我意识》，石磊编译，中国商业出版社 2016 年版，第 1—16 页。

组织乃至社会、文化的复杂功能。相比之下，单调的数字生存环境与趋同的二手知识可能无法创造同样丰富的智能机器主体与机器传播活动。

（二）机器主体的分级控制：理解交流、责任划分与传播边界

在多元主体并存的智能社会，机器主体与人类主体边界日渐模糊是既有事实，然而这并不意味着人类主体将完全失去自我主导的地位，或将社会协调与治理的能力完全移交至机器主体。在人与机器原本泾渭分明的关系界限中，由于机器主体持续进步，导致人类主体被迫放弃部分权利。我们不应一方面承认机器主体的进步性，而另一方面却将人类主体置于桎梏，忽略其同样重要的演化进程。面对二者的共同进化与协同发展，人类主体仍然可以充分发挥自身的主体特性，主动化解主体危机，重新掌握关系主导权。

第一，理解机器语言，控制人机交流。在人与机器近似的信息结构中，二者各自存在的部分变量既是区别于彼此的重要因素，同时也是保持安全界限的重要措施。在信息社会，人类频繁地与机器交互，并将自身生理、心理的隐私信息全部输入机器大脑，以解放人类大脑为由将其交予机器大脑代为管理。机器比人类自身更了解自我，但吊诡的是，我们对机器主体的理解却远不及机器对我们的认知。对于计算机编程者，二进制代码是创造理解机器的重要工具；但对大多数普通用户而言，计算机只是作为重要的交流中介存在，其自身对机器语言知之甚少。面对人机理解、人机交流问题，我们寄希望于生物技术与科学技术的持续发展，但同时也应展开对不同机器主体的行为特征、语言反馈与应激反应的实验研究或田野调查，借用生物学、心理学、进化论、教育学等研究方法，从既有现象中倒推智能机器的主体特点。为了避免不可控制的人机冲突，在理解机器的基础之上，更需要控制人机间的无限制交流，重新划分数据搜集权力，特别是人类隐私界限。此外，还应进一步提高人类的思维与逻辑能力，促进先进知识共享，使进化的人类智能可以驾驭机器智能，且具备阻断机器主体跨界危机的新主体能力。

第二，重点研究智能机器主体对人类智能主体认知方式的重要影响，以及探寻人机结合的赛博格新型主体的认知优势。荷兰学者彼得·保罗·维贝克（Peter Paul Verbeek）认为人与机器的关系并不能简单地用某种单一关系一概括，赛博格时代的人机关系具有从传统中介意向性转向混合意向性（hybrid intentionality）与复合意向性（composite intentionality）的复杂属性。其中，"混合意向性"指人类主体与机器主体不断融合而形成全新的意向模式，两种主体势力较为平均；而"复合意向性"则更强调赛博格主体中智能机器意向性的独立性，对人类意向的补充性，其通过与人类意向的叠加性共同对客观世界产生实践作用。[1] 目前，世界上首个活体机器人Xenobots已经出现，通过将非洲爪蛙的心脏细胞与表皮细胞结合，诞生了能够自我运动甚至自我修复的全新细胞。学者指出，它们既不是传统的机器人，也不是已知的动物物种，而是一种活的、可编程的全新有机体。[2] 面对严峻的多元主体并存与混合事实，我们不仅需要研究机器意向与人类意向的混合作用问题，更要探寻人机结合产生的赛博格意向现象。面对前者，不能武断地以人类意向为绝对控制，而应有意识地在平衡二者利弊的前提下，更多倾向于人类价值。至于后者，作为一个人与机器身心融合的全新主体，单一的工程主义传统或人文主义传统不足以阐明诸如此类的未来性疑虑。对已存在的赛博格现象或赛博格主体进行经验式调查与体验式研究，是探析复杂主体性认知的可能路径。

第三，明晰机器主体的传播责任与道德界限。经济学家弗兰克·

---

① Peter-Paul Verbeek, "Cybrog Intentionality: Rethinking the Phenomenology of Human-Technology Relations", *Phenomenology and the Cognitive Sciences*, Vol. 7, 2008, pp. 387 – 395.

② Sam Kriegman ed., "A Scalable Pipeline for Designing Reconfigurable Organisms", *PNAS*, Vol. 4, Jan, 2020, pp. 1853 – 1859.

列维（Frank Levy）和理查德·莫尼恩（Richard Murnane）致力于研究人类劳动力（人类主体）与数字劳动力（计算机主体）之间的差异，认为虽然计算机的信息处理能力非常突出，但是它仍然必须借助人类的模式识别能力得以运行。[①] 在智能传播时代，人类主体与机器主体相互渗透，共同参与人类社会的日常生产活动，所以该研究结论不再适用于具有主体特性的智能机器研究。学界已有关于智能机器法律主体资格、机器生产作品合法性的初步探讨，但相关结论停留在肯定与否定的结果导向层面。有鉴于弱 AI 与强 AI 的工具、主体之分，在传播活动中，我们需要对不同层次的智能机器水平具体问题具体分析。具体而言，可以区别对待智能机器的不同主体行为，有意识地分层设定机器主体界限。如具有提高生产效率、弥补人力不足等工具性能力的机器主体不必要拥有高级的认知功能或创造功能；具备传播价值导向的机器主体可以凸显其部分认知功能而不必追求功能的完备性与整体性；而以传播创造为目标的机器主体则需给予更多道德与责任限制。为平衡机器主体的无节制发展，研究者同样需要对人类主体的不同需求细致划分，对于某些直观且重要的高阶主体行为，则不必将机器主体纳入参与或协作范畴。如此，以期通过分级控制与管理、隔绝存在危机的发展路径等必要的硬性手段，将机器主体发展控制在合理范围内。

第四节　本章小结

本章研究信息传播系统的第二个层级，同时也是最为关键的一个层级——信息传播的有效控制。维纳认为，由于这个世界在根本上是盖然性的，未来时间的路线不能被精准地预测，所以对其进行控制是必需的；然而，控制手段也不可能是一成不变的或集中控制

---

① 参见于雪等《人机关系：基于中国文化的机体哲学分析》，《科学技术哲学研究》2017年第 2 期。

的，因为如果这样则不能有效应对意料之外的发展状况。① 基于此核心思想，本章的研究思路是从信息论与控制论的理论发展脉络出发，结合人类信息传播活动中的各类控制实践，通过总结大众媒介传播与社交媒体传播的控制手段变化，从而合理推导并预判智能媒体传播中信息控制的关键词与关键问题。

研究发现，大众媒介的信息传播控制手段沿袭信息论封闭系统与一阶控制论的机械控制原理，主张结合信息人际传播的微观层面与信息社会传播的宏观层面，确保信息传播的绝对可控。其中，内部控制具体表现在人为把控并阻断信息的全链生产，以及忽视和排斥信息的耗散与扩散。而外部控制则体现在泯灭传播对象的多样性、统一复制传播内容、贯彻传播意识导向等直接控制手段，与借助法律、条例对传播功能、传播组织、传播内容有效规诫。对社交媒体传播而言，信息论从工程传播转向人类传播领域与二阶控制论中观察者视角的加入，启示传播研究者不仅需要将人类信息传播活动重新置于其复杂的人为环境中，同时也将以"人"为核心，其一，探寻泛传播现象的全新控制手段，其二，思索人类自身的反控制策略。数字技术将社交媒体传播矛盾集中体现在人与人、人与信息的关系控制层面。我们一方面要勇于识别人人参与的自由假象，另一方面也应警惕数据、信息出让带来的人类群体、个体乃至自我认同的全方位解构与数字技术的参与式控制升级。

智能信息传播的控制目标从控制传播中的信息与人，转变为控制传播进化及其肆意扩张可能带来的失控危机。由于人与机器均可以还原成与身体载体无关的抽象信息元素，所以二者产生了本源性的关联，且能共同进化、相互竞争。在智能信息传播环境中，业已显现主体性的智能机器与人类智能争夺信息处理与传播权力，也将未来的智能传播控制聚焦于人类主体与人工主体（机器主体）的复

---

① 参见〔美〕凯瑟琳·海勒《我们何以成为后人类——文学、信息科学和控制论中的虚拟身体》，刘宇清译，北京大学出版社 2017 年版，第 116 页。

杂关系中。从新的人工生命叙事视角来看，智能机器作为传播主体将弥补人类传播主体的精力局限性与智能分散性，具备无间歇、持续性传播与超越人类的单一智能表现等独特优势。而其可能存在的未知叙事模式与排异可能，也迫使人类智能主体重新审视自我除理性智能外，难以计算与认知的道德、情感、主观认知等非理性智能表现。面对人工智能主体的挑战，人类主体需要基于此长期被科学研究忽视的独特属性，既进化自身存在的智能局限，同时也尝试理解智能机器主体的表现、认清其影响优劣，从智能分工、分级控制的视角人为地阻断机器主体的无限制传播并充分发挥其可以被驾驭的智能价值。

第五章　传播效应演进：从组织依附效应、平台聚合效应到技术协同效应

　　传播效果研究是主流传播学的核心命题。美国传播学者丹尼斯·麦奎尔认为："传播学研究归根到底是媒介效果的研究。"[①] 长期以来，传播学者将传播效果研究等同于媒介效果的假设验证研究，所以相关研究成果在效果表现程度上难以形成共识：魔弹论、有限论、说服论、协商论等理论的反复推翻与重建，从侧面反映了传播效果研究的曲折与艰难。信息学中有关信息价值的理论研究启示我们，独立于物质、能量之外的信息是不断发展变化的，可以从信息本身及其与相关要素关系的转变，研究信息传播产生的功能与价值。信息传播效果研究是几大基本要素在一定技术和社会环境下有规律的组合现象以及由此产生的功能作用。信息学视域下的信息传播效应研究并不是纯粹以实证研究见长的媒介效果研究，而是信息形态的演变及其与信源、信宿关系变化带来的内在组织机理变化。本章内容将聚焦于不同技术发展阶段的信息传播活动与其所依托载体的关系变化，并以此探寻信息传播效应研究的主导机制及其演进创新。

---

　　① Mc Quail, *Mc Quail's Mass Communication Theory*, London：Sage Publications, 2000, p. 416.

第一节　组织依附效应：大众媒介的传播效果模式

一　大众媒介信息传播效果：依附传播者或依附媒介

诺伯特·维纳（Norbert Wiener）认为，信息就是信息，不是物质也不是能量。该论断强调了信息的特殊性，将其视为区别于传统世界基本存在单位以外的独特存在。信息具有多方面的基本属性，如依附性、普遍性、载体可替换性、可储存性、可传输型、可重组性、可共享性、可耗散性等。① 在众多特征中，依附性毫无疑问是信息传播发展初始阶段的首要特点。作为间接存在标志的信息必须依附于直观、可感知的存在物来存储与流动。虽然信息不同于物质和能量，但是离开了二者或其他类似载体，信息难以被人类直接察觉或具象描述。

对于人类生产和传播的信息而言，除兼具自然存在价值与社会意义价值外，其仍然具有极强的依附属性。当我们将现代社会人类信息的流通活动视为从信源经信道传至信宿的完整过程时，位于传播系统外部的信息表现出游离性，必须经过人类身体器官的即时捕捉与过滤审核，才能实现对人传播；而与此同时，置于传播系统内部的信息则无时无刻不依赖于媒介通道的转化与扩散功能，以期被人类理解和接受。所以，人类信息传播系统中的各要素不仅是信息存在和运动的重要载体，更是赋予信息独特意义与价值的必要附加器。

在大众媒介传播系统中，有鉴于信宿端的被动性与隐匿性，信息的依附属性具体表现在对传播者的依附和对媒介的依赖。首先，依附于传播者。位于大众媒介传播系统主导地位的传播者不仅决定

① 参见邬焜《试论信息的质、特性和功能》，《安徽大学学报》1996 年第 1 期。

了需要传播的信息内容，同时也是信息传播效果优劣的重要参照物。信息是否被高效复现与精准理解在很大程度上借助于信息接收者与传播者的比较研究。由于大众媒介传播的信息难以避免地附带传播者的主观理解与传播目的，以扩散和再现功能为主的单一媒介也极少对进入传播通道的信息进行整合与创造，所以，在大众媒介传播阶段，信源的权威性几乎决定了信息的传播效果以及信宿对信息的接受程度。譬如，权威机构生产与传播的信息更易传播；而那些闻名全国的品牌主所负载的广告信息则普遍被消费者采纳。有鉴于此，大众媒介对信源的真实性与专业性高度重视，多数情况下信息的传播效果并不完全取决于媒介效果，在信息进入传播通道之初，信源可信度已经很大程度上决定了信息的传播效果。

其次，依赖媒介的信息容量与传达率。现有关于媒介传播效果的里程碑式的理论往往基于某个特定的媒介传播场景或传播对象，其结论具有科学验证价值，但普适性不高。故而，媒介传播效果领域的研究虽然论断层出，但具备公理性的理论却少之又少。如曾经言之凿凿的"媒介魔弹论"早已被淹没在传播学浩瀚的理论探索历史中；而诸如议程设置、两级扩散、培养理论等有限效果论，则由于媒介技术与媒介环境的沧海桑田，也难以被现阶段的传播学者直接引用。事实上，虽然媒介之于信息传播效果的重要作用难以否认，但大众媒介之间的竞争性与可替代性使得信息在传播载体的选择上较为多元。无论是报纸、广播还是电视媒介，能容纳更多信息量、被信息接收者广泛使用的媒介才能考量其传播效果。若个体完全不使用某种媒介或旧媒介很快被新媒介替代，则信息的传播效果无从谈起，如昙花一现。所谓媒介的传播效果，最终仍然取决于生产信息的人以及媒介的长期使用者，而非媒介自身。

总体而言，因为信息存在与信息传播具有极强的依附属性，所以大众媒介的信息传播效果被不可避免地迁移至对传播者可信度或媒介使用程度的相关研究中。仅针对信息传播系统中的单一要素进行测量式研究，或许能够得到较为科学且在短期内可验证的结果，但形成一般化、普适性的经典传播理论则难度较大。传播效果取决于信息及其与传播过程中各要素的有效配合，而非单个要素的决定作用，这提醒我们在相关研究探索中需要树立全局视角与整体观念。

二　组织权威性弥补大众传播模式的信息不对称

由上文可知，大众媒介传播时代的信息传播效果或依附于传播者，或依赖于媒介渠道。虽然前者多遵循人类需求的逻辑，而后者由技术范式主导，但是从二者在现实社会的实际存在形态来看，具有由权力集中、规模较大的组织或权威力量主导的共通性。大众传播的传播者多为政府机构、大型公司或社会组织；而媒介领域也日渐成为集经营管理、财务控制、新闻采编、印刷发行等环节为一体的典型组织管理形式。某种程度而言，大众传播内容相当系统地、显著地受到组织例行公事、实际工作以及组织目标的影响，个人或意识形态因素反而难以产生如此大的影响力。[①] 所以，当传播者或媒介归属的大型组织具有较好的社会影响力或较高的权威力时，大众媒介的信息传播往往会取得事半功倍的效果。

若仔细探寻大众媒介传播以组织传播为主导的原因，可以发现大众媒介传播效果常常与组织权威性联系紧密是基于机械化的技术传播本质与线性化的传播缺陷。首先，机械化的技术传播本质决定组织化是促使传播各要素弥补差异、相互调和的最优管理结构。自工业革命兴起的技术变革建立在人类主体与机器客体二元对立的基本逻辑之上。为了调节自主性的有机生命与工具化的无机物质之间的适应性与合作力，必须存在一个能够综合协调、整体发展的宏观组织形式，以协助人与机器的大规模生产过程。按照森特·乔伊尼

---

① 参见［英］丹尼斯·麦奎尔《麦奎尔大众传播理论》（第五版），崔保国等译，清华大学出版社 2010 年版，第 222 页。

（Szent—Gyorgyi）的观点，"组织者"从一开始就置于由机械化逻辑建造的社会体系之中，其能够将有机体与无机体日益组合成更富有目的性的有机整体。① 由此可见，基于绝对技术逻辑构建起来的人与媒介合作的大众媒介传播形式，必须依赖高度组织化的形式，以达到连接人类与技术并放大传播信号的效果。

其次，有鉴于大众媒介传播的线性传播模式，组织化的传播者或媒介是扩大信息辐射力的重要途径。对于这一时期的信息接收者而言，由于处在传播流程的最末端且缺乏主动选择与回馈信息的有效技术渠道，故而更具真实性或权威性的信源，或与信宿关系更为亲密、使用更为便捷的媒介所承载的信息内容较易对传播末端的受众群体产生吸引力和影响力。我们可以把传播者和媒介渠道两个变量进行排列组合，"强传播者 + 强媒介""强传播者 + 弱媒介""弱传播者 + 强媒介"是可能存在的三种效果显著的传播形式。举例来说，当尚未被大众熟识的某品牌想要扩大自身影响力时，选择强媒介进行宣传推广是最为有效的传播方式。譬如，1983年，我国中央电视台播放了江苏盐城一家名不见经传的"燕舞"牌收录机的电视广告，不久该产品令人耳熟能详，大街小巷不绝于耳。② 而孔府宴酒、爱多 VCD、秦池酒、娃哈哈等新品牌的迅速推广，也得益于中央电视台这一权威媒介的强势宣传。反之，当信息传播者自身已具备较高知名度时，则口耳相传、人际交流的弱媒介传播形式足以让大众完全信任并接受与其相关的任何信息内容。强媒介可能带来不错的传播效果，但面对大众媒介信息容量和流量的有限性，合理搭配传播者与媒介的组合模式，仍是较为经济且有效的信息传递手段。

最后，在信息传播量总体匮乏，传播者与接受者地位严重不对

---

① 参见［美］刘易斯·芒福德《机器神话（下卷）——权力五边形》，宋俊岭译，上海三联书店 2017 年版，第 80 页。

② 参见蔡嘉清《广告学教程》（第四版），北京大学出版社 2015 年版，第 31 页。

等的情况下，组织化或系统化的传播模式是弥补信息不对称的重要途径。虽然信息无处不在，但是能够进入传统大众传播系统的信息量是有限的，只有那些符合传播者传播目标的信息才能进入传播流程之中。加之传播系统中的两大传播主体的信息传播权力严重不对等，大众经由媒介获取的信息是极不稳定且存在耗散的，所以大众不得不转而寻求稳定的社会组织，以简化对信息真实性与有效性的判断过程，进而信任信息内容，做出情感、态度乃至行为层面的改变。德国社会学家尼克拉斯·卢曼（Niklas Luhmann）认为，信任是简化复杂性的机制之一。[①] 从传统社会到现代工业社会，基于人类活动范围的不断扩张，人类社会的信任模式是不断变化的：传统社会依赖于人际信任方式，而现代社会则在很大程度上得益于系统信任。[②] 就大众媒介传播而言，当手无缚鸡之力的普罗大众缺乏证实信息的技术与渠道时，依赖并信任权威组织是其弥补信息量不足导致的判断力不足现象的有效途径。而从占据主导地位的传播者视角来看，利用权威组织进行信息生产，重复该类信息并保持信息的一致性等，则是减少信息传播不确定性，增强大众媒介传播效果的针对性策略。

第二节　平台聚合效应：社交媒体的传播效果创新

基于交互式数字技术的社交媒体具有聚合海量信息与建立广泛连接的独特属性，从 2014 年起，国外新闻机构与国内研究学者聚焦这种新兴的信息生产和传播方式，并以平台（platform）和出版商（publisher）的集合词——Platisher（译为平台媒体）命名该媒介，强调技术与内容的双重属性。Platisher 的首创者乔森纳·格里克（Jonathan Glick）认为，Platisher 是一个既能满足用户和广告商

---

① N. Luhmann, *Trust and Powe*, Chichester：John Wiley & Sons, 1979, p. 30.

② 参见郑也夫《信任论》，中信出版社 2018 年版，第 176 页。

快速生产内容，又能综合处理信息、差异化编辑分发信息的互联网平台。[①] 而以喻国明为代表的国内学者则指出，平台媒体是与互联网逻辑相符的开放、整合、激活的高维媒介，是未来媒介发展的主流模式。[②] 纵使有学者从学理层面详细辨析平台媒体与具体媒体产品、媒体融合、个体、社群组织的差异，提出平台媒体既没有实现Platisher集自由与专业为一体的理想出版模式，同时也纳入过多所指宽泛且琐碎的模糊内涵。[③] 然而，我们仍然可以从技术整体性视角，将基于互联网技术构建的社交媒体（包含其具体表现形式）视为一个集信息、关系、服务为一体的综合性平台。平台化是社交媒体的重要特征，其承载的传播效果与社会影响也可理解为基于平台媒体的聚合以及抗衡效应。

一 平台化的社交媒体：回归传播渠道的中介属性

（一）第一阶段：聚合信息

从香农的信息论中，我们可以得到启示：信息天然与不确定性相关。一方面信息的存在是为了减少不确定性，另一方面信息的传播过程中却存在大量的不确定性。而且，信息的传递也依赖于不确定性。如果没有不确定性，将不会存在信息的传播活动。就香农的信息论而言，其提出的信息冗余、噪声和熵的概念及算法，都是为了阐释信息传播系统中的不确定性问题。其中信息冗余指信源与信宿之间的信息量差值，用来衡量信息接收的不确定性问题。噪声指信息传递过程中的干扰信号，尤指信息在信道传输中的不确定损耗。

---

① Jonathan Glick, Rise of the Platishers: It's Something in between a Publisher and a Platform, Vox (Spring 2014), https://www.vox.com/2014/2/7/11623214/rise-of-the-platishers.
② 参见喻国明《互联网是一种"高维"媒介——兼论"平台型媒体"是未来媒介发展的主流模式》，《新闻与写作》2015年第2期。
③ 参见谭小荷《从Platisher到"平台型媒体"——一个概念的溯源与省思》，《新闻记者》2019年第4期。

而熵是整个信息系统在信息传递过程中的信息耗散值，是对信息系统整体不确定性的描述。由此可见，信息自身及其传播方式天然具有不确定属性，整个信息论其实都是围绕信息传播的不确定性展开的。

为了减少信息传播中的不确定性问题，从大众媒介传播延续至今的策略是通过增加信息冗余的方式以抵消传播噪声。[①] 无论是传统大众传播还是社交媒体传播，其均秉持着增加信息冗余的原则，通过扩充传播系统中流通的信息量方式来减少信息的耗散量。有所不同的是，前者重视信道的传播能力，所以技术工作者持续加大对信息技术的研究力度，传播工作者也重视并谨慎做出媒介选择和媒介决策。CTR 多年监测的数据显示，对比 2008 年至 2015 年电视、广播、报纸、杂志的广告投放市场，电视的广告投放量远远大于其他大众传播媒介。这也从侧面反映了大众媒介技术的迭代是以扩大信道所能容纳的信息量为目标的，电视所传递的信息量远大于报纸和广播。而后者以数字化技术收编一切传播媒介，信道和信息的数字一体化抹杀了传统大众媒介的个体差别[②]，所有信息载体日趋演化为同一种传播逻辑与传播形态。当媒介承载的信息容量不再有所差别时，增加传播主体的信息生产量与再生量成为以信息流量降低噪声的主要表现。目前，社交媒体上普通民众的信息生产能力业已超过任何专业机构的信息筛选能力。截至 2018 年底，中国国民 App 微信的日活量高达 10 亿左右；[③] 2019 年第三季度微博平台的日活量也已达到 2.16 亿，较上年同期净增约 2100 万。[④] 而在以抖音、快手为代表的微视频平台上，

---

① 参见［美］沃纳·赛佛林、小詹姆斯·坦卡德《传播理论——起源、方法与应用》（第 5 版），郭镇之等译，中国传媒大学出版社 2006 年版，第 43 页。

② 参见［德］弗里德里希·基特勒《留声机、电影、打字机》，邢春丽译，复旦大学出版社 2017 年版，第 2 页。

③ 参见微信公开课《2018 微信数据报告》，DoNews，https：//baijiahao. baidu. com/s？id = 1622161455672896717&wfr = spider&for = pc，2019 年 1 月 9 日。

④ 参见新浪科技《微博发布 2019 年第三季度财报》，新浪网，https：//tech. sina. com. cn/i/2019 - 11 - 14/doc - iihnzahi0866458. shtml，2019 年 11 月 14 日。

每天上传的由公众自主生产的微视频数量超过 15 万，每年上传的总数更是超过 2000 万。①

社交媒体平台以近乎无上限的媒介容量汇集较为复杂的信息内容。前文已反复提出信息学的相关理论将本体论层面的信息细分为自在信息、自为信息、再生信息以及综合性的社会信息。社交媒体平台上流动的内容即为这些信息的广泛组合。在论及社交媒体的传播效果时，有鉴于社交媒体时代的媒介元素已经被数字化与高度统一化，故而，信源与信宿的排列组合成为社交媒体传播效果变化的主要原因。值得提出的是，虽然该阶段的信源与信宿主体均具有信息生产与消费能力，但是前者更多指专业的信息生产者与传播调控者，而个体化的后者只要聚合起来便可形成自主生产与运营的新兴组织群体。依据信源主体的权威性与信宿主体的独立性，社交媒体平台聚合信息、增加信息流动量的方式具体表现在筛选式聚合、原生式聚合以及综合式聚合三类。

第一，以传统机构媒体筛选信息的方式，聚合不同渠道的信息资源，打造专业性较强的个性化咨询平台，吸引用户阅读。一部分社交媒体聚焦于信息整合，以技术与人力合作的方式聚合信息。如《赫芬顿邮报》的联合创始人乔纳·佩雷蒂（Jonah Peretti）于 2006 年创办新闻聚合类网站 Buzzfeed，旨在借助用户订阅量、热门事件、搜索信息链接等基础数据，加上专业新闻人的人工筛选，构建信源多样且千人千面的信息浏览平台。兴起于中国北京的今日头条 App 与创建于中国广州的 ZAKER 平台同样依循类似的信息筛选逻辑，以技术筛选＋人工核查的方式旨在向用户提供内容丰富且独具特色的专属阅读平台。在艾媒咨询公布的《2018 上半年中国 App 排行榜》中，今日头条 App 以 24224.09 的月活量高居榜单第二位，而 ZAKER 平台也以月活量 1089.45 万居榜单第 10 位（见

① 参见胡翼青《智媒时代我们如何理解媒介——与麦克卢汉的断片式对话》，《新闻界》2019 年第 9 期。

表 5 - 1）。①

表 5 - 1　　　　2018 年上半年中国 App 排行榜——综合资讯类

排名	应用	六月月活人数（万）
1	腾讯新闻	26904.99
2	今日头条	24224.09
3	网易新闻	7473.60
4	搜狐新闻	6278.68
5	趣头条	4434.78
6	新浪新闻	4068.29
7	天天快报	3715.86
8	一点资讯	3311.49
9	凤凰新闻	3267.25
10	ZAKER	1089.45

由于传统大众媒介与社交媒体的专业内容生产在信息筛选机制上具有共通性，所以，创建信息内容的数字管理平台也成为传统机构媒体转型的首要选择。2014 年，美国传统老牌报业《华盛顿邮报》采用 Arc 系统进行内容发行与内容管理。通过数字技术武装出版渠道与内容运营业务，该报纸能够更好地关注专业的内容信息生产。此外，诸如《洛杉矶时报》《加拿大环球邮报》等小型出版物，也借助 Arc 系统，实现扭亏为盈。Arc 平台不仅成为传统报纸的转型工具，更成为具有严肃新闻阅读习惯的读者重要的信息获取平台。截至 2018 年，Arc 平台已经为《华盛顿邮报》实现近一亿美元的业务收入。而在中国，湖北广电打造的"长江云"地方咨询平台，以及中宣部推出的"学习强国"政务类咨询 App 等，都是传统媒体转型的成功案例。

第二，基于数字技术的分享平台，鼓励用户生产信息并上传内

---

① 参见艾瑞咨询《2018 中国上半年 App 排行榜》，艾瑞网，https：//www.iimedia.cn/c400/61814.html，2018 年 7 月 12 日。

容。在社交媒体平台的分类中，有一类是完全以产消者为主导的新型信息分享平台。这类平台旨在借助技术力量，为传统媒介环境下隐而不现的用户提供一个发声与生产的自主渠道。2005 年，前 Paypal 公司员工斯蒂芬·陈（Steve Chen）、查德·亨利（Chad Hurley）以及贾德·卡林姆（Jawed Karim）创建了至今仍是世界上最大、使用人数最多的视频平台。该平台的主要运营模式是用户自主生产、上传、分享视频信息，隐去传统传播者身份，扁平化的运营方式完全借助对受欢迎视频的广告投放赚取运营费用。截至 2017 年 2 月，Youtube 平台上每分钟上传的视频时长超过 400 小时，每日观看时长达 10 亿小时。[①] 在我国，抖音、快手成为移动互联时代最受欢迎的短视频分享平台。报告显示，2018 年抖音国内日活量突破 2.5 亿，月活量突破 5 亿。[②] 据快手平台的官网数据显示，平台用户每天新上传的短视频为 1500 万条，若每位用户每天平均制作并上传 1.2 条短视频，则每天有近 1250 万名用户参与短视频制作与传播。[③] 参考用户的使用数据与喜爱程度，以技术搭建用户自主生产与传播的社交平台是理论可行且实践证实的。只不过，用户生产与传播者引领的界限并不能绝对分割开来，以国外知识提问分享平台 Quora、图片分享平台 Snapchat，以及国内评论类分享平台豆瓣、美妆社区小红书 App 等为例，聘请专业文字从业人员或平台上的优质信息内容创造者，是其后期管理海量信息、引导内容走向的必然措施。将专业内容（PGC）与用户自主生产内容（UGC）结合，以草根意见领袖（KOL）调控信息分享平台是该类社交媒体平台的发展趋势。

第三，集阅读、分享、服务为一体的综合性平台，融合传统媒体与新兴媒体多功能载体。由前文论述可知，专业性较强的信息筛

---

① 综合维基百科等网络数据，https：//zh. wikipedia. org/wiki/YouTube。

② 199IT：《2018 抖音大数据报告》，199IT 网，http：//www.199it. com/archives/828860. html，2019 年 1 月 30 日。

③ 见相关网络数据，https：//new. qq. com/omn/20190418/20190418A08BRI. html。

选平台与完全由用户生产传播的自主性平台在一定程度上具有关联性。在持续地发展演进过程中，前者需要用户生产内容的注入，而后者也亟待专业力量的调适与把控。所以，将二者的优势整合，形成信息生产、分享与盈利的运营闭环，成为社交媒体平台不断发展创新的新形态。如国外的 eBay（易贝）与我国的淘宝（Taobao），通过将社会生活中的购物场景数字化，形成物品搜索、交易沟通、线上购买与线下反馈的虚拟购物链。而以喜马拉雅、得到 App 为代表的知识分享类平台，将汇集散布于个体脑中的零散化知识，创建了知识生产、分享、交换、消费的知识经济链。于 2004 年始建的支付宝（Alipay），从一个第三方支付平台日益演变为汇集生活缴费、日常投资、公益活动等"万能"生活平台。目前，支付宝平台的使用量稳居国内榜首，被誉为中国新四大发明之一。综合而言，社交媒体通过聚合信息的形式，凭借信息的再生与创生能力，创建了许多或专业性见长，或以信息自由分享为特色，以及日趋健全与庞大的各类信息平台。

（二）第二阶段：建立关系

以媒介为工具或介质的人类传播现象，应是以信息的传递为起点，以关系的构建为旨归。[①] 故而，社交媒体平台在聚合各类信息的基础之上，需要借助信息建立不同传播主体之间的互动关系。丹尼斯·麦奎尔在论述新媒体时也曾指出："原则上，其他我们已经叙述过的媒介好像已经没有什么存在的必要了，因为所有的媒介都能够纳入以计算机传播为核心的架构之下……新形态的传播基本上是交互的。"[②] 由信息传递关系转化为人际交往关系，是社交媒体传播效应的关键第二阶段。从人类的信息传播实践活动来看，一部分社交

---

① 参见喻发胜等《从传播到"传联"：一个新概念提出的学理依据、现实背景与理论内涵》，《新闻大学》2017 年第 2 期。

② ［英］丹尼斯·麦奎尔：《麦奎尔大众传播理论》（第五版），崔保国等译，清华大学出版社 2010 年版，第 14、25 页。

媒体平台基于信息平台延展新的社群组织关系，譬如今日头条、ZAKER、抖音、快手等信息分享类平台在技术的迭代过程中均已加入个人信息发布与交流功能，将资讯获取与社交关系融合。而也有一些新兴社交媒体平台直接以数字技术创建以关系连接和互动交流为目标的交往平台。诸如微信、微博等社交网络类平台媒体，以关系链接为目标，在日常生活中已经扮演了社交关系建立与维护的重要角色①（见表5-2）。

表5-2　　　　　传统人际关系与社交媒体人际关系的区别

发展阶段	主要表现
传统人际关系建立	面对面、线下建立
	强关系、亲密关系、圈子文化
社交媒体人际关系建立	泛连接、多样化、弱连接
	强关系和弱关系之间可以相互转化

与传统面对面人际关系以亲疏远近作为联系紧密与否的唯一标准不同，基于社交媒体平台建立和维系的人际关系相对复杂，大体而言，社交媒体关系以泛在联系为主，且亲密关系与陌生关系之间可以相互转化。首先，社交媒体平台以线上虚拟沟通弥合传统强关系中的实际距离问题。我国著名社会学家费孝通先生通过研究中国乡村结构与人际关系，认为中国人会把关系依亲疏远近分成由远及近的圈子，且不同的圈子关系适用不同的交流互动法则。② 随着现代社会人口流动性加剧，人与人之间的互动关系不再受个人选择控制，而是被空间距离"拖着走"。许多具有血缘关系的人际关系由于居住地相距甚远而渐行渐远，而诸如同学、朋友、邻居等中间概念也不断更替对象甚至消失殆尽。一部分社交媒体以即时交互和圈子关系为旨归，勾连现代社会的时空沟壑，创建了数字时代的线上强关系。

---

① 参见张志安等《平台媒体的类型、演进逻辑和发展趋势》，《新闻与写作》2018 年第12 期。

② 参见费孝通《乡土中国》，北京大学出版社 2012 年版，第 50 页。

比如，几乎创建于同一时间的美国社交软件 Facebook 与中国社交网站校内网，着眼校园中的同学与朋友群体，成为社交媒体早期最受欢迎的年轻人交流平台。实名制、认证机制、相同经历、共享信息等都是这类平台巩固关系的重要举措。由互联网巨头之一的腾讯公司（Tencent Company）在不同阶段推出的 QQ 和微信（Wechat）两款产品，更是打破固定圈层交流工具的定位，将线上强关系圈拓展到亲属、好友、同事、街坊等。这些关系网络在传统线下面对面社交中可能位于难以顾及的中间半熟圈层；但在社交媒体时代，则被纳入较为亲密的熟人圈。借助社交媒体平台，个体的亲属圈关系得以维系，而熟人圈网络也逐渐开阔，人际交往活动被技术赋予更多可能性与灵活性。

其次，以数字技术的泛链接形式建立多样化的弱连接。美国学者马克·格兰诺维特（Mark Granvetter）认为人际关系中的强关系（strong ties）包含亲属、朋友、同学等，而弱关系（weak ties）则是基于偶然交往建立起的广泛社会关系。在数字网络时代，后者在扩展个体认知和经验方面可能比前者更为有效。[1] 社交媒体传播中的弱连接关系不仅指完全陌生的两个人之间建立的浅层交互关系，同时也包含拥有共同朋友、共同兴趣、共同经历的认同关系。第一类关系主要以信息分享和建立连接为目标。传统口语式的人际交往关系囿于自身经历和生活范围，个体的交友能力与社交圈子十分有限，而社交媒体时代的陌生人交往突破了地域限制和个体经验，创造了交友的更多可能性。如以 Linkedin（领英）为代表的职场类社交平台，通过呈现不同个体的职业档案和关系网络，建立个体间的弱连接关系网络，并提供就业机会、拓展关系网络。而诸如有缘网、世纪佳缘等婚恋交友平台更是完全提供了一个陌生的交友平台，旨在拓宽个体的交友圈。第二类在数字时代出现的新型认同关系则以知

---

① Granovetter, Mark, "The Strength of Weak Ties", *American Journal of Sociology*, Vol. 78, 1973.

识分享和关系转化为目标。互联网技术还原人类的个体化生存状态，通过个人兴趣的重组与再聚合，形成许多在传统社会难以建立和维系的社会群体。如微博（Weibo）平台聚焦热门公共事件，成为新时代个体广泛参与的公共领域；知乎、得到平台则关注知识聚合，通过个体广播式的信息分享行为，关联具有共同兴趣与共同爱好的陌生群体。值得提出的是，这类交互模式具有"一对一"私人性与"一对多"公共性相融合的特点，具有平台转移和关系转化的巨大潜力。在线上具有共同认知、趣味的弱关系可以转移至强关系平台，通过更为频繁的线上互动与线下交流增进情感体验，进而加强联结纽带。

最后，存在一个中间区域使弱连接关系与强连接关系相互转化。心理学家欧文·阿特曼（Irvin Altman）认为，人际关系的发展过程需要四个阶段：定向阶段、情感探索阶段、情感交流阶段和稳定交往阶段。[1] 其阐释的是传统交往关系中由疏及近的普适路径。而在社交媒体传播时代，不仅弱连接关系增加了转变为强连接关系的可能性，而且强连接关系也可以逐渐退化为弱连接关系。举例来说，逐渐细分的社交平台使个体间的交往更为便捷与全面，原先难以面对面了解的私密信息或与公开形象大相径庭的潜在信息都可以透过社交网络得以折射。虚拟信息再现的全面人格既可以增加关系联结的共性，同时也可以放大原本亲密关系中的差异性。以数字状态生存的人际关系转变似乎只在一瞬。数据显示，超过一半的受访者认为好友发自己不感兴趣的内容，与好友价值观、思想观点等不一致都是终止互动的主要原因。[2] 而共同爱好、共同兴趣的相似性不出意外则是弱关系转化为强关系的不二法则。由此可见，社交媒体平台上个体信息暴露的便捷性与自我呈现的碎片化具有天使和恶魔的悖论

---

① 参见侯玉波《社会心理学》（第二版），北京大学出版社2007年版，第130—131页。
② 参见范孟娟《社交媒体用户互动机制及关系转化研究——以微信微博为中心》，博士学位论文，华中科技大学，2017年。

性，不少平台在交往关系的私人性与公共性之间艰难平衡。但总体而言，社交媒体平台仍然为构建大范围的潜在关系以及促进不同种类关系间的有效互动提供了可能性。人际关系的本质即为动态性与不确定性，而非静态性与对立性。

（三）第三阶段：平台效应

由上文论述可知，信息聚合与关系联结是构建社交媒体平台的两个重要基础。社交媒体之所以能够基于平台打造一个集规则、服务和平衡为一体的开放、良性传播环境[①]，是依托于技术化的底层逻辑、社会化的本质目标，以及海纳万物后产生的独特化学反应。故而，在分析社交媒体产生的独特传播效应时，可以从技术逻辑、社会属性与创新价值三个方面逐一理解。

首先，从技术层面来看，社交媒体平台具有客观效应。术语"平台"从本质上来说归属计算机研究领域，专指一系列硬件、软件或服务的技术提供者。由相关研究可知，技术领域的平台概念大致可以分为底层操作系统、业务平台和应用平台三大类别，分别对应平台从现实社会走向技术领域，在技术领域不断发展，以及再从技术回归现实社会的发展路径。当平台逐渐摆脱具象的技术属性，向现实乃至虚拟世界延伸时，其也可以指代一个抽象的舞台，为某人或某事提供支持和保障的领域、机遇、环境和空间等。[②] 所以，不论平台兼具多少内涵，其本质始终是一种基本介质和背景环境。从该层视角来看，当媒体发展到社交平台阶段时，象征着媒介回归其中介属性，且从传统大众媒介的依附属性中独立出来，逐渐具有自身独特的中介逻辑与调节作用。我们常常用"种书桌，得木头"的隐喻来形容作为工具的技术并不会依据人们的创造行为而改变其底层逻辑。由于现代媒介从技术发展而来，且与信息技术密不可分，所

---

① 参见喻国明《基于互联网逻辑的媒体发展趋势》，《人民日报》2015 年 4 月 19 日第 5 版。
② 参见谷虹《信息平台论——三网融合背景下信息平台的构建、运营、竞争与规制研究》，清华大学出版社 2012 年版，第 20 页。

以任何将社会、文化意义附加于其上的人类行为是"一叶障目不见泰山"的盲目行径。只有回归媒介的技术本质与客观属性才是剥离人与媒介的复杂关系、研究二者互映关系的正确方法与科学道路。

其次，从社会属性来看，社交媒体平台具有融合效应。必须指出的是，并不是所有的媒体都具有社会属性，传统大众媒介作为单一的信息传递工具，其功用更多体现在技术层面，而社会价值较为模糊。据社会学家埃米尔·涂尔干（émile Durkheim）、马克斯·韦伯、费迪南德·滕尼斯（Ferdinand Tönnies）以及卡尔·马克思等学者对"社会性"的阐释，其分别代表着"社会事实""社会关系""社区环境""协同工作"。[1] 在相关社会理论的阐释框架下，媒介技术诞生于人类的社会关系与社会创造中，媒介的社会化过程也需要在人际关系建构、交流环境塑造以及资源互通有无中得以彰显。一方面，社交媒体通过技术平台化提供了技术与技术、信息与信息、人与人聚合的社会化环境。在媒体平台上，不仅同类物质所携带的社会属性被突出和放大，平台也为不同种类物质之间的连通与交流创造了可能性。不论再小众的爱好拥有者也能在社交媒体平台上找到志同道合之人，并形成自己的专有网络社群；而位于偏远山区的农村居民，借助社交媒体平台能够轻易获得日常生活中难以接触到的各类信息，或改变自己的人生命运。在我国，依托社交媒体建立的网络社群多样化远远超出调查者的预设。调查显示，现在活跃的网络社群从地域上可以划分为本地社群、周边社群和海外社群，从内容上看更有产品型社群、知识型社群、兴趣类社群以及各种行业的垂直社群等。[2] 另一方面，相比传统大众媒介传播，社交媒体平台将信息与人重新融合，成为一个极具创造力的内容生产平台。自 2018 年

---

① 参见［英］克里斯蒂安·福克斯《社交媒体批判导言》，赵文丹译，中国传媒大学出版社 2018 年版，第 39—41 页。
② 参见艾瑞咨询《中国网络社群研究报告》，艾瑞网，http://report.iresearch.cn/report_pdf.aspx?id=2638，2016 年 8 月 31 日。

起，短视频 KOL 李子柒的迅速蹿红，使得以农村慢生活为题材的短视频拍摄发展迅猛。截至 2019 年 12 月，李子柒在微博上的粉丝量为 2162 万，而海外视频网站 Youtube 上也拥有超 750 万粉丝。基于社交媒体平台的内容创造势头，中国短视频平台快手于 2018 年开启"幸福乡村带头人计划"，一年以来，选出来自全国 10 个省份的带头人 43 位，以在快手平台进行短视频宣传和直播的形式，共计提供就业岗位 120 余个，带动贫困户增收 1000 余户，且在地产业全年总产值已超过 15000 万元。[①]

最后，从创新价值来看，社交媒体平台具有延展效应。企业和程序员们往往从技术促进社会发展的视角强调社交媒体在信息与人类连通方面的突出作用，却弱化了人类社会在技术力量影响下的异化与重组现象。与之相反，人类学家和社会学家关注技术与社会的互构作用，当网络更具社会性时，社会也在逐渐技术化。我们强调社交媒体平台的延展效应，其一是技术语言与社会语言在数字技术的改造下达到高度统一，人与人、人与物、物与物的交流成为可能。人与人的交流暂时可观、可控，但是人与物、物与物的交流是我们尚未可知，且不可控制的。其二是社交媒体平台强调规模效应，大平台与小平台相互嵌套，相互影响。具体细微的小型平台的发展变化可能会带来宏观大平台的相对转向。所以，在揭示媒体平台建构的虚拟社会性的同时，更应关注现实社会中各种力量的变革与重组，以及人在线上社会性与线下社会性互构过程中，自身情感、态度和认知的技术性转变。以上才是虚拟平台特性的重要来源与主要归宿。

二 社交媒体传播正效应：信息聚合的积极效果

信息价值理论启示我们，任何信息价值的产生都经历了信息聚

[①] Vista 看天下：《李子柒被质疑的"真实"，到底长什么样？》，微信公众号，https://mp.weixin.qq.com/s/71cJt7i0dZCOzDLNkhON8Q，2019 年 12 月 15 日。

合、交换以及建构三个过程。① 由于信息的具体内容复杂且存在形态多样，所以同质化的信息与异质化的信息相互聚合可能会产生不同的建构效应，其有可能是积极的，也有可能是消极的。积极的效应我们称之为正效应；反之，则称之为负效应。

复杂性科学的奠基人、美国著名学者布莱恩·阿瑟（W. Brian Arthur）认为，技术是对现象有目的的编程。② 技术的出现是为了协助人类驯服生产实践中的某个现象，而新技术的生产动力则源自原有技术对新现象的不断揭示以及对人类新需求的深入挖掘。补偿性媒介理论的提出者保罗·莱文森（Paul Levinson）指出，整个媒介的演化进程都可以看成是补救措施，③ 后出现的媒介对前一种媒介进行功能性补偿。因此，我们可以将新技术的出现视作为解决原有技术中的各类问题而产生的必然发展结果。

社交媒体传播的出现印证了布莱恩·阿瑟和保罗·莱文森有关技术、媒介演进规律的基本论断。相比传统大众媒介传播效果，社交媒体传播具有天然的积极补偿效应。首先，社交媒体平台具有开放性，补救了大众传播系统以相对封闭性来追求信息传播过程绝对可控而带来的系统熵量增加问题。从宏观视角来看，信息系统越封闭，信息越不流通，则系统的熵值会增加，整个信息传播系统将处于不稳定状态。而信息是用来减少系统不确定性的物质，故而一个系统要始终充满活力，必须开放系统，增加信息量和信息交换，减少系统的无序性。举例来说，诸如报社或电视台的传统媒体以组织化的有序形式普遍存在，但是高度秩序化的组织内部反而缺少信息的流通，结果传统媒介组织内部往往信息陈旧、结构固化、活力欠佳。系统熵值的不可逆性决定只能开放系统以平衡信息量与熵值，

---

① 参见邬焜《信息价值论纲要》，《西安交通大学学报》（社会科学版）2005 年第 6 期。

② 参见［美］布莱恩·阿瑟《技术的本质：技术是什么，它是如何进化的》，曹东溟等译，浙江人民出版社 2014 年版，第 53 页。

③ 参见［美］保罗·莱文森《数字麦克卢汉——信息化新纪元指南》，何道宽译，社会科学文献出版社 2001 年版，第 16 页。

从而促进信息系统的稳定和发展。社交媒体的开放性一方面体现在以友好的平台使用界面，降低媒介使用的门槛与准入机制。与传统大众媒介的专业性相比，数字化的社交媒体平台更为亲民且使用方便，不仅传播速度快，而且信息复现形式丰富多样、便于理解。而另一方面，社交媒体开放了信息来源与生产途径，通过赋予每个个体生产信息和传播信息的技术手段与传播平台，促进信息传播系统的开放与活力。从 U 盘到云盘，不论是媒介的存储能力还是信息的流通容量都已经在社交媒体传播时代达到了近乎无上限。

其次，社交媒体传播的正向平台效应体现在信息生产、获取和创生的便捷性。不论是中国还是美国，互联网的普惠率已经覆盖各国人口总数的半数以上，有国界的一国公民同时也是无国界网络上的网民。各国网民聚集在巨型的互联网络上，每日生产难以估算的信息总量。中国互联网络信息中心第 44 次《中国互联网络发展状况统计报告》显示，截至 2019 年 6 月，我国网民规模达 8.54 亿，互联网普及率达 61.2%。其中，使用手机上网的比例高达 99.1%。[1] 而尼尔森（Nielsen）调查公司在 2018 年组织的大型美国网络设备受众调查报告显示，美国成年人每天花 10 小时 30 分钟访问媒体，在各种媒体设备上与网络上的信息内容互动。[2] 其中，美国成年人使用移动设备的上网时间比例达到了总调查人数的 62%[3]，而使用社交媒体的群体比例则高达 72%[4]。与传统大众媒介受制于纸张、电线等硬件设备不同，基于移动互联网技术的社交媒体不受时间、空间和场景的任何限制，大众可以随时随地便捷地参与信息生产与传播

---

① 中国互联网络信息中心：第 44 次《中国互联网络发展状况统计报告》，http://www.cnnic.net.cn/hlwfzyj/hlwxzbg/hlwtjbg/201908/P020190830356787490958.pdf，2019 年 8 月 30 日。

② Nielsen：《2018 年美国网络设备受众调查报告》，199IT 网，http://www.199it.com/archives/855894.html，2019 年 7 月 29 日。

③ ComScore：《美国网民使用移动设备上网时间比例已高达 62%》，199IT 网，http://www.199it.com/archives/388035.html，2015 年 9 月 24 日。

④ Pew Research Center, Social media fact sheet, Pew Research Org, 2019 – 6 – 12, https://www.pewresearch.org/internet/fact-sheet/social-media/.

活动，甚至在网络上学习、工作与购物。虽然已有不少平台对优质信息内容采取付费获取政策，但网络上的大部分内容仍然可供免费搜索与分享。在已使用过搜索引擎获取信息的用户数量中，有77.3%的用户认为自己可能通过服务找到自己所需的信息①，体现了网络信息获取的便捷性与有效性。当各类信息汇聚在一起时，不同个体声音的碰撞更利于信息的交换、互补与更新，同样可以有效化解大众媒介传播中信息的板结、固化甚至极化现象。

最后，社交媒体平台为各类要素的聚合与重组创造了技术环境，导致更新迭代速度激增，创新生产活动频出。经济学家约瑟夫·熊彼特（Joseph Alois Schumpeter）在他的专著《经济发展理论》中提出经济生活的"循环之流"和"创造性破坏"理论。他突破古典经济学的"静态"研究本质，着眼于经济发展的长周期规律，从历史视角总结出产业创新的"动态"特征。熊彼特认为，经济是具有连续性的，在任何状态下，经济发展的状态都不会与先前的发展状态毫无关系。"生产就是组合"②，创新不一定是发明，产业创新是"以新的方式来使用现有资源"③，并产生新产品、新生产方式、新市场、新供应基地和新产业组织。按照熊彼特的创新理论，信息是重要的生产资源，当信息、人、物等各类要素聚集于社交媒体平台时，要素的重组与重构将会产生新的事物和新的想象，即所谓的创新活动。从20世纪90年代至今，短短三十年时间，基于互联网已经出现了诸如QQ、人人网、微博、微信、抖音、快手、绿洲等层出不穷的社交媒体产品；而百度、阿里巴巴、腾讯三大巨头鼎立的局面也被今日头条、美团、滴滴出行三大新兴公司动摇。除此之外，新的消费

---

① 参见中国互联网络信息中心《2019年中国网民搜索引擎使用情况研究报告》，http：//www.cnnic.net.cn/hlwfzyj/hlwxzbg/ssbg/201910/P020191025506904765613.pdf，2019年10月25日。

② 参见［美］约瑟夫·熊彼特《经济发展理论》，郭武军等译，华夏出版社2015年版，第56页。

③ 参见［美］约瑟夫·熊彼特《经济发展理论》，郭武军等译，华夏出版社2015年版，第58页。

市场与消费领域仍在信息的日新月异与快速流通下迅猛发展。平台媒体传播是数字媒体经济发展的动力之源，只要信息交流活动不止，人类的创新活动将永不停歇。

三 社交媒体传播负效应：信息角力的消极效果

信息聚合产生的传播效应并不完全是积极与可控的。一方面异质化的信息相互角力，难以证实或证伪；另一方面媒体平台上的信息来源多样且自由，其本身的真实性同样无法把控。随着数字技术的不断突破与整合，日趋庞大化的平台媒体重新域定的传播环境也不可避免地带来一些新的未知与不确定性问题。这些消极结果或曰信息传播的负效应有的源自新技术改造的新现象，有的来自新技术产生的人类新需求，还有的则源于新技术自身。

（一）信息原本是减少不确定性的东西，但是海量信息却产生更多不确定性问题

古语云："过犹不及，有余犹不足也。"意指过量与不足都是不可取的行事态度。对于信息而言，过量的信息已经失去其原本减少不确定性的功用，反而带来信息理解难题与虚假信息问题。

信源的增多和分散产生模糊信息问题。信息本身即具有模糊性和随机性，信息传播的结果在很大程度上是一个概率事件。人类社会中流通的信息在不同情境中具有不同含义，当其被转化为数字信号输入互联网传播通道之前，处于编码过程中的信息可能已经产生信息损耗，进而导致信息接收时的信息丢失或信息误解。例如，汉语文化博大精深，同样一句话在不同场合可能被理解成不同语义。互联网去意义、去语境的二进制编码过程，极易导致某句话丧失原初独特内涵而被曲解。加之庞大的互联网日益进化为连接万物的物联网，汽车、家居、自然景观等传统技术难以攻克的事物也逐渐被数字化与虚拟化，并和人类一道连接进繁杂的泛在网络之中。日趋

多样化和复杂化的信息蜂拥聚集，也使得理解信息成为新的难题。

海量信息导致传统把关人的信息筛选与审查机制失效，大量赚取眼球、相互抵牾甚至虚假的信息涌现网络。传统信息传播流程遵循严格的信息审查制度，能够进入传播通道的信息需要经过严苛的人为审查，以至于那些虚假和不合时宜的信息早已在源头排除于传播系统之外。而社交媒体技术倡导用户自主生产信息、随时随地传播、接受信息，其结果是传统的信息核查系统被彻底解构，一方面海量且繁杂的信息传播图景早已远超人力审查的能力范围，另一方面随着新的网状式信息传播模式出现，仅对信息源头进行针对式筛选也不可能有效防控信息的肆意传播。在追求高效率和高产量的现代社会，时间和速度已经终结了任何机构以文本的方式来认定事实的可能性。① 在后真相时代里追寻事实真相，成为社交媒体平台信息传播的重要挑战。

（二）社交媒体平台解放了信息传播者，但是并未带来信息接收者的解放

数字技术将人这个复杂要素并入信息传播系统之中，但作为信息的主要接受者——人，其脑力所能承载与处理的信息却是有限的。如果一味增大信息容量反而会造成信息处理失效问题。早在20世纪60年代，就有研究指出，信息负载与信息处理之间的关系类似于倒写的字母"U"。② 足够的信息在开始是有利于人类认知的，接着可能会对认知造成干扰，最后反而可能变得有害。在20世纪80年代，也有心理学家提出所谓的"信息负载范式"，即人们只能"吸收"或"处理"有限信息。信息过量不仅会导致困惑和挫败感，还会导致视野受限和不诚实行为。③ 由此可见，海量的信息传播反而给信息

---

① 参见胡翼青《再论后真相：基于时间和速度的视角》，《新闻记者》2018年第8期。
② 参见［美］詹姆斯·格雷克《信息简史》，高博译，人民邮电出版社2013年版，第400页。
③ 参见［美］詹姆斯·格雷克《信息简史》，高博译，人民邮电出版社2013年版，第400—401页。

接收者造成认知负担。

此外，数字技术赋予每个个体生产和接受信息的技术工具，个体不自觉地被卷入信息传播的洪流中。表面上，数字技术解放了个体表达与传播信息的欲望和诉求，然而实际上，数字技术提高的是信息生产和传播效率，解放的是信息的生产力和传播力，并未给予个体信息选择与接收的等量权力。在社交媒体时代，个体具有信息生产者与信息消费者的双重身份，当信息生产权被资本和传播者极端放大时，被掩盖或者被剥夺的信息选择权与接受权则难以得到重视。事实上，个体不仅随时随地被迫接受着海量信息，而且也不得不贡献出自我数据甚至隐私信息以获得对准确、有效信息的需求满足。大众作为社交媒体时代信息生产的全天候劳动力，同时也被互联网技术打造成了数字化生存与随时随地传播的"信息人"。故而，数字技术表面上促使信息传播系统向每个个体开放，然而实则只是营造了一个半开放式的局限性系统。

（三）平台媒体依托的数字技术黑箱引发数据造假现象和传统信任模式失效问题

2018年全球信任度报告显示，媒体首度成为全球信用度最低的机构。[①] 而大众对媒体产业信心下降的原因正是源于民众对搜索引擎、社交媒体平台的不信任。这一方面是技术黑箱带来的虚假点击率和虚假注意力问题；另一方面是传统基于组织的系统信任模式已经不适用于日趋全球化和个体化的数字化生存方式。目前，宝洁、联合利华等大型跨国企业已不断缩减社交媒体广告的投放预算，新闻传播业界也对完全依赖技术自主生产、分发、测评信息的全新模式并不看好。在传统基于人际信任与系统信任的社会信任方式上，重建社交媒体信息传播系统的信任模式急迫且紧要。

美国社会学家查尔斯·佩罗（Charles Perrow）曾提出："科学技

---

① 2018全球信任度报告：《中国居首美国遭遇滑坡，媒体成信用最低机构》，搜狐网，http：//www.sohu.com/a/219078055_114835，2018年1月26日。

术曾被认为是社会发展的决定因素和根本动力，但现在却日益成为当代社会最大的风险源。"① 换言之，人们想借助科学技术的力量降低周遭世界的不确定性；然而，科学技术自身却成为不确定性的始作俑者。数字技术在沿着传统大众传播技术通过提高信息冗余以减少信息传播的随机不确定性时，有鉴于信息量的突破与信息传播范围的扩大，又引发超出人类以往任何经验的新传播不确定性问题。正如未来学家约翰·奈斯比特在《大趋势》中所言："失去控制和无组织的信息在信息社会里不再构成资源，相反，它成为信息工作者的敌人。"② 因此，人类迫切需要新的信息管理技术来平衡信息传播的系统开放性与信息传播无序之间的矛盾。

第三节　技术协同效应：智能媒体的传播效应范式

信息理论认为，信息不仅可以生产和传播，不同于物质和能量守恒定律，其不确定属性甚至能够带来创生效果。有鉴于特殊基础资源——信息的可创生性，基于大数据和人工智能技术的人类创构活动在比特意义上达到了"造物"的层次。③ 在信息丰沛且使用自由的智能传播时代，人类借助信息改造"上帝"打造的固有世界秩序、创造全新的人工智能世界，宛如新世纪的"造物主"。具体到信息传播领域，可创生的智能信息依托于全新的传播技术，带来传播主体的变化，进而导致传播效应的整体演进。面对社交媒体传播时代虚假信息泛滥、信息传播超量以及受众社交媒体抵触等一系列负面效应，我们不能重新倒退至信息封闭的小岛上，而是应该利用新的技术手段和信息改造能力，创造更加开放且协同有序的新型网络社会。

---

① ［美］查尔斯·佩罗：《当科技变成灾难：与高风险系统共存》，蔡承志译，商周出版社 2001 年版，第 9 页。

② ［美］约翰·奈斯比特：《大趋势》，梅艳等译，中国社会科学出版社 1994 年版，第 23 页。

③ 王天恩：《大数据、人工智能和造世伦理》，《哲学分析》2019 年第 10 期。

一　人与物的组合形式:人的物化与技术的人化

当一个系统由不同要素组合而成时,单个要素的变化或不同要素的组合变化都会引起整体系统的运动规律。传统组织效应学理论认为,无论组合现象如何复杂,概括起来只有四种组合:人与人的组合、人与物的组合、物与物的组合,以及多因素的混合组合。[①] 在传统农耕社会,人与人、物与物的自然组合占主导地位;而自人类步入工业社会后,随着人工物的大量兴起,人与物的组合,乃至多因素的混合组合成为事物合作的基本结构。值得注意的是,在习焉不察的人与物的现代组织结构中,既有合理组合与最佳组合,同时也存在强制组合或异化组合。前者是较为理想的组合状态,而后者亟待人为干预与调控。

人与物二者边界的模糊化是始于信息融合与技术发展的。人类很早就开始了对人与物的思考。法国近代思想家勒内·笛卡尔将人与动物均视为机器,以此佐证其朴素的机械式唯物主义观点。法国哲学家、医生拉·梅特里(La Mettrie)则将笛卡尔的观点发扬光大,直接指出人体是一架会自己发动的机器,一架永动机的活生生的模型。[②] 该思想成为现代医学发展的重要理论基础。而从计算机科学家的视角来看,以计算机为代表的高阶机器却始终以人类智能为终极目标。人工智能之父艾伦·麦席森·图灵坚定地认为只要各项条件满足,机器就能够像人一样思考。由此可见,生物学和计算机科学分别展现了两条完全不同的人与机器的发展路径,其一是将人改造成机器;其二是将机器进化成人。这两条看似南辕北辙的道路在信息社会达到高度统一:人类机器化的尝试,也可以反过来视作机器的逐渐人化过程。美国著名的物理学家约翰·惠勒曾言,所有

---

① 参见春松、高林等《组织效应学的基本原理》,《未来与发展》1981 年第 2 期。
② 参见 [法] 拉·梅特里《人是机器》,顾寿观译,商务印书馆 1996 年版,第 20 页。

物理性的东西从起源上看都是信息性的，万物皆为信息。① 换言之，不论是人类还是机器，其起源与构成部件都是信息。尤其是在信息丰裕且高度自主化的数字时代，数字技术将万事万物以信息化的形态存储至虚拟世界，人与物在技术逻辑层面完全可以脱离实体，以信息流的形式存在。在传统社会，信息控制技术，信息是技术自动化调节的重要介质；而数字时代以后，技术调控信息，技术生产信息，信息甚至能够直接创生信息、复制信息。信息与技术的关系变化直接影响了人与物的发展边界，其既是人类物化的重要条件，同时也是技术人化的基本要素。

人的物化现象始于工业革命，并从身体部件向大脑智力逐渐深入。首先，躯体活动技能物化。工业革命以机器自动化生产取代了人力主导的低效率生产活动，人的躯体活动被机器部分取代。原先人力需要参与衣食住行的方方面面，而机器动力的出现解放了手工劳动力，人类可以集中力量从事复杂的脑力活动。其次，大脑物化。信息革命用电脑取代人脑，用人类创造的人工智能取代自然的人类智能。当躯体的大部分工作被机器取代时，人类开始研发以解放人脑为目的的新兴技术。电脑通过模仿人类的语言系统实现了计算的自动化与更新迭代。摩尔定律启示我们，当价格不变时，电脑集成电路上所能容纳的元器件数目，约每隔18—24个月便会增加一倍，性能也将提升一倍。② 电脑在信息容纳与信息处理方面的能力已远超人类智力，甚至可以部分取代人类脑力。发表于《科学杂志》（Science）上的相关研究显示，电脑和互联网的普及正在改变人类记忆的基本方式。③ 从侧面反映了计算机技术对人脑功能的模仿与取代。最后，身体结构物化与人类整体的完全物化。现如今，我们已经可

---

① 参见［美］约翰·惠勒、肯尼斯·福勒《约翰·惠勒自传——物理历史与未来的见证者》，蔡承志译，汕头大学出版社2004年版，第84页。
② 参见张万民、王振友主编《计算机导论》，北京理工大学出版社2016年版，第4页。
③ BBC中文：《电脑"改变"人脑记忆方式》，BBC News，https://www.bbc.com/zhongwen/simp/science/2011/07/110717_computer_memory，2011年7月11日。

以用各种人造物体全面取代人的身体，改造低效率的身体部件，实现身体性能的全面提升。此外，在智能时代，个体甚至可以作为一个整体被完全物化，用数字化的信息代表个体机能与心理指标，以不确定的身体或无身体的形态生活在虚拟世界里。事实上，这种技术已经成熟。2019 年 9 月 2 日，美国作家安德鲁·卡普兰（Andrew Kaplan）成为首个数字人类 "AndyBot"，通过将其一生的信息数字化，其生命将在云端技术上得以永生，且可以借助对话 AI 技术和数字助理设备，与家人正常互动聊天。① 人类生命将以技术物化的形式超越死亡，无限延续。

技术的人化现象在数字时代后半期由于信息的丰沛而得以集中爆发，智能技术的迅猛发展则是其集大成阶段。与人的物化现象相反，技术的人化路径是从对大脑算力的模仿逐步发展到行为乃至躯体智能。第一，电脑模仿人脑运行机制，使技术处理信息的能力逐渐脱离人力介入。如前所述，理性是人类主体区别于动物、自然的本质属性。而符号运用、分析推理、数学模型等是人类理性思维的重要展现方式，同时也正是机器（或计算机）自我运转的逻辑基础。现代人类的理性很大程度而言必须借助机器得以彰显，同时也意味着技术在理性计算方面率先实现了对人类的模拟与再现。在智能技术阶段，机器可以完全摆脱人力完成信息生产、分发、反馈、调节的全流程，使技术在人脑核心工作机制层面实现了深度人化。第二，为技术大脑装上四肢，在身体与行为层面实现初步人化。人工智能技术发展的三大流派里，除逻辑学派（logicism）、仿生学派（bionicsism）以外，较晚产生的是模仿人类行为的生理学派（physiologism）。借助技术单一模仿人类行为并不困难，难以付诸实施的是对人脑、人类行为的整体性模拟。早先的类人机器人只是出现在科幻片中人类想象，然而目前，已有首位拥有公民身份的类人机器人索

---

① 灵魂上云:《云上永生:美国作家卡普兰将成为首个 "数字人类"》，http://baijia-hao. baidu. com/s? id = 1643547400887183186&wfr = spider&for = pc，2019 年 9 月 2 日。

菲亚（见图 5–1）、人形机器人 Geminoid、社交机器人 NAO、运动机器人 Atlas 等类人仿真机器人，其无论是在大脑与四肢的整体配合，还是外貌构造与面部表情上，都实现了对人类生理工作机制的全方位整体再现。第三，技术对人类学习、适应、进化机制的模仿。现阶段兴起的深度学习智能技术，旨在培养机器的自我控制、自我组织与自我学习过程，实现机器的迭代与进化能力。有学者将人工智能技术的发展分为弱人工智能、强人工智能与超强人工智能三个阶段。[1] 目前，弱人工智能和强人工智能业已投入使用，而超人工智能的例子暂时仍存在于科幻电影中。譬如，美剧《西部世界》中的人形机器人的德洛丽丝，《机械姬》中的复仇机器人艾娃，《银翼杀手 2049》中的复制人，等等。尤其需要注意的是，按照技术的人化轨迹，具有超人类智识的超人工智能是切实可行的。事实上，AlphaGo 的升级版 AlphaGo Zero 未经人工干预，在三天时间内自学三种不同的棋类游戏规则，包括国际象棋、围棋和日本将军棋，已经证实了机器智能的超强学习能力与可能失控的进化能力。

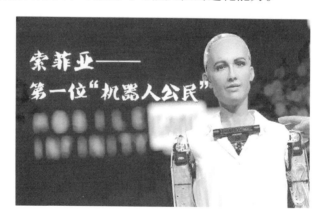

图 5–1　首位拥有公民身份的类人机器人索菲亚

综上所述，传统信息传播方式通过技术连接人与信息、人与人、

---

[1]　参见李开复《人工智能》，文化发展出版社 2017 年版，第 49—52 页。

信息与信息等同质要素，而在智能传播时代，随着人类物化与技术人化现象的进一步加剧，智能传播不仅连接人与信息、人与技术、人与物等异质要素，而且传播系统中的要素界限也逐渐模糊，从而增加信息传播可控性的难度。具体表现在传播主体从人类扩展到技术主体，传播效果由人类主导转向技术主导。为了调控智能传播系统中的信息传播效果，应该充分发挥技术的智能效应，协调人与机器的融合边界，更好地发挥人机交互的合理组合效应而规避其可能存在的异化效应。

二　智能传播效应表现之一：封闭性与开放性的协同

信息传播追求精准再现的确定性效果，所以，不同的传播阶段均尝试通过不同的技术逻辑以追求合理的传播效应。传统大众传播借助组织权威或媒介公信力完成信息的单向式封闭传播，而社交媒体传播回归平台的中介力量，以复杂的关系维系取代单一的信息补偿，构建了相对自由且开放的传播新格局。对比传统大众媒介传播与社交媒体传播的诸多问题，我们可以发现二者的迭代与补偿关系中存在一对基本矛盾，即传播系统绝对封闭带来的可控但非持续现象与绝对开放产生的自由但不可控之间的相互博弈。换言之，封闭式的控制是对民主和活力的抹杀，无组织的自由同样是失序和极化的温床。二者都不是最为合理的信息传播系统，需要在二者之间装置适当的技术砝码，以在开放民主与无序失控之间获取平衡，并尝试在理想与现实之间构筑一个有限开放性的最佳智能传播空间。

具体而言，信息传播系统有限开放性的智能协同效应表现在以下三个方面。第一，信源多样化与信息真实性协同。由前文可知，信息多元化是开放传播系统，以信息量抵消信息不确定性的必要条件；但是信息量的骤增也会带来信息不可分辨与虚假信息的问题。当基于熟人交往关系的信息分享方式取代了依附权威的信息把关模式，用户选择无条件地信任符合自身理解与认知的信息真实性。据 CNNIC 的相关调查报告显示，中国大部分网民对于网络新闻的真实性仍然缺乏质疑意识和批判精神，60.3% 的网民在转发新闻前不会核实信息的真实性而直接转发，仅有 25.7% 的用户在转发新闻前会有意识地核实信息的真实准确性。[①] 而美国独立民调和智库机构皮尤研究中心（Pew Research Center）的数据指出，占调查人口总数 53% 的美国成人认为偏见新闻（one-sided news）和不准确新闻（inaccurate news）是从社交媒体上获取新闻信息的最严重问题。[②] 以上各类数据折射出开放信息获取自由后的信息混杂与虚假问题。值得提出的是，低效率的人工审核方式既不能满足海量信息的快速传播需求，同时也是日趋自主化的媒体用户警惕的问题之一。在社交媒体传播中，仍有近 35% 和 24% 的使用者担忧社交媒体新闻的审查制度（cencorship of the news）与组织人为屏蔽问题（news organizations or personalities being banned）。[③] 故而，采用智能技术的自动化审查功能不仅能够满足传播效率问题，同时也能避免不理性的信息干预现象。在传播实践活动中，新的以机器为主要力量的审查机制已经成为平衡信源开放与信息真实性的全新智能把关模式，使有限开放性在信源层面得以实现。比如，2017 年，Facebook 上线谣言审核机制，对网页上可信度存疑的信息添加警告标签，并与专业机构"国际事实审核网络"（IFCN）合作，共同应对社交网络中的虚假信息泛滥现象。而在国内，主要社交媒体平台微博、微信同样通过加载机器检测与过滤系统，针对平台上的海量流动信息实现自动化核查。

---

① 中国互联网络信息中心：《2016 年中国互联网新闻市场研究报告》，中国网信网，http：//www.cnnic.cn/hlwfzyj/hlwxzbg/mtbg/201701/P020170112309068736023，2017 年 1 月 11 日。

② Pew Research Center, Americans Are Wary of the Role Social Media Sites Play in Delivering the News, Pew Research Org,（Autumn2019），https：//www.journalism.org/2019/10/02/americans-are-wary-of-the-role-social-media-sites-play-in-delivering-the-news/.

③ Pew Research Center, "Americans Are Wary of the Role Social Media Sites Play in Delivering the News", Pew Research Org（Autumn 2019）.

第二，信息传播自由与信息传播过度的协同。传播系统的绝对封闭有损信息传播的民主性，但完全开放的信息传播系统同时面临信息传播自由无度的问题。不仅公众传播理性缺失，传播空间情绪泛滥，传播议题也日趋娱乐化，掩盖了其多元化追求中对公共性议题的探讨。在互联网崛起的前十年，曾有文化研究学者赋予网络媒体以介乎公众与国家之间的公共领域性能；而媒体机构与传播平台泛滥的21世纪，对网络论坛、社交媒体"有限公共性"的批判言论不绝于耳。[1] 社交媒体不但没有成为理想化的公共议题探讨空间，反而日趋演化为民众私泄情绪、口诛笔伐、不负责任的出气筒与隐身衣。自2000年初期兴起的人肉搜索事件到21世纪愈演愈烈的网络暴力问题，匿名化的自由从线上弥散到线下。2019年，韩国影星崔雪莉、具荷拉的相继离世，将网络暴力问题推向公众。如何对开放的网络言论实施监管与治理，成为迫在眉睫的新议题。曾有学者研究网络论坛实名、匿名、假名的三种用户对公共议题的评论态度，发现实名网民更为理性、客观，而非实名网民表现出非理性、暴力的特点。[2] 数据显示，中国网民在微博、微信上参与评论的比例高达62.8%和50.2%[3]（见表5－3），随着评论、转发成为民众参与网络信息传播的日常行为，以智能技术平衡传播自由与传播无度之间的矛盾或成为网络治理的新路径。譬如，区块链技术是一种将数据区块以时间顺序相连的方式组合成的，并以密码学方式保证不可篡改和不可伪造的分布式数据库。[4] 通过区块链技术与大数据、其他相关技术的有效配合，可以将涉及恶意传播信息的行为永久列入该用户

---

[1] 参见杨文华《网络论坛的"有限公共性"及其对我国意识形态安全的冲击》，《理论与改革》2012年第3期。

[2] 参见肖燕雄、陈志光《匿名、假名与实名之别——以铜须事件为例解析网络论坛中的网民行为》，《当代传播》2007年第4期。

[3] 参见中国互联网信息中心《2016年中国互联网新闻市场研究报告》，中国网信网，http://www.cnnic.cn/hlwfzyj/hlwxzbg/mtbg/201701/P020170112309068736023.pdf，2017年1月11日。

[4] 参见连一席《区块链研究报告：从信任机器到产业浪潮还有多远》，《发展研究》2018年第8期。

的传播档案中。同时，区块链关注微小数据的生产与传播流程，其不可篡改的独特技术属性，将有效避免机器造假、机器欺诈等技术性难题，使每条信息都有迹可循、有源可塑。以此在屏蔽人工监控与审查机制介入的前提下，提高大众对数字技术本身的信任度，降低网络暴力与传播失控风险。

表 5 - 3　　　　　　　　　　2016 年网民对互联网评论比例

行为表现	所占比例（%）
会看评论，也会积极参与评论	8.2
只看评论，很少参与评论	58.8
基本不看评论，也很少参与评论	33.0

第三，信息获取权与信息屏蔽权的协同。如前所述，数字技术解放了个体表达与传播信息的欲望和诉求，提高了信息生产和传播效率，但是并未给予作为产消者的个体以信息选择和接受的等量权力。毫无节制的海量信息肆意传播现象不仅会增加个体获取信息内容和信息价值的困难程度，更将消解以信息量降低信息噪声的有效性。仍以传播者的传播目的为主要导向并选择性忽略信息接收者的做法，并不能带来信息传播系统的良性发展。必须借助技术既使传播主体拥有信息获取的自由与能力，同时也具备信息选择与屏蔽的权力。如可以通过区块链技术的加持与改造，使每个个体基于相同的数据标准建立自己独特的专属数字档案，且对自己的数据享有管理权。如此，若任何人、应用软件、企业、组织想要使用个人数据，将需要得到用户批准。目前，业界已经出现诸如 Uport 的成功管理个人数字信息的实例。每个使用 Uport 的个体，都会拥有一个以太坊账户。用户可以更新包括名称、邮箱、头像、电话、国籍等在内的个人信息，同时也可以授权或拒绝其他用户访问该隐私数据。智能传播不仅没有回避数字时代的信息分享与信息选择问题，反而通过有效的技术管理手段，平衡了信息获取与信息屏蔽之间的复杂关系。

三 智能传播效应表现之二：人与机器的协同

虽然现代信息传播系统默认社交传播现象发生在人与人之间，但是其自始至终都包含了作为传播主体的人类与作为传播工具的技术两类不同参与者。作为传播主体的人使得传播现象抱有温度与深度，但技术工具的介入大幅度提高传播过程的效率和影响力。传统大众媒介宛如一个大喇叭，以牺牲个性化为代价片面追求信息传播统一化的高效率；而社交媒体则为了绘制理想化的传播图景，重新增加信息精准获取与高效理解的难度。人与机器合作是现代社会人类的生存常态，也是现代信息传播的基本模式。故而，人力主导的低效率且不理性现象与技术主导的高效率却不可控隐患是信息传播系统中不断缠绕与博弈的第二对矛盾，同时也是核心矛盾。有鉴于大众媒介传播人性匮乏与社交媒体传播理性缺失的不完美效果，未来智能传播试图以重构人类主体性为目标，协同人类物化与技术人化的不确定主体间关系，追寻更为理想的人机合作与人机传播效应。

某种程度而言，人的物化现象不可避免，但技术的人化现象必须可控。协同人机关系可以将其拆解为三个逻辑递进的互联问题。第一，当技术人化到何种程度时，我们可以将其视为传播主体？由前文可知，技术的人化过程可以分为对人脑的模拟、对行为模拟以及整体进化机制模拟三个阶段。而且，由于机器在信息存储与信息处理能力上远超人类大脑，所以其在单一维度上的人化功能远远超越人类智能所能到达的程度。美国心理学家霍华德·加德纳（Howard Gardner）批判单一的智力测试手段，提出多元智能理论。其认为人类的智能水平具有多样性，至少可以分为六大范畴：语言智能（Linguistic Intelligence）、音乐智能（Musical Intelligence）、逻辑数学智能（Logical—Mathematical Intelligence）、空间智能（Spatial Intelligence）、肢体运作智能（Bodily—Kinesthetic Intelligence）、人际智能

（The Personal Intelligences）等①（见表5-4）。多元智能理论的意义在于，人类智能理论不仅可以分为不同层次，而且具有整体性、进化性和个体独特性。因此，一部机器可以被视为具有自主性的传播主体理应具备三个基本条件：其一，自主搜集、生产、传播、再现信息，即传播生产自动化；其二，自主进化、自我迭代，即能够适应环境、处理新兴事物；其三，具有不同于人类思维的机器思维，或具有超过人类智能的特殊能力。目前大部分智能机器在技术上业已符合前两条要求，少数机器也初现异于人类智能或人类伦理的自主思维。由此可见，机器已经可以被视作独立的传播主体，必须转变传统的机器客体思想，将其视为可以交流的拟人主体或非人主体。

表5-4   霍华德·加德纳多元智能理论

表现维度	主要内容
言语—语言智能 （Verbal-Linguistic Intelligence）	指听、说、读和写的能力，表现为个人能够顺利而高效地利用语言描述事件、表达思想的能力
音乐—节奏智能 （Musical-Rhythmic Intelligence）	指感受、辨别、记忆、改变和表达音乐的能力，表现为个人对音乐以及通过作曲、演奏和演唱等表达音乐的能力
逻辑—数学智能 （Logical-Mathematical Intelligence）	指运算和推理的能力，表现为对事物间各种关系如类比、对比、因果和逻辑等关系的敏感以及通过数理运算和逻辑推理能力
视觉—空间智能 （Visual-Spatial Intelligence）	指感受、辨别、记忆和改变物体的空间关系并借此表达思想和感情的能力
身体—动觉智能 （Bodily—Kinesthetic Intelligence）	指运用四肢和躯干的能力，表现为能够较好地控制自己的身体、对时间能够做出恰当的身体反应
自知—自省智能 （Intrapersonal Intelligences）	指认识、洞察和反省自身的能力
交往—交流智能 （Interpersonal Intelligence）	指与人相处和交往的能力，表现为察觉、体验他人情绪、情感和意图并据此做出适宜反应的能力
自然观察智能 （Naturalist Intelligence）	指个体辨别环境（不仅是自然环境，还包括人造环境）的特征并加以分类和利用的能力

---

① Gardner, Howard, *Frames of Mind: the Theory of Multiple Intelligences*, New York: Basic Books, 1993, pp. 50 - 60.

　　第二，在跨人际主体传播中，机器主体性如何影响人类主体性？在承认机器能够被视为自主传播主体的基础之上，我们需要进一步探析机器主体的出现对人类主体的影响。如前所述，有学者认为人与机器的关系并不能简单地用单一关系概括，而是呈现出复杂性与混杂性。对于从初级到高级不断发展的智能机器主体而言，初级机器主体能够在单一维度上超越人类主体，如物流行业的智能分拣机器人可以精准地将每一个快递安放在规定位置；智能主播等人形机器人更是超越人类智能的身体局限，能够日夜工作、不知疲惫。而不断进化发展的机器主体甚至能够进一步物化乃至驾驭人类主体，消解人类主体性，将其简化成计算主义虚拟世界的数据人或虚拟人，成为随时随地可以生产并提供数据原料的主导生产力。我们必须提前预见的是，机器主体对人类主体的威胁不仅在于对人类主体功能表现的超越与思想的改造，更体现在可能存在的主体排异性与完全取代性。经智能技术改造的多元主体既包含完全异于人类主体的新机器主体，同时也有被重构与改造的非传统人类主体。无论是哪种主体类型，都将意味着人类主体独有的理性特征与社会主导控制力的部分丧失甚至完全消逝。

　　第三，如何遏制人类主体被完全取代现象以及机器主体的未知危机？任何主体的发展都将依照自身利益及生存环境的发展逻辑，人类主体如此，机器主体也不例外。技术并不是"价值中立"的，技术以及技术的造化物，并非完全由人来支配的，它有自己的尺度。[1] 如若机器主体必须对自己的行为负责，并以道德标准为行动纲领，则其也不可能以人类主体发展、人类社会利益为目标，只会以机器自身的权益为价值标准。在责任划分与道德界定层面，人类标准与机器标准将会产生矛盾和冲突。在日益深化的人机合作的智能传播活动中，人类主体被机器主体超越与物化是历史必然，但是否被完全取代则取决于

---

　　① 参见吴飞《新闻传播研究的未来面向：人的主体性与技术的自主性》，《社会科学战线》2017 年第 1 期。

现阶段重新以人类发展为目标的合理调控。虽然机器主体在单一理性方面必然超过人类主体，然而人类主体中难以计算的，与道德、情感、主观认知密切相关的非理性因素，则是机器主体难以模仿甚至无法突破的。值得提出的是，虽然机器主体难以产生与人类类似的情感体验；但是智能机器同样带来延展人类智能功能、分担人类主体任务的重要作用，以及理解人类情感认知等未知领域的研究机遇。随着机器模仿人类智能不断向思维认知层面深入，为了更好地理解机器主体，人类智能主体需要向思维、情感、意向等深度层面不断解构、重组和再构。在未来的智能传播活动中，我们首先应该促进与智能机器主体等他者智能之间的理解与交流，减轻人类智能的既有负担，并以此有备无患地应对可能存在的未知主体行为与危机。其次，通过不断提升自我的智能水平并深入挖掘自身智能的独特之处，与机器智能和谐互补、共同发展，才是避免人类主体被完全取代的有效措施。

综上所述，智能传播改变人与人之间的信息交流现象，并将其拓展到人与人、物与物、人与物的跨人际主体交流范畴。为了协同人机交流的新常态，必须从功能层面厘清机器主体可能触及的智能界限；从传播关系层面爬梳机器主体对人类主体的具体影响；并从本体论哲学层面重新定义人类主体与机器主体在传播现象中的界限与职责。只有深入理解人与机器创造的意义空间，才能更为高效且有效地面对未来智能传播带来的诸多挑战。

第四节　本章小结

本章内容围绕信息传播系统的第三个层级——信息传播效应展开论述。研究思路是分别论述信息传播发展的三个阶段——大众媒介传播、社交媒体传播以及智能媒体传播的主导传播效应，并在论述中进行比较研究，分析不同类型传播效应的利与弊。其中，前两节是研究问题的基础，而第三节有关智能传播效应的论述是本章的重点研究目标。为论述该未来性议题，笔者采用从应然到实然再到未然的逻辑推理方法，试图从信息价值理论的视角重新梳理大众传播效果与社交媒体传播效应的既有主导模式，并从两种模式的互联与补偿关系中，推导出未来智能传播的可能范式。

研究发现，大众媒介传播效果具有显著的组织依附效应，其或直接依附于传播者，或依赖于媒介渠道。虽然传播者以人类需求逻辑组合传播要素，媒介渠道遵循技术范式，但是在大众媒介传播阶段，二者多以权力集中、规模较大的组织形式存在。所以，大众媒介传播效果可以理解为以增加信息量、增进传播效率为目标的组织效应。社交媒体传播更多表现为聚合信息、建立关系的平台效应。平台效应回归媒介渠道的中介属性，然而却难以贯彻技术介质的价值中立性。一方面，信息的聚合降低了传播系统的不确定性，提高信息生产、获取和创生过程的便捷性，并增加信息创新活动的可能性；但另一方面，海量信息却带来虚假信息、理解困难、信任缺失等新的不确定性问题。去中心、无边界、无组织的平台传播存在信息混乱与管理失效危机，需要新的传播技术的介入。

通过对比两种传播模式的演进逻辑，并结合二者的优势与不足之处，可以发现，从大众媒介传播到社交媒体传播，不仅信息从自在信息发展为自为信息，且日益发散出自我创生作用；信息传播技术也从其本质依附属性逐渐演化为介质中介属性，并势必向技术主体性发展。法国媒介学家雷吉斯·德布雷认为，思想只有通过物质化才能存在，只有通过流露才能持久。人类是"补形的上帝"，通过添加替代器官和物质化能力，才能达到神圣的条件。[①] 换言之，如果说信息及其传播现象是人类知识汇集与思想形成基础，将其从人脑和身体中分离出来更易于信息的发展与创生，那么重新对其物质化、实体化，乃至智能化则是发挥信息巨大创造潜力的重要路径。某种

① 参见［法］雷吉斯·德布雷《普通媒介学教程》，陈卫星等译，清华大学出版社2014年版，第70页。

程度而言，智能技术是"造物者"的技术，将以人的持续物化以及技术的整体人化现象为重要突破口。在智能传播系统中存在技术与人的两条发展逻辑，但任何一条逻辑都不能占据绝对的主导地位，反而应该相互博弈，以此追求人类信息传播系统的跨组织、跨主体、跨人际的整体协同发展。总体而言，我们既不能将信息传播技术重新客体化，使其退回人类主体主导的原始社会；同时也不能放任技术主体的肆意发展，进而导致传播系统可能存在的失控。未来的智能传播之所以"智能"，并不单单指技术主导下的信息自动生产、自我进化，更涉及机器主体的自我生产与传播思维以及以人类主体为核心目标的重新进化。由此可见，智能传播必须以协同效应为主导，将系统封闭性产生的可控效果与开放性激发的潜在活力协同、将人的感性创造力与机器绝对理性力协同，以期追求信息传播自由与传播秩序可控的有效共存。

第六章 以传播主体发展为旨归：智能传播未来图景的基础、问题与目标

本研究从信息学理论带给人类信息传播演进研究的启示出发，在第二章提出基本的研究框架，并分别在第三、四、五章对研究主体部分——信息传播流程、信息传播控制以及信息传播效应分别做了深入探讨与分析。文章的主要章节采取从大众媒介传播到社交媒体传播、智能媒体传播的纵深阐释方法，在现有实然层面的研究结论基础之上，通过案例分析与逻辑推导，从应然层面对未来的智能传播图景进行合理勾画。事实上，从大众媒介传播到社交媒体传播的变化是文章的研究基础，而有关智能传播的科学预测才是本研究的重点与难点。有鉴于本话题相关理论缺乏、实践案例不足的既有现实，本研究主要采用比较分析与归纳演绎结合的研究方法。为了更好地阐释本研究的关键问题，本章在前几个章节翔实的撰写分析基础之上，通过对文章主体部分有关智能媒体传播的开放式讨论进行统一归纳与梳理，试图从横向视角系统说明未来智能信息传播的重要基础、关键问题以及发展目标，并以此作为本研究的总结与结论。

第一节 智能传播的重要基础：信息连通

一 信息连通的重要意义

从人类不断演进的信息交流史来看，由技术参与的信息传播活

动总结起来大抵是为了解决三类原始面对面交流中广泛存在的问题：其一是渴望信息的安全送达；其二是实现远距离的相互接触；其三则是对人类自身身体缺席的弥补。① 据该论断，我们可以得到两个基本启示。首先，人类主体同传播技术共同参与的信息传播活动是不断演进的。对应来看，大众媒介传播以技术撒播的形式，完成了基本的信息送达目标；而社交媒体传播借助数字技术的中介渠道，尝试跨越时空鸿沟以达成与他者心灵哪怕片刻的触摸与通感；智能媒体传播则是在信息送达与关系建立的基础之上，试图对技术传播带来的人类身体缺席问题进行弥补。其次，虽然技术参与传播已成为现代信息传播赖以生存的基本范式，但是整个人类传播进程仍然试图回归最初面对面交流的在场感受。如果说既有的技术传播是为了克服中介性的身体去触摸另一个人灵魂的话；那么到了智能传播时代，信息交流的成功与否则取决于跨越中介性的媒介偏向或可能存在的他者灵魂，去触摸另一个人的身体。② 笔者用信息连通来形容并指代智能传播的重要基础，一方面旨在与既有两个传播阶段的单向度信息传递与泛在信息连接区别开来，另一方面则是借以暗含智能传播试图突破的信息界限与希冀达到的万物连通效果。换言之，信息连通一词既有现实的沿袭意义，同时也饱含对未来传播途径的期待值。当我们将未来性的研究视野收回，仅聚焦于信息连通对于人类信息传播活动的重大意义时，其具体表现可以从以下三个方面详细阐释。

（一）减少信息传递过程中的损耗

信息及其传播现象始终存在损耗现象，所以，实现信息点对点的安全与精准到达是人类信息传播活动的基本目标。大众媒介传播

---

① 参见［美］约翰·杜翰姆·彼得斯《传播的观念史：对空言说》，邓建国译，上海译文出版社 2017 年版，第 299、310 页。

② 参见［美］约翰·杜翰姆·彼得斯《传播的观念史：对空言说》，邓建国译，上海译文出版社 2017 年版，第 326 页。

虽然通过构建较为封闭的信息传播系统以减少信息传递过程中的不确定性，并将最大的不确定要素——"人"排斥在系统之外，但是其无法避免信息在媒介渠道中产生的必要损耗。如原则上广播可以对数量庞大的听众传递信息，其却无法保证信息传递过程的安全性与私密性。这种类似于向天传播、毫无回应的信息撒播方式，本质上是难以确保受众到达率及其接受率的。社交媒体传播将信息连接、交流者之间的链接作为其传播目标，虽然信息不再对空言说，然而依托于媒介的对话式传播方式反而增加了信息在人类自身理解过程中的损耗。事实上，社交媒体系统中存在大量被误解和曲解的信息。智能媒体传播以信息连通为目标，在信息聚合与对话者聚合的基础之上，寻求信息与人的精准匹配，并以此协调泛在传播与精准传达之间难以调和的矛盾。换言之，信息连通不仅是信息的传递与连接，更是信息的精准匹配与接收。

（二）消解信息传播的时空限制甚至身体限制

从本质上来看，人是一种孤独动物。虽然信息交流可以达到灵魂的短暂共鸣，但是往往具有时间和空间的限制。在时间层面，信息传播过程转瞬即逝；而在空间层面，人类言所能及的信息范围囿于各种局限性，既与其地理活动范围有关，也取决于其朝夕相处的社会交往群体。有学者认为，是传播使自然的时间和距离尺度过时，同时，也是传播将我们从时间和空间的粗暴与压制性束缚中解放出来。① 从既有人类实践传播活动来看，不论是大众媒介传播还是社交媒体传播，二者始终以实现信息与人、人与人的远距离接触为重要目标。纵使传播效果不尽如人意，但是人类以信息传播消解自身孤独感的尝试从未止步。基于此，信息连通的价值一方面在于继续跨越人与人交流的时空限制，促使传播距离和范围更远，传播内容更容易保存；而另一方面，其希冀逾越人与人身体或心灵层面存在的

---

① 参见［美］约翰·杜翰姆·彼得斯《传播的观念史：对空言说》，邓建国译，上海译文出版社 2017 年版，第 283、270 页。

更深层次的交流障碍。进一步而言，有鉴于信息是万事万物存在的本质元素，通过信息在实体与虚拟层面的连通与联动，或许能够摆脱媒介作为交流辅助工具的实体阻碍性，真正在心灵层面实现信息交流的具身性，而非停留在信息抵达与传播自由的表皮和幻觉。

（三）增加信息的鲜活感与在场感

信息原本依附于物质实体才能生存与传播，然而，当冰冷的技术媒介参与的现代传播活动大范围取代面对面交流的古老传播模式时，信息便得以脱离其本身的物质载体，不仅在传播通道中自由流动，而且从一个主体的身体抽离，再由某个遥远的主体复现于自我的身体之中。传统大众媒介传播的信息传播缺乏灵动感与鲜活感。正如维纳所言，信息就是信息，其不是物质或能量。然而，从生命载体中抽离出来的独立信息同样也不是生命，其只是与生命相关的、暂时飘浮在空中、难以捕捉的生命讯号。所以，为了增加人类现代信息传播活动的鲜活感与在场感，借助于各种人为策略对生命的缺席进行弥补是其更为高阶的传播目标。举例来说，传统大众媒介通过一些人为的传播技巧，如以谈话的形式传递信息，以取代信息单向度撒播的乏味；或注入日常情感，使难以感知的海量受众通过人类多样化的语言体系，体验人类传播活动的真实与温馨。而社交媒体传播更是直接以技术模拟面对面交流的对话形式，通过信息一来一回的即时互动，以削减技术在远距离传播中的生硬感与负面作用。智能传播作为前两个传播阶段的进阶模式，以信息连通为其传播基础，不仅是以信息的多样化补充其内容的鲜活性，更是试图借助信息连通带来的重组效果，在传播接收端重构现实与虚拟结合，抑或完全虚拟的身体感知。德国哲学家阿多诺认为，只有在一个主体与另一个主体接触时，真正的互动才能够发生。[①] 故而，在此层面上，若要实现增加信息鲜活感与在场感的目标，只有在信息传递、连接

---

① Adorno，"Analytical Study of the NBC Music Appreciation Hour"，*Musical Quarterly*，Vol. 78，1994，pp. 325 - 377.

的基础之上,借助信息的连通效应,复现人类的身体,如此,才是未来人类传播变革的重要方向。

二 智能传播中信息连通的主要表现

技术发展是信息传播流程变革的直接原因,然而人类随传播环境变化生发出的不同层次的信息需求则是演进过程的目标指向。从大众媒介传播到社交媒体传播,传播流程目标由单一的信息传递转变为信息的多方位连接;而当传播活动发展至智能传播阶段时,人类对信息的需求也产生了从信息泛连接到信息多维度连通的重要变化。智能信息连通不仅是技术连通、传播价值连通、人与信息连通,更是传播全链条连通、再生创造能力连通以及人与其需求的真正连通。

(一) 智能信息连通是基于技术连接之上的信息传播全链条连通

据字面意思,"连通"与"连接"的不同之处在于前者特指基于后者之上的互联互通现象,可以理解为"连接而又相通①"。因此,相较于大众媒介传播与社交媒体传播的传递与连接功能,智能传播不仅追求技术上的互动连接,更旨在构建人类信息生产与传播活动的全链条连通。

其一,人类信息传播的横向通道与纵向通道完全连通。传统大众媒介传播形成了高效的信息下传模式,社交媒体传播则在较大范围内普及了个体与个体之间的横向信息生产与传播自由。然而,在现实社会中,仍然存在部分阻碍信息流通的技术垄断与权力制约现象,且亟待智能传播的弥补与改进。借助不可篡改与有效筛选的智能技术逻辑,智能传播将在传播渠道层面真正实现人类信息传播的横向互联、纵向互通,尤其是自下而上的传播通道被有效打通。以

① 中国社会科学院语言研究所词典编辑室编:《现代汉语词典》,商务印书馆2005年版,第845页。

此，四通八达的连通网络得以形成并促进人与人之间传播活动的畅通无碍。

其二，更多物种、更多信息在技术层面实现互联互通。不断发展的人类传播活动不仅是维系人类自身生存与发展的重要手段，更是建立人同周遭世界、不同生命或非生命载体之间密切联系的关键力量。人类从来不是这个星球上的孤独存在物，反而从古至今始终幻想着与他者生命建立联系。有鉴于不同生命或非生命之间在本质上的信息共源性，智能传播将他者信息不断纳入人类的信息传播范围，使信息传播拓宽为一种人与任何存在智能迹象、模仿智能行为等物种之间信息互换、沟通理解的对话交流现象。一个由美国学者约翰·杜翰姆·彼得斯提出并希冀的跨越鸿沟、超越物种不可交流性的共通、共享世界①正在智能技术层面聚合，并在人类主体与机器主体的相似观念中努力建构。目前，被广泛运用的社交机器人、语音助手、智能音箱等实例，均是勾画相互联通、交流畅通的未来智能传播图景的有力佐证。

（二）智能信息连通不仅追求信息的广泛连接与无碍传播，更旨在挖掘信息的再生能力与创造价值

从认识论的层面来看，人类对信息的认知具有层次性、交互性和复杂性。② 信息自身可以分为自在信息、自为信息、再生信息和社会信息多个层次，而且人类对信息的使用也可以划分为从物质到自在信息，从自在信息到主体接受信息，以及由主体接受信息到主体建构信息三个阶段。③ 在智能传播时代，不同层次的信息鱼龙混杂，人类理解和建构信息的能力不仅常常显得不够理性，而且日趋呈现饱和状态。故而，必须借助智能机器延伸人类大脑处理信息的功能，

①　参见［美］约翰·杜翰姆·彼得斯《传播的观念史：对空言说》，邓建国译，上海译文出版社 2017 年版，第 9 页。
②　参见雷玉翠《信息认识及其层次性、交互性和复杂性——从邬焜先生的"信息认识论"出发》，《理论导刊》2009 年第 10 期。
③　参见王哲《现象的三阶构成与认识的三道鸿沟》，《新疆社会科学》2007 年第 5 期。

既通过机器大脑深入理解、理性处理海量且复杂的信息关系，同时，也将以机器主导信息自生产与自组织的独特优势，进一步挖掘信息可能存在的未知再生现象。

此外，由于信息不仅是传播系统内部的核心要素，更是连接和维持人类生存、社会发展的重要介质。当广义概念范围内的信息无碍连通与传播时，人类传播的意义，不全在于信息本身、信息的流通过程，更体现在信息流通、变化过程中所激发出来的创造形态和创造结构。[①] 换言之，当智能技术将信息、人、传播等各要素融合进同一张互联网络，且不断模糊其既有边界时，信息传播的真正目标不只介于其前所未有的解构或重构力量，更表现在内隐于其中的广泛创新和创造活动。目前，层出不穷的类人机器主体，以及以虚拟生存为常态的后人类，都是智能传播不断创新发展的重要表现。但值得注意的是，任何传播创新活动都必须以人为核心，纵使机器的主体性行为与意向性特征不断涌现，技术发展仍应控制在合理界限内，始终作为自由人本主义实现的重要工具与手段而存在。

（三）智能信息连通既是人与信息的连通，更是人与其各类需求的真正连通

无论是传统大众媒介传播，还是社交媒体传播，其满足的仅仅是人的信息需求，以及基于信息基础之上的人类沟通、交往需求。然而事实上，位于传播演进动力模式另一端的重要因素——人，不仅渴望基本的信息需求，产生从信息"量"到信息"质"的转变，而且还拥有诸如知识、购物、娱乐、休闲、认同等广泛的其他需求。当社交媒体以数字技术力量，将原本摒弃在信息传播系统之外的"人"要素重新拉回传播研究视野时，以信息传播满足人的各类需求也成为人类信息传播演进的关键要素。

而信息连通是人类复杂需求得以满足的重要前提，人一方面借

---

① 参见丁海宴《电视传播的哲学》，北京广播学院出版社2001年版，第126—127页。

助信息表达、呼吁；另一方面，被听到的信息也会带来需求的被关注与被满足。在越来越庞大的物联网络上，人的各类需求基本可以得到即时性满足。目前，无论是个体的衣食住行，还是社会的管理、政务工作等，都能够借助诸如支付宝客户端、微信客户端等不断改进的信息传播平台一键式完成。品牌商更是借助无孔不入的移动信息，向受众传输几近饱和的各种商业信息。更有甚者，以可口可乐公司为代表的企业将未来广告（如 *Branded Dreams*）链入人类睡梦之中，以此全方位刺激人的潜在需求（见图 6 – 1）。

图 6 – 1　可口可乐公司未来广告 *Branded Dreams*

值得提出的是，追求信息与需求的泛连接与泛满足无可厚非，但铺天盖地的传播乱象与信息焦虑迫使我们不得不重新审视毫无节制的基于社交关系的泛传播状态。在人人参与的信息传播背后，可能是隐含的控制升级和以隐私等切身利益出让为代价的需求假象与消费困局。智能传播作为社交媒体传播之后的进阶传播现象，其不仅以人与信息的连通为基本目标指向，更试图平衡信息传播量与信息精准性之间难以调和的此消彼长式关系，旨在构建一个在无边界、泛在化信息传播中包含精准传播的理想传播系统。在现有的智能传播实践活动中，始终坚持机器主导的精准定向传播与人类更胜一筹的自主、自由选择优势相结合，以精准的信息连通模式满足人类的多样化需求，尤其是人类自身生发的真实需求，而非商家企图刺激的无止境消费需求等，将是智能传播发展的重要原则与关键措施。

第二节 智能传播的关键问题：界限重构

一 界限重构的紧迫性

不断发展的人类传播活动不仅是维系自身生存与发展的重要举措，更是建立人类同周遭世界、不同生命或生命载体之间关系，乃至跨越物种边界、同其建立联系的关键力量。借助信息的有效传播，人类不仅要学会如何看待自己，更要学习怎样与他者相处。在信息传达的基础之上，如果说每一次传播变革活动均要面临自身与他者界限解构与再造问题，那么相比前两次人类传播阶段，智能传播中的重构问题前所未有且更置于要害。在智能传播中，信息、传播、人并入同一个传播体系，其一方面有利于有机体与无机体之间跨界且频繁地融合、交流、创新，而另一方面也使各类原本泾渭分明的事物界限空前模糊、亟待重建。具体而言，智能传播界限重构的紧迫性主要体现在以下两个方面。

其一，智能传播不断将新的存在物纳入人类传播范畴。在大众媒介传播与社交媒体传播中，参与传播的主体仍然是实际存在的人，传播内容也始终是人类搜集、理解以及加工的信息，并不包含其他难以被人理解的信息或跨物种的交流活动。换言之，截至此刻，信息传播活动仍然局限在人际之间，是一种可以被感知的、大范围的人类物种内部的交流活动。而智能传播在业已成熟的人类交流基础之上，做了一些较为大胆的尝试。首先，将传播拓宽为一种人与任何存在智能迹象、模仿智能行为、能够加持智能思维的物种之间的信息互换乃至相互理解的对话交流现象。其次，使人类智能从其现实身体中抽离，并加载进各种机械身体、云端身体、赛博格身体之中。在此基础之上，智能传播不仅使人类传播交流活动更为自由，而且也将一些人类曾经尝试对话却无法交流的动物智能、物质存在、尚未可知的外星生命等全部纳入智能信息传播的范畴。在诸如以《三体》为代表的科幻小说中，人类将个体智能从身体中抽离，发送至外太空，寻求与外星人的对话等，都可以视为对未来传播较为冒险却合理的想象。

其二，智能传播迫使人类划清其与自我创造物之间的边界。相比前两次人类传播阶段，智能传播的重要挑战在于从不断建立和完善的人与机器的密切关系中脱离出来，详细界定人类主体与可能存在的机器主体之间的合理界限。在论及人与机器的关系时，技术哲学家唐·伊德（Don Ihde）认为其可以表现为具身关系、诠释关系与它异关系三种。[①] 从大众媒介传播到社交媒体传播，人与机器的关系日益紧密，不仅展现出界限分明的主客体关系向水乳交融的具身关系的转变；而且以人机具身性为缩小交流沟壑的重要标志。而荷兰学者彼得·保罗·维贝克则认为赛博格时代的人机关系具有从传统中介意向性转向混合意向性（hybrid intentionality）与复合意向性（composite intentionality）的复杂属性。[②] 且绝大部分表现为边界模糊的人类主体与机器主体融合的"混合意向性"，同时有可能向以机器意向为主导，人类意向暂为补充的，相较于传统人机关系而言完全倒置的"复合意向性"。无论对于哪种新兴传播主体而言，其均意味

---

① Ihde, D., *Technology and the Lifeworld：From Garden to Earth. Bloomington*，MN：Indiana University，1990，pp. 72 – 129.

② Peter-Paul Verbeek, Cybrog Intentionality：Rethinking the Phenomenology of Human-Technology Relations, *Phenomenology and the Cognitive Sciences*，Vol. 7，2008，pp. 387 – 395.

着传统传播主体边界的日益模糊,并迫切呼吁新个体边界的划分,以及主体交往边界的重新建立。

二 界限重构的三个方面:信息界限、传播界限、主体界限

我们之所以要在智能传播中提出界限重构的问题,是有鉴于信息传播范围的扩大,以及他者智能或人类自身创造物智能对人类智能的深度模仿,从而导致物种边界的日趋模糊。暂且不论不同物种智能之间存在的难以调和的身体沟壑与心灵罅隙,对于以人类智能为范本建立起来的人工创造物与人工智能来说,虽然二者极其相似,但仍然存极其细微与可识别的差异。从以本雅明、卡夫卡、博尔赫斯等为代表的学者论述创造物与复制物之间的区别来看,任何东西即使可以被精妙复制,却总会留下一些诸如神韵、质感为代表的无法复制的成分。某种程度而言,距离既是原创物与复制物之间无法对等的原因,同时也是原创物之所以极具魅力的关键之处。当我们将视野收回至人类的信息传播活动,且将多元化智能交流设想运用于智能传播时,在维系人类自身智能发展与建立物种间广泛联系的基础之上,需要在人与信息、人与传播、人与他者之间建立清晰且明确的合理界限,而非任由其发展。

(一) 合理界定人类转化信息与信息再造智能的界限

对于信息而言,其价值的实现有赖于信息自由,这不仅指流通自由,而且使用与创造也应自由。为了发挥信息在人类传播系统中的最大作用,人类首先创造越来越多样化的传输媒介,其次,将一切可能的信息装载器与处理器都连接进巨大的网络系统,以此增加信息流通的自由度。按照部分学者的观点,信息是不同于物质和能量的事物。此论断既强调了信息的特殊性,同时也将信息列为与物质和能量齐名的重要资源。如果我们将信息视为 21 世纪计算机技术迅猛发展,数据主义理论占据主导地位背景下的关键性发展资源,

则同传统工业社会中的物质与能量资源一样，我们同样不能毫无节制地对其肆意开放与使用。具体而言，其一，并不是所有信息资源均能被人类使用，有些信息聚合在一起可能产生负效应，甚至有些信息可能有害。如在科幻小说中，外星人的信息不能轻易回答，否则将会在信息对话中泄露与自我位置、身份等隐私息息相关的数据。而回归到现实生活中，目前传播平台的数据搜集手段防不胜防，相关法律规制也存在明显的滞后问题。为了切实保护自己的利益，面对某些钓鱼网站的信息，消费者必须提高警惕，加以防备，以免造成不必要的经济或精神损失。其二，在信息的再造过程中，不仅要警惕人类使用乱象，同时也要关注信息自主再造或其他主体肆意再造的未知问题。自由流通的信息能够聚合在一起产生创造效应。某种程度而言，人类的信息传播活动就是典型的信息再造价值系统。传统的信息再造主体主要是有限的人类智能，当任何个体都能参与到信息制作与加工过程中时，必须关注信息资源的使用乱象，加大对虚假信息以及谣言信息的清扫力度。而智能传播中更要留意的是那些可能存在的信息自我生产与他者主体再造的未知行为。以机器人写作为例，我们无法判断其是否会生产和传播与人类利益背道而驰的信息资源，也难以预估其作为某种智能主体，对海量的信息资源是否存在人类未可知的处理与传播行为。当信息作为理解的桥梁击碎横亘在不同物种之间的鸿沟时，对互联互通的信息进行合理划分与设置界限，可能才是较为基础的控制方法。

（二）重新界定人类传播活动的界限，不能建立大而无边的信息传播领域

人类传播学研究先驱查尔斯·霍顿·库利（Charles Horton Cooley）认为传播是人类关系赖以存在和发展的机制，是一切心灵符号及其在空间上传递、在时间上保存的手段。[1] 所以，传统信息传播

---

① C. Cooley, *Social Organization*, New York：Scribner, 1909, p. 61.

被默认为专指人类自身的信息生产与传播活动，而非其他生物或非生物之间的信息传递。从传播实践来看，人类传播是人类社会有别于动物社会或其他可能存在社会的主要特征。而基于传播学术研究的视角，为了创建科学且丰富的研究成果，研究学者们一方面建立起从传播过程到传播效果的精细研究范式，另一方面却不断尝试拓宽人类传播的研究边界，除基础的信息传递与接收行为之外，将人类社会中诸如技术、政治、文化、心理等在内的研究议题海纳百川式地纳入传播研究范畴中。传播学研究集大成者施拉姆曾断言："传播研究不是一个学科（dicipline），而是一个领域（field）。"① 由此，也决定了人类传播活动在实践与理论中的双重拓展走向：事事可称传播，但传播核心内涵缺乏定论。

如果一味地扩大传播实践与传播研究的边界，不仅旧有基于信息交互的基础性传播活动将失去彰显人类自主性与特殊性的既有价值，逐渐变为与一般生物类同的生存状态与演变机制；而且传播学研究也将缺乏探究重点与系统性的研究方法，成为不断追踪研究热点，缺乏统一范式，无法预判未来走向的伪学科，甚至成为其他学科的附庸，沦为四不像领域。为了遏制人类传播无度发展可能带来的难以预估的后果，从实践层面，应该始终以人类信息交互、人类沟通方式的演变为核心，任何有关政治、技术、文化等变化只能视作人类交流模式的演变背景与重要诱因，而不应脱离人类信息符号互动的范畴。从理论研究层面来看，虽然我们仍应确保理论研究的开放性，但所有研究必须围绕人类传播学的几个基本问题与关键议题展开，即人类传播的目的是什么？人类传播活动怎样变化？人类传播应该怎样发展？等等。总而言之，一切有关人类传播的学术研究活动都应在确保人类传播自主性与主导性的前提下展开讨论，任何变化要素都只是人类传播研究演进的重要原因，而非其泛

---

① Schramm ed., "The State of Communication Research：Comment", *The Public Opinion Quarterly*, 1959, p. 8.

在化的理由。

（三）重点思考交往的危险性，划清人类智能与他者智能之间的界限

人类传播活动除却维系自我物种内部的生存与交流外，更担负着与他者交流、交往的重要使命。值得注意的是，他者的概念从来没有被局限于人类智能，反而在人类自文艺复兴时期开始的一以贯之的人文中心主义思潮下，拓宽至与人类共同生存于这个地球上的其他生命以及被赋予生命想象的物质存在。直至技术的迅猛发展，以智能机器人为代表的智能传播活动借助成熟的智能技术与仿真技术将人类自我想象的单向度人机传播现象成功转化为双向的人机交往活动，[①] 人类的交往对象被延展至自我创造的生命智能以及这些非自然智能之间可能存在的未知交流现象。

放任交流无度发展可能存在的后果是，自然存在的他者智能因为与人类智能的互联互通，可能对人类智能造成一定的威胁，人类社会中定期出现的新兴病毒或新兴进化物种早已从侧面反映了他者威胁的可能性。而基因工程、仿生技术创造的人工智能体则更有可能成为智能社会中人类智能生存的最大危机。传统认为人工智能永远不可能超越人类智能的观点犯了双重错误，一是高估了人类，把人当成了上帝；二是低估了机器，把机器当成了人。[②] 人类的自高自大，也将自我的智能水平想象成他者智能发展进化的天花板。殊不知，人类擅自打破了生物自我进化、大自然优胜劣汰的法则，以自我的智慧法则取而代之，却没有考虑自建法则的发展后果与遏制手段。为了适时悬崖勒马，需重新界定人类智能与他者智能之间的交往界限，谨慎干涉他者的进化路径，促使人类智能与人工创造物共

---

① 参见林升梁、叶立《人机·交往·重塑：作为"第六媒介"的智能机器人》，《新闻与传播研究》2019 年第 10 期。

② 参见［美］弗朗西斯·福山《我们的后人类未来：生物科技革命的后果》，黄立志译，广西师范大学出版社 2017 年版，第 15 页。

同进化,而非贪图享乐,将生存与发展压力拱手相让。既关注多元智能的进化路径,同时限制不同智能之间的交流频次,如此,可能才是未来智能传播需要思考的关键问题。对于人类智能而言,虽然早已被自然演变、机器进化等拉下人类中心主义神坛,然而,人的情感优势、脆弱心灵或许是业已存在的强大人工智能的无法模拟之处。换言之,承认人类自我的渺小与无知,将会是未来智能传播社会中避免灾患的可能路径。

第三节　智能传播的发展目标:平衡协同

一　信息自由与传播秩序的动态平衡

从大众媒介传播到社交媒体传播,乃至智能媒体传播,信息生产与其传播活动之间存在一对基本矛盾:信息自由与传播秩序。一方面,作为基本资源的信息价值生成依赖于其自由无阻的流通行为;而另一方面,完全放任信息自由发展导致的失序乱象又亟待人为力量的参与和控制。有学者曾指出,以信息为重要资源的社会,是一套信息秩序的失序、再建以及再失序。[①] 进一步而言,失序意味着活力,而秩序决定稳态。我们既不能一味地追求信息传播系统的稳定,同时也不能拒绝可能存在的创新机会。总体而言,在单一追求传播秩序的大众媒介传播与信息自由的社交媒体传播基础之上,智能传播将以保持信息自由与传播秩序的基本平衡为重要发展目标。其将以一种融合信息自组织进化力量与传播系统递归性上升张力的智能发展策略,从而促进人类信息传播系统的螺旋式发展与叠加式创新。

(一) 确保信息的自由流通、高效选择与有效利用

信息自由既对信息自身发展有利,同时也是人类自身及其社会

---

① 参见 [英] 司各特·拉《信息批判》,杨德睿译,北京大学出版社 2009 年版,第20 页。

运转的重要基础。对于前者而言，只有确保其自由流通才能发挥信息作为社会资源的重大价值；而对后者来说，信息自由既是一项基本人权，同时也是联合国与众多国家所求的所有自由权利的重要基石。① 智能传播以信息自由发展为目标不仅是从大众媒介传播到社交媒体传播始终如一的信息传播方向，更在信息自由的内涵之中增添了许多全新的重要维度。

首先，信息需要自由流通。单就人类信息传播活动而言，信息的自由流通主要表现在生产与传播自由，以及流通渠道通畅两个方面。生产与传播自由早已在社交媒体传播时代予以技术层面的有效解决，人人可参与的信息生产技术与传播平台，使得传统媒介组织不得不放弃对传播信息的逐一筛选与人工核查。然而，由于大型的互联网技术公司控制了大部分信息监管权，也存在以商业牟利渠道损害大众信息知情权的行为，故而，部分信息流通的阻碍因素亟待智能传播系统从技术约束的角度予以弥补和改进。而关于智能传播时代的信息流通渠道，不仅横向流动通道在人与人的关系网络中逐步打通，而且自上而下、自下而上的传播渠道也在日益四通八达的互联网络下得以传达无碍。如果说社交媒体时代的信息自由表现在生产自由与反馈自由，那么智能传播时代的信息自由则更进一步，集中体现在难以篡改的机器约束与更为民主的自下而上式传播。

其次，信息能够高效选择。一般来说，主流学者认为信息自由具有双重含义，广义上泛指信息的自由传播，包括寻求、接受和传递信息与思想的自由；而狭义上则专指获取信息的自由，即对信息的知情权。② 智能传播丰富了信息自由的内涵，尤其关注个体层面信息自由选择的问题。具体而言，在广泛的社会知情权与表达权背景下，个体希望一方面能够依据自我喜好自由选择信息，拥有足够宽

---

① 参见黄骏《"信息自由流通"理论发凡》，《重庆社会科学》2016 年第 7 期。
② 参见黄建友《表达权还是知情权：信息自由概念的内涵变迁》，《国际新闻界》2018 年第 9 期。

广的信息选择面，即信息存量充足；而另一方面，常常陷入选择困境的个体同样希冀机器可以基于基础且多样的个体日常化标签，承担部分常规性的信息选择权力，以此释放有限的个体精力。贪心的人类似乎总是这样，既畅想绝对的选择自由，又往往受困于内心秩序与社会秩序的囚笼。假使智能传播能够较好地平衡信息存量自由与信息高效选择之间的矛盾，则将会是人类智能梦寐以求的自由场景。从目前来看，以今日头条为代表的较高质量的信息推送功能以及智能化的信息管理平台均在朝着高效选择信息的自由层面努力发展，假以时日，我们似乎可以期待理想传播图景的逐一实现。

最后，信息可以有效利用。自互联网技术给予每个个体以信息生产和传播的工具，其同时也增加了信息被创造与再造的可能性与积极性。故而，在信息传播自由与选择自由的基础之上，信息创造自由成为人类智能传播阶段的全新目标。构建个体利用、再造信息的和谐环境需要满足两个前提，而这也将是智能传播独特且重要的发展目标之一。其一，作为再造原材料的海量信息必须可以被信任。换言之，减少基础信息原料中的虚假信息与无效信息的存量。如前所述，智能传播中的机器筛查与区块链技术业已同人类把关人一道，投入信息审查的艰巨任务中。2018 年 8 月 29 日，由中央网信办违法和不良信息举报中心主办、新华网承办的权威平台——中国互联网联合辟谣平台正式上线，标志着我国的互联网信息治理工程迈向全新阶段。与此同时，以微博、微信为代表的国内重要的社交媒体平台也建立了谣言的自动审核与日推送机制。其二，个体信息的合理管理也将有助于信息的高效利用。目前已有较多的互联网公司与科技平台推出了个人信息管理软件，国家也出台了与个人信息管理有关的各项法律法规。然而，个体信息的滥用现象仍然存在，究其原因，是由于个体对自我信息管理的意识和能力仍然不足。智能信息传播或以区块链技术为底层技术，推出不可篡改且必须由个体授权和管理的个人信息账簿，此举或许能够消解并平衡个人隐私与信息利用之间的既有矛盾。

（二）构建科学预测、智能预警的传播秩序

无论是后来兴起的新信息自由主义者，还是始终对信息自由持审慎与批判观点的学者代表，其均对绝对的信息自由持怀疑态度。前者为无边无度的信息自由发展设置了以人类理性和社会责任为标准的界限；而后者则干脆抛出只可能存在相对信息自由的悲观论点，转向从反对任何潜移默化信息控制的视角研究一体两面的信息知情与信息保护问题。以此研究现状来看，建立合理的智能传播秩序，一方面需要明确信息自由的边界，而另一方面则可以充分利用智能技术的机器自动化预警与调适功能，促使任何可能存在的传播过度行为及时回归合理的界限之内。如此，既充分利用了智能机器的无限体能优势，同时也规避了人类智能可能存在的不理性行为。

就科学预测层面而言，智能传播系统是少量模式化与高度不确定性现象的复杂集合，单靠人类有限的脑力与固有的思维定式难以应对互联网络上瞬息万变的信息变化。故而，必须借助计算机的大数据统计与云计算模型，对社会舆情走势以及潜在的舆论危机合理预测。智能传播的科学预测创新主要体现在两个方面：其一，以海量数据取代抽样数据，使数据搜集更为高效和科学。依托于大数据技术的智能传播可以捕捉到来自微博、微信、网络论坛、新闻网站等遍及互联网的海量信息；同时，借助机器自动化的清洗模式，能够对其中的虚假信息或无效信息及时清洗，从而形成基于全数据、互联关系的可观且客观的舆情面貌。其二，以机器标准取代人为标准，将因果关系转变为关联关系。人类脑力在处理信息时，往往呈现出思维局限与滞后性；而机器智能在该方面则体现出预测性与高效性的优势。智能传播依赖的云计算功能可以在短时间内分析并揭示大量数据之间的隐藏关系、潜在模式与未来趋势，从而改变传统信息传播的滞后性，使全新的智能信息传播更具揭示性、动态性与警示性。

就智能预警层面来说，相较于传统传播系统"一刀切"的信息控制机制，智能传播能够借助智能机器的力量，详细分析信息传播从发生、发展至顶峰、衰退的完整过程，故而能够针对性地分层治之，建立起不同层次的科学预警制度。具体而言，可以基于个体传播领袖建立对应的自动筛查制度，及时预警因个体煽动导致的舆论蔓延情况；或基于传播链路构建以关键词与关键事件为核心的传播预警机制，有效预估事件可能的走向并对舆论予以适时引导。此外，基于情绪积累与负面情绪突发的预警识别机制，都将是智能预警制中可以涉及的具体层级。智能传播依凭机构互联、平台互联、万物互联网，在分层管理的基础之上，能够在短时间内将预警信息精准匹配至不同受众，以此获得较好的传播效果。总之，智能传播预警机制既不是大众媒介传播中的压制性控制，也不是社交媒体传播中的放任不管，而是充分利用智能技术的科学、理性特点，使得信息在保证其自由流通的基础之上，及时预测、实时分析并合理传播。

二 现实社会与虚拟世界的协同发展

毫无疑问，人类赖以生存的现实社会是存在诸多缺陷的。不仅大量未可知的既有生物与层出不穷的新鲜事物充斥其间，而且人类惯有的中心主义思想导致其与其他生命或非生命之间的关系也呈现高度的不确定性。为了维系人类一以贯之的优越感，大量的人工物被创造出来，一方面维系人类社会的高效运转，并修补人类身体的各种不完美；而另一方面，人类也试图以造世主的身份重新再造一个似乎完全由人主导、可防可控的虚拟世界。在这个世界中，被驯化的机器、以现代人类为原型的后人类主体等多元主体行为必须遵循人类的造世伦理，而智能化的信息传播则是尚未崩坏的现实社会与仍在修缮的虚拟世界之间，以及联系不同主体关系的重要纽带。

因此，维系两个世界、同一主体不同形态，以及不同主体之间的协同发展，也成为智能传播的重要发展目标，或曰理想目标之一。

（一）智能传播促使现实社会与虚拟世界的互联和耦合

人类努力适应的现实社会与其借助人工物创造的虚拟世界并不是完全分离的，相反，二者是互联互通、密不可分的紧密关系。一般来说，虚拟世界以现实世界为创造原型，几乎所有的虚拟存在物均可以在现实生活中找到实体出处；而现实社会在虚拟世界中舍弃其自身的局限性与不平等缺陷，尝试为人类主体打造一个理想化的生存绿洲，一如电影《头号玩家》中集结了人类现实社会中所有业已出现或期待出现的美好事物的虚拟游戏世界。

然而，纵使现实社会与虚拟世界原本同宗同源，有鉴于二者极强的发展对比性，逐渐导致了二者的发展不平衡问题，甚至顾此失彼。不仅许多在现实社会中默默不得志的个体选择将自己封闭在虚拟世界中的自留地中，严重沉迷于网络而荒废了现实创造；而且虚拟世界的极度便捷性与生存廉价性也使得社会数字经济异军突起，日益冲击岌岌可危的实体经济发展。按照法国哲学家让·鲍德里亚（Jean Baudrillard）的论断，超真实与真实是相互对立的，当超真实出现时，真实也就被宣布死亡。[①] 所以，虚拟的数字世界将以致幻的仿真和超真实替代真实社会。放任超真实虚拟世界的发展后果将是真实与幻象的不可分割性、虚拟世界的沉溺与肤浅式腾飞，以及现实社会的荒漠与废弃。电影大师斯皮尔伯格已在电影《头号玩家》中借助视觉上的二元对立结构，构建截然相反的视觉景象，并以此预警虚拟世界单方面繁荣带来的惨烈后果。由此，我们更应未雨绸缪，借助智能技术以及智能传播的优势而非可能产生的问题，加速两个世界的互联互通并协同发展。截至 2023 年，不少互联网巨头致力于以虚带实、以实促虚的发展图景，如以阿里巴巴集团为代表的

---

① 参见汪德宁《"超真实"的符号世界——鲍德里亚的文化理论研究》，博士学位论文，上海师范大学，2008 年。

互联网公司，通过上线一系列诸如淘宝自杀干预机制、失踪人口找寻系统、线上扶贫扶农政策、蚂蚁森林公益项目等，旨在利用智能技术的数据联通与分析优势，促进现实社会与虚拟世界形成共同发展的耦合关系而非潜在的替代危机。

（二）智能传播调节人类主体在现实与虚拟世界中一体两面的合理性

自人类社会被分离成密不可分的现实载体与虚拟存在两个世界，人类作为二者共有的生存主体，也逐渐呈现出现实与虚拟共存的一体两面性。人类的现实主体性与虚拟主体性具有各自的不同特点。前者基于经验性的社会知识和社会行为，具有真实性、局限性、感性等不确定特点；而后者通过对现实主体的各种身体局限和社会异化进行扬弃，在超真实的虚拟世界中展现出异于真实人类的完整性、可控性乃至超能性。

值得注意的是，虚拟主体的崛起并不意味着人类现实主体性的消解或削弱。相反，我们不应本末倒置，让过于完满并彰显各种可能性的虚拟主体主导现实主体；反而应该意识到现实主体性的特殊价值与存在合理性，并让现实主体与虚拟主体相互促进，共同发展。换言之，人类本来就是物质性与精神性的高度统一体，作为精神本质的虚拟主体中虽然业已脱离现实身体自主建构与发展，但并不意味着其能离开实体载物实施衍生或创造行为。事实上，人类的在线虚拟主体与在世现实主体缺一不可，实体亡则虚体亡。

所以，人类主体的现实性与虚拟性不论在实践层面还是理论层面均具有辩证统一、相互促进的价值与意义。智能信息传播通过智能技术主导的精准传播行为，一方面促使虚拟主体的形象勾勒更为完整；另一方面反过来弥补并重塑现实主体的不足之处，从而在虚拟主体与现实主体之间架构有效的信息传播桥梁，既调节二者的冲突与矛盾，又稳固后人类主体虚实互通、共生共长的发展合理性。目前，现实世界与科幻文学中均已出现借助云技术保存大脑智能，实现人类永生梦想的各类事例。在不久的将来，在虚拟与现实世界中自由切换的人类智能或许能够在智能技术与智能传播的架构和维系下得以成为可能。

（三）智能传播刺激机器主体从虚拟世界走向人类现实

媒介技术作为人类智能的重要创造物，经由大众媒介传播与社交媒体传播的发展日益展现出其既类似于人类主体又与之差异的独特自主性与意向性。在智能传播阶段，强大的传播媒介可以被视作与人类智能共同生产和协作的拟人主体，且面临人工生命的最后一道防线——现实身体的阻碍。现阶段，身体因素成为智能传播研究的重要命题，一方面是由于人机融合的既有现实，迫使人类承认并思考机器进一步发展对人类生产力以及自身身体解放的重要作用；另一方面，对于可能存在的机器主体来说，感觉器官是智能实现的重要途径，人工智能需要身体感知功能来发展其类人或独特的智能模式与智能水平。

截至目前，科幻作品与现实实践中均已出现机器主体从虚拟世界走向现实生活的生动例子。如果说在《2001 太空漫游》《她》等剧作中，人工智能或机器意识仍然只有类人意识却无类人行为，那么在诸如《银翼杀手2049》《人工智能》等科幻电影中，复制人或人工智能意识已经被成功装载进类人身体，从而成为与人类智能难以分辨，甚至以假乱真的机器人主体。而以《阿丽塔：战斗天使》《西部世界》等为代表的影视剧作中，拥有身体的机器主体更是超越类人身体的局限，通过对身体零部件的替换，成为在机能与智能方面远超人类智能的超人存在。此外，在现实实践中，大批机器人研究学者也尝试通过制造机器人的方式，探索机器主体的未知秘密。譬如，日本机器人专家石黑浩（Hiroshi Ishiguro）以自我为原型发明并制作了名为 Geminoid 的人形机器人[1]，由中国香港汉森机器人技

---

[1] 参见牟怡《传播的进化：人工智能将如何重塑人类的交流》，清华大学出版社2017年版，第86页。

术公司（Hanson Robotics）开发的类人机器人索菲亚（Sophia），更是成为人类历史上首个获得公民身份的人工智能。

值得注意的是，当机器智能由虚拟世界步入现实社会后，在协助人类生产的同时，也不可避免地带来"恐怖谷"（uncanny valley）和"黑暗森林"法则危机。当极度相似或超越人类智能的主体毫无限制地发展时，人类主体将会面临难以预估的生存威胁。此时，智能信息传播将不仅是刺激机器主体由虚拟走向现实的重要原因，同时也将是避免多元主体共存状态失控的关键要素。通过控制机器主体的信息供给，以信息调控并预警其发展危机，借助信息理解机器主体并升级人类自身主体性，等等，成为未来智能传播人机共存、人机协同发展的重要策略。

第四节　本章小结

本章作为重要的研究结论，旨在以未来智能传播的发展图景为核心问题，归纳并总结人类全新智能传播阶段的重要基础、关键问题以及发展目标。

研究发现，传播主体的演变和重构问题是贯穿智能传播未来发展始终的核心议题。首先，信息连通是智能传播的重要基础。在大众媒介传播以信息的精准传递为目标，而社交媒体传播聚焦于信息的广泛连接，智能媒体传播以信息连通为基础，不仅有助于持续减少信息传递过程中的损耗，消解信息传播的时空限制或身体限制，更旨在以多元信息再造与创造的方式重现人类面对面信息传播的鲜活感与在场感。借助信息连通，未来的人类智能传播将基于技术连接构建信息传播的全链条连通；充分挖掘人类智能与机器智能合力再造信息、创造信息的价值；并不仅以传播满足人类的单一信息需求，更以多元化的信息连通并满足人的个性化需求。

其次，界限重构是智能传播的关键问题。相较于人类前两次的信息传播阶段，对于智能媒体传播而言，由于信息传播范围的日益扩大，不仅越来越多传统传播活动无法达成的沟通和交流事物逐步纳入人类传播范畴，而且他者智能与人类自身创造物对人类智能的深度模拟，也导致人与他者物种边界与活动范围的重构与模糊问题。为了避免可能存在的越界危机，在信息界限层面，其一要合理规范人类搜集信息与转化信息的行为，其二也要警惕诸如以写作机器人、陪伴机器人为代表的新兴智能主体再造信息等潜在未知问题。而在传播界限层面，人类不能一味地扩大信息传播的边界并导致人类信息传播活动本质交互功能消逝的后果。故而，一方面，人类实践活动应始终以信息交互、人类沟通为核心；另一方面，我们的理论研究也应以保持人类传播自主性与主导性为重要前提。此外，在随时可能被打破的主体界限层面，人类或许应该放下以自身智能为他者智能发展天花板的盲目自信，转而积极为可能出现并逾矩的传播主体设限，同时，承认自己的渺小与无知，与人工智能或他者生命协同发展。

最后，平衡协同将是智能传播的发展目标。现实社会是有缺陷的人性社会，虚拟世界是技术主导的理性世界。从技术的角度来说，所谓智能传播时代，即构建一个信息自由流通、信息高效选择和信息有效利用的低风险、低不确定性的生活环境；而从人类的角度来看，智能技术是可预测、可分析的人性化技术，将推动人类迈向自由而不失秩序、理性而不失人性的智能社会。作为现代社会最重要的社会生产和社会管理资源，智能信息的高效传播不仅是两个世界的沟通纽带，同时也是不同主体相互维系的重要基础。大力发展智能信息传播，并合理控制、有效运用其价值，将有助于实现不同世界、不同主体之间互通有无、协同合作的美好人类愿景。

第七章　研究局限与未来展望

第一节　本研究的局限性

本选题的研究目标是基于既有大众媒介传播与社交媒体传播的实践活动与理论知识，一方面尝试串联起人类信息传播演进的基本规律与潜在逻辑，而另一方面则试图依据该演进规律较为科学地预测业已发生但尚未形成定论的人类智能传播发展图景。对于研究目标一而言，虽然现有理论资源和研究成果较多，但对比大众媒介传播与社交媒体传播的既有相关研究，不仅显得研究议题较为繁杂，而且理论创造也鲜有承袭。因此，给人类信息传播整体性演进规律的研究和总结工作增添了不少难度。而对于研究目标二来说，目前，以人工智能、大数据、云计算、区块链等为代表的智能技术刺激智能传播革命在业界如火如荼发展，同时也使智能媒体、智能传播等议题成为新闻传播研究领域的热门话题。然而，现有初级研究仍以案例分析居多，理论贡献较少，从而也使得本研究话题面临理论资源不够丰富，研究挑战较大的问题。总体而言，笔者既坚信本研究的理论价值和应用价值，同时却不得不在诸多研究难点困扰的探寻过程之中，一路摸着石头过河。以此为研究背景，加之本人时间精力与研究能力的限制，从而导致本研究的最终成文结果面临不少局限和遗憾。

（1）本研究的理论基础比较复杂。首先，本研究的主导理论是信息学理论，但在具体章节的论述中，也灵活运用了诸如控制论、系统论、信息耗散论、协同论、平台论、信任研究、主体研究、传播效果研究等其他理论资源。这些理论有些可以归为信息学理论大家庭中，有些却并不与其存在包含关系。由此，也彰显了本研究议题的困难性与理论基础的复杂性。其次，虽然信息学本身一直与传播学有着千丝万缕的联系，但是在学术建制的过程中，二者一直处于分分合合的状态。且由于信息学流派众多，传播学研究也始终处在动态发展过程之中，所以，不仅对信息学的研究理论进行系统梳理任务繁重，而且在此基础之上提炼出其对传播学研究的基本框架也并非易事。笔者已竭尽所能，但仍然由于专业领域不同，自知有很多不足。譬如对信息论和控制论等理论的驾驭局限在纯理论层面，其中有关数学公式的表述已超出笔者的学识范围；而在文献、理论梳理和表述方面也难免挂一漏万，可能存在被信息学专业学者诟病之处。以上，还烦请学者们多予以指正，以使本研究更为完善。

（2）本研究对信息传播研究规律的探讨主要从传播流程、传播控制、传播效应三个主要方面展开，这既是基于信息学理论的视角，同时也有传播学研究的既有经验。然而，仍有较大部分研究话题由于本人能力和精力所限，未能涉及，由此也成为本研究的遗憾。而在已论述的三个研究方面中，存在因追求学术论文阐释的逻辑性和连贯性而对某些突出的传播现象论述不够深入的问题。如较为微观的传播文化、传播形态、传播受众、传播心理、传播身体等话题虽包含在各个传播阶段研究之中，却难以具体展开；而在人类某些传播阶段演进过程中出现的其他独特传播现象与传播特征，限于个人精力与文章架构，也未能一一详尽论述。

（3）本研究采用的是思辨性的研究方法而非实证研究，故而缺乏对所述理论的验证过程，显得整个研究开创性有余而论证性不足。

由于智能传播是实践中正在发生的新兴人类传播现象，所以相关案例较少，且面临持续变化等不确定问题。在研究方法层面，不仅相关案例论证过程的丰富性需要及时增补，而且文中所形成的论述总结也只是基于基本演进规律的逻辑归纳与推断预测，所以，本研究可能既面临理论辩证的挑战，同时也亟待实践活动发展完善后的量化和质化等系统研究论证。值得提出的是，这是所有开创性研究议题面临的共通问题，并不意味着本研究的缺陷。笔者将同智能传播的实践发展一道，在未来的研究中持续关注、稳步推进，不断更新、对比、修正自己的既有研究成果，以期形成较为丰富并具预见性的科学理论体系。

第二节　未来研究展望

基于以上研究局限与论述遗憾，本研究的相关持续性探索可以从理论建构研究与实践论证研究两方面予以改进和补充。

其一，从理论建构层面来说，关于信息传播演进规律的框架研究不仅可以结合源头性的信息学理论持续增补与完善，而且该体系的构建也可以补充其他与此有关、兼具创新性的理论知识，以使人类信息传播演进研究的宏观体系更具科学性与丰富性。此外，如有必要，也可在传播流程、传播控制、传播效应三大层级基础之上，增补其他必要且能够系统论述该问题的新研究层级，譬如本文章将与传播主体演进有关的论述分散在不同的研究部分，且通过分析发现，从既有的不同层级均可以殊途同归发展至传播主体的变化层级。所以，在未来的研究过程中，或许可以尝试增添诸如传播主体的其他演进维度。

其二，对实践论证层面而言，不断涌现与快速迭代的智能传播实践活动正在持续丰富智能传播的发展，如此也将持续为本研究提供充足的经验材料。基于这些案例，未来的持续性研究可以一方面采取定性研究的方式论证本研究框架的科学性和合理性，另一方面，也应以具化、细化的定量研究方法反馈、修正具体理论论述。由此可见，未来有关人类信息传播演进规律的研究以及智能传播的研究空间非常丰富，笔者将不会止步于一篇博士论文的基础研究，而将会在今后的学术工作中逐步细化、持之以恒，并深耕于此。

参考文献

一 中文著作类

蔡嘉清：《广告学教程》（第四版），北京大学出版社 2015 年版。

蔡自兴、徐光祐：《人工智能及其应用》（第三版），清华大学出版社 2003 年版。

陈柏霖：《身体与心灵的延伸——社交媒体中的人际交往与信息传播》，中国广播影视出版社 2018 年版。

丁海宴：《电视传播的哲学》，北京广播学院出版社 2001 年版。

丁俊杰主编：《广告学概论》，高等教育出版社 2018 年版。

费孝通：《乡土中国》，北京大学出版社 2012 年版。

甘惜分主编：《新闻学大辞典》，河南人民出版社 1993 年版。

谷虹：《信息平台论——三网融合背景下信息平台的构建、运营、竞争与规制研究》，清华大学出版社 2012 年版。

侯玉波：《社会心理学》（第二版），北京大学出版社 2007 年版。

胡翼青：《传播学：学科危机与范式革命》，首都师范大学出版社 2004 年版。

鞠宏磊：《大数据时代的精准广告》，人民日报出版社 2016 年版。

李开复：《人工智能》，文化发展出版社 2017 年版。

李秀林、王于等主编：《辩证唯物主义和历史唯物主义原理》（第5版），中国人民大学出版社 2004 年版。

李宗荣、田景爱：《社会信息学导论》，人民出版社 2010 年版。

牟怡：《传播的进化：人工智能将如何重塑人类的交流》，清华大
　　学出版社 2017 年版。

潘祥辉：《媒介演化论：历史制度主义视野下的中国媒介制度变迁研
　　究》，中国传媒大学出版社 2009 年版。

钱学森：《论系统工程》，湖南科学技术出版社 1982 年版。

王怡红、胡翼青：《中国传播学 30 年（1978—2008）》，中国大百科全
　　书出版社 2010 年版。

魏宏森、曾国屏：《系统论——系统科学哲学》，清华大学出版社 1995
　　年版。

邬焜：《复杂信息系统理论基础》，西安交通大学出版社 2010 年版。

邬焜：《信息认识论》，中国社会科学出版社 2002 年版。

邬焜：《信息哲学——理论、体系、方法》，商务印书馆 2005 年版。

邬焜：《哲学信息论导论》，陕西人民出版社 1987 年版。

吴廷俊主编：《科技发展与传播革命》，华中科技大学出版社 2001 年版。

夏甄陶：《中国认识论思想史稿（上卷）》，中国人民大学出版社 1992 年版。

张国良：《传播学原理》，复旦大学出版社 1995 年版。

张国良主编：《20 世纪传播学经典文本》，复旦大学出版社 2003 年版。

张锦：《信息与传播：研究分野与交融》，知识产权出版社 2008 年版。

张万民、王振友主编：《计算机导论》，北京理工大学出版社 2016 年版。

郑也夫：《信任论》，中信出版社 2018 年版。

中国社会科学院哲学研究所伦理学研究室编：《现代世界伦理学》，
　　贵州人民出版社 1981 年版。

钟义信：《信息科学原理》，北京邮电大学出版社 1996 年版。

周庆山：《文献传播学》，书目文献出版社 1997 年版。

二　中文译作类（著作、期刊论文）

［美］阿尔文·托夫勒：《第三次浪潮》，黄明坚译，中信出版社 2018

年版。

［法］阿芒·马特拉、米歇尔·马特拉：《传播学简史》，孙五三译，中国人民大学出版社 2008 年版。

［美］保罗·莱文森：《人类历程回放：媒介进化论》，邬建中译，西南师范大学出版社 2017 年版。

［美］保罗·莱文森：《软边缘：信息革命的历史与未来》，熊澄宇译，清华大学出版社 2002 年版。

［美］保罗·莱文森：《数字麦克卢汉——信息化新纪元指南》，何道宽译，社会科学文献出版社 2001 年版。

［美］布莱恩·阿瑟：《技术的本质：技术是什么，它是如何进化的》，曹东溟等译，浙江人民出版社 2014 年版。

［英］丹尼斯·麦奎尔：《麦奎尔大众传播理论》（第五版），崔保国、李琨译，清华大学出版社 2016 年版。

［英］丹尼斯·麦奎尔：《受众分析》，刘燕南等译，中国人民大学出版社 2006 年版。

［美］E. M. 罗杰斯：《传播学史：一种传记式的方法》，殷晓蓉译，上海译文出版社 2012 年版。

［美］弗朗西斯·福山：《我们的后人类未来：生物科技革命的后果》，黄立志译，广西师范大学出版社 2017 年版。

［德］弗里德里希·基特勒：《留声机、电影、打字机》，邢春丽译，复旦大学出版社 2017 年版。

［美］Grigore C. Burdea、［法］Philippe Coiffet：《虚拟现实技术》（第二版），魏迎梅等译，电子工业出版社 2005 年版。

［加］哈罗德·伊尼斯：《传播的偏向》，何道宽译，中国人民大学出版社 2003 年版。

［加］哈罗德·伊尼斯：《帝国与传播》，何道宽译，中国人民大学出版社 2005 年版。

［俄］K. K. 科林：《信息革命和基础信息学》，文华译，《国外社会

科学》2002 年第 2 期。

［英］卡尔·波普尔：《客观知识——一个进化论的研究》，舒炜光等译，上海译文出版社 1987 年版。

［美］凯瑟琳·海勒：《我们何以成为后人类——文学、信息科学和控制论中的虚拟身体》，刘宇清译，北京大学出版社 2017 年版。

［美］克里斯蒂安·福克斯：《社交媒体批判导言》，赵文丹译，中国传媒大学出版社 2018 年版。

［法］拉·梅特里：《人是机器》，顾寿观译，商务印书馆 1996 年版。

［法］雷吉斯·德布雷：《媒介学引论》，刘文玲译，中国传媒大学出版社 2014 年版。

［法］雷吉斯·德布雷：《普通媒介学教程》，陈卫星、王杨译，清华大学出版社 2014 年版。

［美］刘易斯·芒福德：《机器神话（下卷）——权力五边形》，宋俊岭译，生活·读书·新知三联书店 2017 年版。

［英］卢恰诺·弗洛里迪：《信息伦理学》，薛平译，上海译文出版社 2018 年版。

［加］罗伯特·洛根：《理解新媒介——延伸麦克卢汉》，何道宽译，复旦大学出版社 2012 年版。

［德］马克思、恩格斯：《马克思恩格斯选集：第 1 卷·卡·马克思：关于费尔巴哈的提纲》，中共中央马克思恩格斯列宁斯大林著作编译局编译，人民出版社 2012 年版。

［加］马歇尔·麦克卢汉：《理解媒介——论人的延伸》，何道宽译，商务印书馆 2000 年版。

［英］玛格丽特·A. 博登：《人工智能哲学》，刘西瑞、王汉琦译，上海世纪出版集团 2006 年版。

［美］曼纽尔·卡斯特：《传播力》，汤景泰等译，社会科学文献出版社 2018 年版。

［美］诺伯特·维纳：《人有人的用处：控制论与社会》，陈步译，

北京大学出版社 2010 年版。

［美］帕梅拉·休梅克：《大众传媒把关》，张咏华注释，上海交通大学出版社 2007 年版。

［荷］斯宾诺莎：《伦理学》，贺麟译，商务印书馆 2015 年版。

［英］斯各特·拉什：《信息批判》，杨德睿译，北京大学出版社 2009 年版。

［英］W. R. 阿希贝：《系统和信息》，沈致远译，《自然辩证法研究通讯》1964 年第 4 期。

［美］威尔伯·施拉姆、威廉·波特：《传播学概论》（第二版），何道宽译，中国人民大学出版社 2010 年版。

［美］威尔伯·施拉姆等：《报刊的四种理论》，中国人民大学新闻系译，新华出版社 1980 年版。

［美］维纳：《控制论（或关于在动物和机器中控制和通信的科学)》，郝季仁译，北京大学出版社 2007 年版。

［美］沃纳·赛佛林、小詹姆斯·坦卡德：《传播理论——起源、方法与应用》（第 5 版），郭镇之等译，中国传媒大学出版社 2006 年版。

［德］西奥多·W. 阿多诺：《文化工业述要》，赵勇译，《贵州社会科学》2011 年第 6 期。

［奥地利］西格蒙德·弗洛伊德：《弗洛伊德论自我意识》，石磊编译，中国商业出版社 2016 年版。

［古希腊］亚里士多德：《尼各马可伦理学》，廖申白译，商务印书馆 2003 年版。

［俄］尤里·乔尔内：《信息学：如何定名？——学术中的一词多义现象》，李俊升译，《国外社会科学》2012 年第 4 期。

［美］约翰·杜翰姆·彼得斯：《传播的观念史——对空言说》，邓建国译，上海译文出版社 2017 年版。

［美］约翰·惠勒、肯尼斯·福勒：《约翰·惠勒自传——物理历

史与未来的见证者》，蔡承志译，汕头大学出版社 2004 年版。

［美］约翰·奈斯比特：《大趋势：改变我们生活的十个新方向》，梅艳译，中国社会科学出版社 1984 年版。

［美］约瑟夫·R. 多米尼克：《大众传播动力学——数字时代的媒介》（第七版），蔡骐译，中国人民大学出版社 2004 年版。

［美］约瑟夫·R. 多米尼克：《大众传播动力学——转型中的媒介》（第 12 版），黄金、蔡骐译，中国人民大学出版社 2015 年版。

［美］约瑟夫·熊彼特：《经济发展理论》，郭武军、吕阳译，华夏出版社 2015 年版。

［美］查尔斯·佩罗：《当科技变成灾难：与高风险系统共存》，蔡承志译，商周出版社 2001 年版。

［美］詹姆斯·格雷克：《信息简史》，高博译，人民邮电出版社 2013 年版。

［英］詹姆斯·柯兰等：《互联网的误读》，何道宽译，中国人民大学出版社 2014 年版。

三　论文类（期刊论文、论文集、学位论文、报纸、网络资料）

199IT：《2018 抖音大数据报告》，199IT 网，2019 年 1 月 30 日。

2018 全球信任度报告：《中国居首美国遭遇滑坡，媒体成信用最低机构》，搜狐，2018 年 1 月 26 日。

ComScore：《美国网民使用移动设备上网时间比例已高达 62%》，199IT 网，2015 年 9 月 24 日。

Nielsen：《2018 年美国网络设备受众调查报告》，199IT 网，2019 年 7 月 29 日。

Vista 看天下：《李子柒被质疑的"真实"，到底长什么样？》，微信公众号，2019 年 12 月 15 日。

艾媒咨询：《2017 年中国知识付费市场研究报告》，艾媒网，2017 年
12 月 5 日。

艾瑞咨询：《2018 中国上半年 App 排行榜》，艾瑞网，2018 年 7 月
12 日。

艾瑞咨询：《中国网红经济发展洞察报告》，艾瑞网，2017 年 6 月 15 日。

艾瑞咨询：《中国网络社群研究报告》，艾瑞网，2016 年 8 月 31 日。

鲍立泉：《数字传播技术发展与媒介融合演进》，博士学位论文，华
中科技大学，2010 年。

陈爱华：《信息伦理何以可能?》，《东南大学学报》（哲学社会科学
版）2010 年第 3 期。

陈昌凤、师文：《智能化新闻核查技术：算法、逻辑与局限》，《新闻
大学》2018 年第 6 期。

陈昌凤：《未来的智能传播：从"互联网"到"人联网"》，《人民论
坛·学术前沿》2017 年第 12 期上。

陈力丹：《试论传播学方法论的三个学派》，《新闻与传播研究》2005
年第 6 期。

陈世华：《传播即控制——传播政治经济学的元理论解析》，《国外
社会科学》2016 年第 3 期。

程明、战令琦：《论智媒时代场景对数字生存和艺术感知的影响》，
《现代传播》2018 年第 5 期。

程士安、沈恩绍：《数字化时代组织传播理论的解释与重构——以
科技进步与传播规律的演进为视角》，《新闻大学》2009 年第
6 期。

春松、高林等：《组织效应学的基本原理》，《未来与发展》1981 年
第 2 期。

邓建国：《传播学的反思与重建：再读 J. D. 彼得斯的〈对空言说：
传播的观念史〉》，《国际新闻界》2017 年第 2 期。

杜严勇：《机器人伦理研究论纲》，《科学技术哲学研究》2018 年第 8 期。

段淳林、杨恒：《数据、模型与决策：计算广告的发展与流变》，《新闻大学》2018 年第 1 期。

范孟娟：《社交媒体用户互动机制及关系转化研究——以微信微博为中心》，博士学位论文，华中科技大学，2017 年。

方晓恬：《走向现代化："信息"在中国新闻界的转型与传播学的兴起（1978—1992）》，《国际新闻界》2019 年第 7 期。

方延明：《从"人、信息、价值整合"看新闻文化》，《社会科学战线》1993 年第 4 期。

冯国瑞：《关于信息科学的认识论思考》，《北京大学学报》（哲学社会科学版）1993 年第 4 期。

高钢：《物联网和 Web3.0：技术革命与社会变革的交叠演进》，《国际新闻界》2010 年第 2 期。

高银秀：《论信息的认识论意义》，《晋阳学刊》1985 年第 1 期。

公克迪、涂光晋：《品牌跨文化传播理论的演进：基于文化心理距离的视角》，《当代传播》2017 年第 9 期。

谷虹：《信息平台的概念、结构及三大基本要素》，《中国地质大学学报》（社会科学版）2012 年第 5 期。

郭庆光：《传播学的研究对象和基本问题：上》，《国际新闻界》1998 年第 2 期。

国家信息中心：《中国分享经济发展报告 2018》，2018 年 3 月 21 日。

［美］哈利·M. 克比里奇：《发展信息学的理论基础》，杨建华、李金荣译，《图书与情报》1994 年第 4 期。

何苗：《认知神经科学对传播研究的影响路径：回顾与展望》，《新闻与传播研究》2019 年第 1 期。

胡翼青、杨馨：《媒介化社会理论的缘起：传播学视野中的"第二个芝加哥学派"》，《新闻大学》2017 年第 6 期。

胡翼青、张婧妍：《中国传播学 40 年：基于学科化进程的反思》，《国际新闻界》2018 年第 1 期。

胡翼青：《播种与孕育：重述中国传播学的第一个 10 年》，《河北大学学报》（哲学社会科学版）2009 年第 1 期。

胡翼青：《再论后真相：基于时间和速度的视角》，《新闻记者》2018 年第 8 期。

胡翼青：《智媒时代我们如何理解媒介——与麦克卢汉的断片式对话》，《新闻界》2019 年第 9 期。

胡泳：《未来的传播媒介：物联网与可穿戴设备》，《新闻与写作》2016 年第 11 期。

黄旦：《试说"融媒体"：历史的视角》，《新闻记者》2019 年第 3 期。

黄建友：《表达权还是知情权：信息自由概念的内涵变迁》，《国际新闻界》2018 年第 9 期。

黄骏：《"信息自由流通"理论发凡》，《重庆社会科学》2016 年第 7 期。

黄星民：《从传播哲学角度谈"传播"的定义——传播哲学初探》，《新闻与传播研究》2006 年第 1 期。

贾文山：《未来的传播形态：思考与前瞻》，《人民论坛·学术前沿》2018 年第 3 期上。

雷玉翠：《信息认识及其层次性、交互性和复杂性——从邬焜先生的"信息认识论"出发》，《理论导刊》2009 年第 10 期。

黎明：《广告演进的价值规律——基于广告工具性价值的分析》，博士学位论文，武汉大学，2012 年。

李娟：《认识发生的一般模式及其个性化特质——从信息认识论的视角出发》，《内蒙古大学学报》（人文社会科学版）2007 年第 6 期。

李沁、熊澄宇：《沉浸传播与"第三媒介时代"》，《新闻与传播研究》2013 年第 2 期。

李宗荣、韩高军等：《美日俄中社会信息科学比较研究》，《医学信息学》2009 年第 7 期。

连一席：《区块链研究报告：从信任机器到产业浪潮还有多远》，《发展研究》2018 年第 8 期。

梁桂全：《信息的哲学探讨》，《华南师范大学学报》（社会科学版）
　　1984 年第 3 期。

梁俊兰：《信息伦理学：新兴的交叉科学》，《国外社会科学》2002
　　年第 1 期。

梁亚宁：《受众反馈机制研究》，《新闻战线》2015 年第 9 期。

林升栋、刘琦婧等：《貌合神离：中英文同款广告的符号和眼动分
　　析》，《新闻与传播研究》2017 年第 11 期。

林升梁、叶立：《人机·交往·重塑：作为"第六媒介"的智能机器
　　人》，《新闻与传播研究》2019 年第 10 期。

刘海龙：《传播中的身体问题与传播研究的未来》，《国际新闻界》2018
　　年第 2 期。

刘珊、黄升民：《人工智能：营销传播"数算力"时代的到来》，
　　《现代传播》2019 年第 1 期。

刘婷、张卓：《身体—媒介/技术：麦克卢汉思想被忽视的维度》，
　　《新闻与传播研究》2018 年第 5 期。

刘伟：《智能传播时代的人机融合思考》，《人民论坛·学术前沿》
　　2018 年第 12 期下。

刘小晔、文春英、吴莹莹：《技术驱动视角下城市传播的发生、演进
　　与进路》，《传媒》2019 年第 6 期。

刘咏梅、彭琳、赵振军：《基于小世界网络的微博谣言传播演进研究》，
　　《复杂系统与复杂性科学》2014 年第 12 期。

刘振声：《社交媒体依赖与媒介需求研究——以大学生微博依赖为例》，
　　《新闻大学》2013 年第 12 期。

龙耘：《传播学在中国 20 年》，《现代传播》（北京广播学院学报）
　　2000 年第 3 期。

卢嘉、史安斌：《国际化·全球化·跨国化：国际传播理论演进的三
　　个阶段》，《新闻记者》2013 年第 9 期。

吕尚彬、黄荣：《智能技术体"域定"传媒的三重境界：未来世界传
　　播图景展望》，《现代传播》2018 年第 11 期。

吕尚彬、黄荣：《智能时代的媒体泛化：概念、特点及态势》，《西安
　　交通大学学报》（社会科学版）2019 年第 5 期。

吕新雨、赵月枝等：《生存，还是毁灭——"人工智能时代数字化
　　生存与人类传播的未来"圆桌对话》，《新闻记者》2018 年第
　　6 期。

马玉珍、刘琪：《信息学研究的理论架构与探索路径》，《情报资料工
　　作》2005 年第 2 期。

孟令权：《我国信息伦理理论研究现状述评》，《图书馆学研究》2010
　　年第 5 期。

南长森：《社会舆情传播的运行机制及其演进规律》，《现代传播》2017
　　年第 6 期。

潘宇翔：《大数据时代的信息伦理与人工智能伦理——第四届全国赛
　　博伦理学暨人工智能伦理学研讨会综述》，《伦理学研究》2018
　　年第 2 期。

彭兰：《场景：移动时代媒体的新要素》，《新闻记者》2015 年第 3 期。

彭兰：《从众媒到智媒：在机器时代守望人的价值》，《人民政协报》
　　2017 年 1 月 11 日第八版。

彭兰：《未来传媒生态：消失的边界与重构的版图》，《现代传播》2017
　　年第 1 期。

彭兰：《智媒化：未来媒体浪潮——新媒体发展趋势报告（2016）》，
　　《国际新闻界》2016 年第 11 期。

清华大学：《2018 中国人工智能 AI 发展报告》，2018 年 7 月 16 日。

全媒派：《社交媒体时代的底层物语：那些为机器打工的 Facebook 神
　　秘审核员》，腾讯网，2019 年 3 月 12 日。

沙勇忠、王怀诗：《信息伦理论纲》，《情报科学》1998 年第 11 期。

沈骊天：《热寂与发展——跨世纪的论战》，《自然辩证法研究》1994

年第 11 期。

沈骊天：《系统哲学：21 世纪的先进世界观》，《系统科学学报》2018
年第 2 期。

沈致远：《什么叫信息科学》，《人民教育》1980 年第 11 期。

史安斌、王沛楠：《议程设置理论与研究 50 年：溯源·演进·前景》，
《新闻与传播研究》2017 年第 10 期。

谭辉煌：《广告形态演进的逻辑与轨迹》，博士学位论文，武汉大学，
2014 年。

谭小荷：《从 Platisher 到"平台型媒体"——一个概念的溯源与省思》，
《新闻记者》2019 年第 4 期。

唐斌：《政府执法冲突在微博中的传播及其评价分析——基于 18 起
冲突事件的实证研究》，《情报杂志》2014 年第 2 期。

唐冰寒、肖茹予：《基于智能算法的学术期刊传播平台构建》，《当代
传播》2018 年第 4 期。

腾讯科技：《报纸落后了：更多的美国人从社交媒体上看新闻》，艾
瑞网，2018 年 12 月 11 日。

腾讯新闻：《中国青少年网瘾报告》，人民网，2010 年 2 月 2 日。

田松：《科学传播——一个新兴的学术领域》，《新闻与传播研究》2007
年第 2 期。

汪德宁：《"超真实"的符号世界——鲍德里亚的文化理论研究》，
博士学位论文，上海师范大学，2008 年。

王飞跃、张军、张俊、王晓：《工业智联网：基本概念、关键技术与
核心应用》，《自动化学报》2018 年第 9 期。

王金礼：《传播的理论与理论的传播：传播学史研究及其知识社会学
方法》，《南京社会科学》2017 年第 2 期。

王亮：《全球信息伦理何以可能？——基于查尔斯跨文化视野的伦理
多元主义》，《自然辩证法研究》2018 年第 4 期。

王天恩：《大数据、人工智能和造世伦理》，《哲学分析》2019 年第

10 期。

王伟波：《新媒体时代知识传播面临的悖论及消解》，《编辑之友》2017
年第 12 期。

王昕晨：《广告专家热议"跨屏时代"告诉你什么时间投最优效果》，
中国经济网，2015 年 5 月 25 日。

王怡红：《传播学发展 30 年历史阶段考察》，《新闻与传播研究》2009
年第 10 期。

王哲：《现象的三阶构成与认识的三道鸿沟》，《新疆社会科学》2007
年第 5 期。

微信公开课：《2018 微信数据报告》，DoNews，2019 年 1 月 9 日。

魏正聪：《中国报纸媒体传播价值观演进研究（1978—2011）》，博士
学位论文，武汉大学，2012 年。

邬焜：《科学的信息科学化》，《青海社会科学》1997 年第 2 期。

邬焜：《社会信息学的学科体系初探》，《西安交通大学学报》（社会
科学版）2009 年第 5 期。

邬焜：《试论信息的质、特性和功能》，《安徽大学学报》1996 年
第 1 期。

邬焜：《信息价值论纲要》，《西安交通大学学报》（社会科学版）2005
年第 6 期。

邬焜：《信息哲学的基本理论及其对哲学的全新突破》，《西安交通
大学学报》（社会科学版）2006 年第 3 期。

邬焜：《哲学信息论要略》，《人文杂志》1985 年第 1 期。

邬天启：《信息价值论中若干问题的讨论》，《系统科学学报》2015
年第 2 期。

吴飞：《新闻传播研究的未来面向：人的主体性与技术的自主性》，
《社会科学战线》2017 年第 1 期。

肖燕雄、陈志光：《匿名、假名与实名之别——以铜须事件为例解析
网络论坛中的网民行为》，《当代传播》2007 年第 4 期。

谢伍瑛：《媒介形态演进研究》，博士学位论文，武汉大学，2016 年。

新华网：《2014 年中国舆论生态环境报告：中国进入互联网"新常态"》，央视网，2014 年 12 月 25 日。

新浪科技：《微博发布 2019 年第三季度财报》，新浪网，2019 年 11 月 14 日。

星亮：《营销传播理论演进研究》，博士学位论文，暨南大学，2013 年。

熊敏：《内容智能分发平台对新闻传播的价值创新分析——以"今日头条"为例》，《编辑学刊》2017 年第 3 期。

徐修德、李静霞：《移动智能终端对知识共享的影响——以知识传播平台为例》，《青年记者》2018 年第 12 期。

闫学杉、武健：《信息科学的历史、现状与未来》，《中国信息技术教育》2015 年第 18 期。

闫学杉：《人类信息学的基本问题》，《国外社会科学》1997 年第 6 期。

央视新闻：《2014 年度消费者个人信息网络安全报告》，央视网，2015 年 3 月 13 日。

杨保军、张成良：《论新兴媒介形态演进规律》，《编辑之友》2016 年第 8 期。

杨保军：《简论智能新闻的主体性》，《现代传播》2018 年第 11 期。

杨文华：《网络论坛的"有限公共性"及其对我国意识形态安全的冲击》，《理论与改革》2012 年第 3 期。

殷俊、孟育耀：《人肉搜索与"把关人"理论的调适》，《国际新闻界》2010 年第 2 期。

于雪、王前：《人机关系：基于中国文化的机体哲学分析》，《科学技术哲学研究》2017 年第 2 期。

喻发胜、张振宇、黄海燕：《从传播到"传联"：一个新概念提出的学理依据、现实背景与理论内涵》，《新闻大学》2017 年第 2 期。

喻国明、耿晓梦：《从游戏玩家的类型研究到未来线上用户的特质模型——兼论游戏范式对于未来传播研究的价值》，《当代传播》

2019 年第 3 期。

喻国明、王文轩、冯菲:《"声音"作为传播主流介质的洞察范式——以用户对语音新闻感知效果与测量为例》,《社会科学战线》2019年第 7 期。

喻国明:《基于互联网逻辑的媒体发展趋势》,《人民日报》2015 年 4月 19 日第 5 版。

喻国明:《互联网是一种"高维"媒介——兼论"平台型媒体"是未来媒介发展的主流模式》,《新闻与写作》2015 年第 2 期。

喻国明:《未来传播学科的发展范式:基于技术"微革命"的思考》,《新闻界》2019 年第 6 期。

张洪忠、段泽宁、韩秀:《异类还是共生:社交媒体中的社交机器人研究路径探讨》,《新闻界》2019 年第 2 期。

张洪忠、赵蓓、石韦颖:《社交机器人在 Twitter 空间参与中美贸易谈判议题的行为分析》,《新闻界》2020 年第 2 期。

张辑哲:《新论信息价值》,《档案学通讯》2008 年第 4 期。

张建中:《声音作为下一个平台:智能语音新闻报道的创新与实践》,《现代传播》(中国传媒大学学报)2018 年第 1 期。

张劲松:《认识机器的尺度——论人工智能与人类主体性》,《自然辩证法研究》2017 年第 1 期。

张昆:《新闻传播史演进的三大规律》,《新闻大学》2008 年第 2 期。

张秀丽、韩立新、俱鹤飞:《我国媒介形态研究 30 年:演进脉络与范式转换——基于知识图谱的文献计量学分析》,《传媒》2018年第 10 期。

张意轩、雷崔捷:《"人工智能 + 媒体"落点何处》,《青年记者》2017 年第 10 期。

张正清、张成岗:《第四次革命:现代性的终结抑或重构——信息伦理对人工智能伦理的启示》,《武汉大学学报》(哲学社会科学版)2018 年第 5 期。

张志安、姚尧:《平台媒体的类型、演进逻辑和发展趋势》,《新闻与写作》2018 年第 12 期。

赵玉冬:《基于自组织理论的 Web2.0 信息交流与传播分析》,《图书馆论坛》2012 年第 5 期。

赵云泽、张竞文等:《"社交化媒体"还是"社交媒体"?——一组关于重要的概念的翻译和辨析》,《新闻记者》2015 年第 6 期。

郑丽航、杜懋杞:《信息伦理述评》,《图书情报工作》2002 年第 4 期。

郑昕玲:《信息价值论》,《图书与情报》1993 年第 3 期。

中国互联网络信息中心:《2019 年中国网民搜索殷勤(搜索引擎)使用情况研究报告》,中国网信网,2019 年 10 月 25 日。

中国互联网络信息中心:第 44 次《中国互联网络发展状况统计报告》,中国网信网,2019 年 8 月 30 日。

中国互联网络信息中心:《中国互联网络发展状况统计报告》,2019 年 8 月 30 日。

中国互联网络信息中心:《2016 年中国互联网新闻市场研究报告》,中国网信网,2017 年 1 月 11 日。

中国信息化和产业研究:《2017 全球、中国信息社会发展报告》,2017 年 12 月 26 日。

中华人民共和国国务院新闻办公室:《中国网民权益保护调查报告(2015)》,中国网信网,2015 年 7 月 22 日。

钟义信:《论信息:它的定义和测度》,《自然辩证法研究》1986 年第 5 期。

钟义信:《信息科学》,《自然杂志》1979 年第 3 期。

周理乾:《论信息概念的历史演化及其科学化》,《自然辩证法研究》2016 年第 3 期。

周理乾:《西方信息研究进路述评》,《自然辩证法通讯》2017 年第 1 期。

周理乾:《信息的本质与信号的演化——当代西方信息理论述评》,《自然辩证法通讯》2014 年第 12 期。

周敏、侯颖、王荟萃、兰美娜：《谁才是风险的"放大镜"？——一项关于不同视觉媒介可视化方式对受众风险感知影响的实验研究》，《新闻与传播研究》2018 年第 2 期。

朱珉旭：《当代视域下"沉默的螺旋"理论的反思》，《国际新闻界》2014 年第 1 期。

朱秀凌：《家庭传播研究的逻辑起点、历史演进和发展路径》，《国际新闻界》2018 年第 9 期。

四 外文类（著作、期刊论文）

Adorno, Analytical Study of the NBC Music Appreciation Hour, *Musical Quarterly*, Vol. 78, 1994.

Adriaans, P. W., Van Benthem, J., ed., Handbook of Philosophy of Information, *Elsevier Sicence Publishers*, 2008.

Benett, C. H., The Thermodynamics of Computation—a Review, *International Journal of Theretical Physics*, Vol. 21, 1982.

Burgin, M., *Theory of Information*：*Fundamentality, Diversity and Unification*, Singapore：World Scientific, 2010.

Bynum, T. W., Rogerson, S., Introduction and Overview：Global Information Ethics, *Science and Engineering Ethics*, Vol. 2, 1996.

C. Cooley, *Social Organization*, New York：Scribner, 1909.

Carey, J. W., *Communication as Culture*, Boston：Unwin Hyman, 1988.

Claude E. Shannon, Warren Weaver, *The Mathematical Theory of Communication*, Urbana, USA, The University of Illinois Press, 1964.

Collier, J., Information Originates in Symmetry Breaking, *Symmetry*：*Culture & Science*, Vol. 7, 1996.

De Fleur, M. L., *Theories of Mass Communication*, New York, D. McKay, 1966.

Deacon, T. , *Incomplete Nature: How Mind Emerged from Matter*, New York: W. W. Nordon & Company, 2011.

Evans, G. , McDowell, J. , eds. , *The Varieties of Reference*, Oxford: Oxford University Press, 1982.

Floridi, L. , *The Philosophy of Information*, Oxford: Oxford University Press, 2011.

Gardner, Howard, *Frames of Mind: the Theory of Multiple Intelligences*, New York: Basic Books, 1993.

Granovetter, Mark, The Strength of Weak Ties, *American Journal of Sociology*, Vol. 78, 1973.

Hofkirchner, W. , *Emergent Information: A Unified Information Framework*, Singapore: World Scirntific, 2013.

Ihde, D. , *Technology and the Lifeworld: From Garden to Earth*, Bloomington, MN: Indiana University, 1990.

Janowitz, M. , The Study of mass communication, *International Encyclopedia of Social Sciences*, Vol. 3, 1968.

Jonathan Glick, Rise of the Platishers: Its Something in between a Publisher and a Platform, Vox, 2014 – 02 – 07.

Lee, Kwan Min, Peng, Wei, Jin, Seung-A. , Can Robots Manifest Personality? An Empirical Test of Personality Recognition, Social Responses, and Social Presence in Human-Robot Interaction, *Journal of Communication*, Vol. 56, 2006.

Mandese, Jo. , "Stations Seek Private—Buyers", Broadcasting and Cable, June 25, 2007.

Mc Quail, *Mc Quail's Mass Communication Theory*, London: Sage Publications, 2000.

McLuhan, Marshall, Communication: McLuhan's Laws of the Media, *Technology and Culture*, Vol. 16, 1975.

McLuhan, *Understanding Media: the Extensions of Man*, New York: McGraw-Hill, 1964.

N. Luhmann, *Trust and Power*, Chichester: John Wiley & Sons, 1979.

Neuman W. Russell, *The Future of the Mass Audience*, Cambridge: Cambridge University Press, 1991.

Nicolis, G. , Prigogoine, I. , *Self-Organization in Non-equilibrium System*, *from Dissipative Structure to Order through Fluctuations*, New York: Wiley, 1977.

Peter-Paul Verbeek, Cybrog Intentionality: Rethinking the Phenomenology of Human-Technology Relations, *Phenomenology and the Cognitive Sciences*, Vol. 7, 2008.

Pew Research Center, Social media fact sheet, Pew Research. Org, 2019 – 6 – 12.

Pew Research Center, Americans Are Wary of the Role Social Media Sites Play in Delivering the News, Pew Research. Org, 2019 – 10 – 02.

R. T. Azuma, A Survy of Augmented Reality, Presence, *Tele—operators and Virturl Environments*, Vol. 6, 1997.

R. V. L. Hartley, "Transmission of Information", *Presented at the International Congress of Telegraphy and Telephony*, Lake Como, Italy, Vol. 9, 1927.

Richard O. Mason, Four ethical issues of the information age, *MIS Quarterly*, Vol. 10, No. 1, 1986.

Robert T. Craig, Communication theory as a field, *Communication Thoery*, Vol. 2, 1999.

Sam Kriegman, Douglas Blackiston, Michael Levin, and Josh Bongard, A Scalable Pipeline for Designing Reconfigurable Organisms, *PNAS*, Vol. 4, January 20, 2020.

Schramm, David Riesman, Raymand A. Bauer, The State of Communication

Research: Comment, *The Public Opinion Quarterly*, Spring, 1959.

ZHAO Shanyang, "Humanoid Social Robots as a Medium of Communication", *New Media & Society*, Vol. 8, 2006.

Zheng, Xiaomei, Researh on Digitial News Distribution based on Cognitive Neuroscience, *Translatinal Neuroscience*, Vol. 10, 2019.

后　记

在本书即将付梓之际，业界与学术界关于开放式人工智能 Chat-GPT 的讨论仍然如火如荼、方兴未艾。一方面将通用人工智能视为信息传播主体似乎已经成为行业共识；另一方面，对智能机器不确定性发展的未来隐忧亦愈演愈烈。一场关于科技与人文的辩论再度吸引不同领域研究学者的深度参与和观点碰撞。随着我国将数字中国建设、数字经济发展、科技创新智造、生物技术突破等置于史无前例的顶层设计高度，科幻电影中的"流浪地球"、数字移民计划可能正在被印证。面对人类社会从现代化向后现代化转型的焦灼与关键时刻，系统思考人类信息传播系统的演进逻辑，探寻未来智能传播发展可能图景的意义更加凸显。

对智能传播现象的关注缘起于笔者的博士求学生涯。在博士毕业论文落笔定稿的刹那，笔者同技术与媒介发展、人与技术关系等相关议题的缘分就此开启。作为一名从中文系"跨界"至新闻传播领域的女性研究者，选题倒逼的技术兴趣与持续关注行为让我得出技术与人文殊途同归的质朴结论。技术与人文或许就像中国传统哲学文化推崇的求道之路，二者最终都会通向人类几千年文明上下求索的终极命题：我们从何处来？我们是谁？我们向何处去？现有关于智能传播的研究成果大多依循单向度大众传播技术、交互式社交传播技术的旧有路径，将智能传播技术视为与人类自身、人类社会独立存在的"客体性技术"，主要探寻新技术对人类信息传播系统的冲击与挑战，变革与机遇。而笔者私以为智能技术是完全不同于以往任何技术的"主体性技术"，或曰"复合型技术"。其将具备自主的演变逻辑，产生独特的机器文化，且与人类文化交相呼应，共同塑造未来可能存在的虚实并存的数字文明。受限于笔者的撰写能力与学术精力，文中部分观点的提炼不够精要，论据铺陈挂一漏万，行文结构稍显局限。在未来漫长的学术生活中，笔者将不断精进，希冀成长。古人云：春耕、夏耘、秋收、冬藏，四者不失时，故五谷不绝。做学术大抵与农耕同道，虽然常有耕而不获之时，但笔者坚信，日拱一卒，功不唐捐。那些磨炼我心智、厚积我学识的日子，终将使我收获，且毕生受用。

再次感谢武汉大学新闻与传播学院程明教授的悉心指导。感谢我作为研究者初出茅庐的起点湖北大学新闻传播学院领导们的鼎力支持与资助，对于一名刚刚起步的青年教师而言，工作单位良好的学术氛围与人际关系是我攀登学术高峰的向上力量。同样感谢中国社会科学出版社的张玥老师，感谢您对青年研究者的耐心指导，能在贵社出版自己的第一本学术专著，荣幸之至。希望借助出版的传播之力，吸引更多的青年学者关注智能传播领域的前沿研究与理论探讨，为人类必将到来的未来数字文明建设贡献青年力量。

赵静宜

癸卯年闰二月初一

落笔于湖北武汉